U0942060

本书系北京高校中国特色社会主义理论研究协同创新中心（北京师范大学）、北京宣传文化系统高层次人才培养资助项目“中国梦的历史逻辑”（2016XCB103）的阶段性成果。

人民日报学术文库

人民日报学术文库

高校思想政治理论课专题教育教学案例丛书

中国梦专题教育教学案例

丛书主编　王树荫　张润枝

本册主编◎赵朝峰

人民日报出版社

图书在版编目（CIP）数据

中国梦专题教育教学案例／赵朝峰主编．—北京：
人民日报出版社，2016.12
ISBN 978－7－5115－4574－9

Ⅰ．①中… Ⅱ．①赵… Ⅲ．①社会主义建设模式—中国—教学研究—高等学校 Ⅳ．①D616

中国版本图书馆 CIP 数据核字（2017）第 045149 号

书　　名：中国梦专题教育教学案例
主　　编：赵朝峰

出 版 人：董　伟
责任编辑：陈　丹
封面设计：中联学林

出版发行：人民日报出版社
社　　址：北京金台西路 2 号
邮政编码：100733
发行热线：（010）65369527　65369846　65369509　65369510
邮购热线：（010）65369530　65363527
编辑热线：（010）65369518
网　　址：www.peopledailypress.com
经　　销：新华书店
印　　刷：北京天正元印务有限公司

开　　本：710mm×1000mm　1/16
字　　数：368 千字
印　　张：20.5
印　　次：2017 年 5 月第 1 版　2017 年 5 月第 1 次印刷

书　　号：ISBN 978－7－5115－4574－9
定　　价：59.00 元

前　言

2012年11月29日，中共十八大闭幕不久，习近平总书记在参观《复兴之路》展览时深情地指出："每个人都有理想和追求，都有自己的梦想。现在，大家都在讨论中国梦，我以为，实现中华民族伟大复兴，就是中华民族近代以来最伟大的梦想。这个梦想，凝聚了几代中国人的夙愿，体现了中华民族和中国人民的整体利益，是每一个中华儿女的共同期盼。"中国梦深刻揭示了中国近代以来历史发展的主题主线，描绘了近代以来中华民族生生不息、不断求索、不懈奋斗的历史，表达了中国共产党领导中国人民实现两个一百年奋斗目标的理想追求。

为贯彻《普通高校思想政治理论课建设体系创新计划》关于在大学生中不断深化中国梦教育的精神，全面展现中华民族实现伟大复兴中国梦的光辉历程，我们按照历史发展的顺序，分百年抗争追梦篇、艰辛探索筑梦篇、改革开放圆梦篇编写了这本专题教育教学案例。

目　录
CONTENTS

第一章 01

百年抗争：追梦篇

（1840—1949）

专题一

晚清中国的破碎梦

本专题概述

贫穷落后就要被动挨打,民族不强就会国破家亡,这是中华民族复兴之路上血的教训。自 1840 年的鸦片战争以来,在世界已经进入到工业文明的发展体系时,华夏子孙所创建的这个"农业文明"的国家却顷刻轰然倒塌。曾傲立于世的大国,迅速沦为多个帝国列强瓜分的半殖民地半封建国家,泱泱大国濒临灭国亡种的边缘。对此,当时怀抱爱国情怀与强烈社会责任的有志之士、社会精英分子都纷纷寻找解救中国的有效药方。于是,争取民族解放和救亡图存成为当时仁人志士最紧迫的梦想追求。农民阶级发起太平天国运动,提出"人人不受私,物物归上主"的公有原则,具有朴素的共产主义思想的特点,但是由于农民阶级本身的局限性,最终在中外势力的联合绞杀下失败了。以封建大地主阶级为代表的洋务派,首先提出"中体西用"的革新思想,他们主张学习西方的先进技术,尤其是西方的军事技术。洋务事业风风火火 30 年,为中国近现代工业的产生奠定了基础,却在日本发起的甲午战争里宣告破产。此后,以资产阶级维新派为代表的改良派,提出"变法",力主传播西方近代思想文化,但又遭到国内顽固派的极力阻拦,绚丽的维新变法不过百日也迅速凋亡了。虽然仁人志士的救亡图存的方案都以失败告终,但是,他们为实现中华民族的复兴而做出的努力和牺牲,历史和人民终将铭记。

案例 1　清帝国的天朝上国梦

自 17 世纪,中国政府已经注意到,东南沿海一带的欧洲商人日益增多。在中国人眼里,这些欧洲人与帝国边疆地带的夷人无甚区别,也许只有一点除外,即欧洲人尤其缺乏教化。中国官方称这些"西洋蛮夷"为"贡使"或"夷商",偶尔允许外国人前往北京。倘若他们获准觐见皇帝,则需行叩头礼,即三跪九叩的大礼。自由贸易、外国使馆、主权平等(欧洲人此时在几乎世界各地已享受的起码权利)的概念,在中国均闻所未闻。在清廷眼里,中国与西欧诸国商人的有限往来反映了朝廷的怀柔。中国人认为,允许外国人与中国通商,尤其是西洋蛮夷嗜好的茶叶、丝绸、漆器和药材,彰显了天子的仁厚。欧洲与中国隔山阻海,绝无依照朝鲜和越南的例子汉化的可能。作为西方首屈一指的商业大国和航海大国,英国对中国的在其世界秩序中分配给它的位置极为气恼。英国人指出,中国的军队仍然主要使用弓箭,海军形同虚设。英国商人对广州的特许中国行商变本加厉的"勒索"极为不满。但中国规定,一切与西方的贸易必须经过这些行商,而英国商人希望能打入中国东南沿海以外中国其他地区的市场。

英国人试图改变现状的首次重大尝试,是1793—1794年派遣马嘎尔尼勋爵使华。英国政府以平等的口吻致函中国朝廷。英国统治集团成员可能觉得,这样做给予了一个非西方国家不寻常的尊严,而中国却将其视为桀骜不驯、傲慢无礼之举。为了取得更大成果,马嘎尔尼使团携带了大量显示英国科学和产业实力的产品。马嘎尔尼献给皇帝的礼物包括一些显示与英国通商会给中国带来莫大好处的产品,其中有四轮马车、镶满钻石的手表、英国瓷器,还有出自雷诺兹之手的国王和王后的肖像。马嘎尔尼甚至还带来了一个放空了气的热气球,打算让使团的成员乘坐它在北京做一次示范飞行。

马嘎尔尼使团的所有具体目标全部落空,因为双方的观点简直相差十万八千里。马嘎尔尼本想显示工业化的好处,可中国皇帝却把他的礼物视为贡品。英国特使本来期待接待他的中国官员认识到,中国还没有技术文明的进步,从而需要同英国建立一种特殊的开放通商关系,改变自己。中国却认为英国人傲慢无知,谋求天子给予特殊礼遇。中国依旧奉行重农方针,不断增长的人口使粮食生产更为紧迫。中国的士大夫官吏对工业化的要素－蒸汽机、信贷和资本、私有财产及公共教育等一无所知。马嘎尔尼吃惊地发现,欧洲的技术奇迹并没有给接待他的中国官员留下什么印象。他和随行人员展示架在炮架上的加农炮时,"陪同我们的人装出一副不屑的样子,称这些玩意儿中国不稀罕"。至于马嘎尔尼带来的望远镜、四轮马车和热气球,中国人一概嗤之以鼻。

——摘自亨利·基辛格:《论中国》(中译本),中信出版社2012年版,第27页。

案例分析

当西方资本主义迅速发展之时,清朝帝国依然沉浸于天朝上国的迷梦之中。千百年来,中国的生产力在历史上长期领先于世界其他地区,即使到了工业革命之后,从生产力上来说中国已经开始落后于西方,但是由于中华帝国的庞大,生产总量仍远超西方,清政府实行闭关锁国政策,无视国外先进的科学技术,从而导致认识不到自己和西方已经存在巨大的差距。另外,在文化心理上,整个中华文明的形成过程就是无数少数民族先后不断地融合进早期黄河流域华夏民族的过程。当这个文明发展到足够强大之后,就开始独立于世界而发展,并对整个世界都产生了巨大影响。就是在这样的天朝上国的心态下,腐朽的清政府在面对外国的坚船利炮之下,毫无招架之力,一次次的签订割地赔款的条约,让泱泱大国遭受到西方列强的瓜分豆剖。

思考讨论

1. 清朝官员对马嘎尔尼使团带来的西方先进技术不屑一顾说明了什么?
2. 清朝的天朝上国梦的破碎对近代中国有什么影响?

案例2　太平军的天国梦

太平天国定都天京后,为了巩固农民政权,废除封建剥削,实现“天下一家,共享太平”的理想,颁布《天朝田亩制度》。它是一个以解决土地问题为核心,包括政治、军事、经济、文教和社会生活等各方面制度和政策的农民起义纲领,是太平天国其他各项制度、政策的依据。

《天朝田亩制度》以宗教语言提出了否认一切私有财产权、废除一切私有制的总原则。一切土地和财富都属于上帝所有,“天下人人不受私,物物归上主”。根据这个总原则,提出了废除封建土地所有制,把全部土地平均分配给天下人耕种的土地制度总方针。“凡天下田,天下人同耕。此处不足则迁彼处;彼处不足则迁此处。”“凡天下田,丰荒想通。此处荒则移此丰处,以赈彼荒处。”又据此制定了平分土地的具体方法:把全国土地按产量分为尚(上)尚、尚中、尚下;中尚、中中、中下;下尚、下中、下下九等,再按人口多寡、土地等级,以户为单位平均分配。凡16岁以上者,无论男女,均分田;15岁以下者减半;每户分田,“好丑各半”。

《天朝田亩制度》又规定了全国农民仿照太平军军队编制组织起来,建立县以下的地方基层政权－乡官制。具体形式是:每五家为一伍,设伍长一人;每五伍为一两,设两司马一人;每四两为一卒,设卒长一人;每五卒为一旅,设旅帅一人;每五旅为一师,设师帅一人;每五师为一军,设军帅一人。各级乡官组成县以下的地方基层政权,既管理地方军政、民政,又负责组织经济生活和文化生活。与乡官制并行,还实行乡兵制,即每家出一人为伍卒,有警则为兵,杀敌捕贼;无事则为农,耕田生产。全国每户均按此编制组织社会生活,非常整齐划一。其次,又规划了农民的政治、经济和文化生活制度,规定每25家(即一两)设国库一所、礼拜堂一所,成为一个政治、经济、文化生活的基本单位,由两司马统一管理。这25家又以一家一户为单位进行个体农业生产,除了耕种每家分到的土地以外,还必须进行副业生产:种桑、养蚕、缝织衣裳;每家养五只母鸡、二头母彘;每五家中的“陶冶木石等匠”,由“伍长及伍卒为之,农隙治事”。这25家又是一个统一分配的基层单位,规定每个农户生产的农产品,除留下口粮外,余均归国库;副业产品如苎麻、布帛、鸡犬各物及银线,亦均交国库。各家婚丧弥月等项开支,都由国库统一按定制发给。鳏寡孤独病残者,由国库统一供养。由25家农户组成的基层单位——两,同时还是农村的司法、文化、教育、宗教等各方面社会生活的基层组织,两司马不仅是农、副业生产的领导者,而且也是教育、司法和宗教等一切社会生活的组织者和领导者。

——摘自宋俭主编:《<中国近现代史纲要>教学案例》,武汉大学出版社2009年版,第24页。

案例分析

太平天国运动之所以爆发,首先是因为鸦片战争以后,社会动荡不安,其次是因为广东、广西一带连续发生天灾,人民生活苦不堪言,再加上当时的民族矛盾异常突出,这种种原因导致了农民阶级揭竿而起。定都天京后,太平军颁布了《天朝田亩制度》,它体现出近代农民阶级反抗封建土地所有制,在中国农民战争史上,它第一次提出了解决土地问题的方案。这部《天朝田亩制度》也体现出了太平军的梦想,那就是人人平等,处处平均的公有制,表达了他们对私有制度的深恶痛绝,受到广大农民的欢迎,喊出了农民对土地渴望的呼声,但它只能成为一种乌托邦式的空想,这种绝对平均主义是根本无法实现的。轰轰烈烈的太平天国革命,由于它终究是一次没有先进阶级领导的农民革命,在坚持长达18年的斗争之后,终于被中外反动派联合消灭了。

思考讨论

1.《天朝田亩制度》为什么在当时的历史条件下是不可能实现的?

2. 如何认识太平天国运动的历史地位和局限?

案例3 洋务派的富强梦

1861年,曾国藩提出“师夷智以造炮制船”,并创立了安庆军械所,这是洋务派创办的仿制西式武器的第一个军事工业,主要用以制造子弹、火药、炸炮等。1864年,安庆军械所迁至南京,并改名为金陵机械制造所。1862年,一些京兵和绿营兵在天津接受西式训练。随后,李鸿章废弃了旧式武器,将淮军改为了洋枪队。1865年,李鸿章在曾国藩的支持下,在上海创办了中国第一个大型军火工厂——江南制造总局,主要制造枪炮、弹药、水雷等军用品。1866年,左宗棠在福州马尾创办了福州船政局,聘请外国人担任技师,主要制造大小舰船。洋务派在兴办军事工业的过程中,遇到了原料、燃料、资金、交通运输等方面的困难。洋务派认识到,必须先求富才能自强,有了经济基础才能造炮制船,才能抵御外侮、抗击外来侵略。于是,洋务派在“求富”的口号下,决定发展民用企业,从而积累资金。从19世纪70年代开始,洋务派开始了以“振兴商务”为中心的“求富”活动,大力发展交通运输、采矿、纺织、冶炼等民用企业。

1872年,李鸿章在上海兴办了上海轮船招商局,是中国第一个轮船航运公司,也是洋务派兴办的第一个具有私人资本的民用企业。上海轮船招商局虽然屡遭英美轮船公司的排挤,但是并没有因此被击垮,而是一直在夹缝中生存着。1876年,李鸿章委派唐廷枢赴开平勘查煤矿,发现煤的储量很大且煤质很好,便于1878年兴办了开平矿务局。同时,还修筑了中国第一条铁路,是从唐山到胥各庄的铁路。1878年,李鸿章主持筹建了中国第一家机器棉纺织工厂——上海机器织布局,实业家郑观应任总办。1882年,经李鸿章奏准,该企业拥有十年专利,即十年之内只有上海机器织布局从事纺织业,商人只能入股,不能另行开设工厂。1890年,该企业正式投产。

洋务派在兴办军事工业和民用企业的同时,还开始筹建海军、加强海防的活动。1875年,直隶总督李鸿章和两江总督沈葆桢等人奏请筹建南洋、北洋和粤洋三支海军。1884年,三洋海军已初具规模。洋务派在控制了海军衙门之后,进一步扩建了北洋舰队,并修建了旅顺船坞和威海卫军港。在这个过程中,洋务派充分认识到:要进行中国的近代化建设,必须要有一大批新型人才。这种新型人才,不是旧式书院和封建科举制度所能培养出来的，而是要借助外国人的力量。早在1862年，奕䜣就创办了京师同文馆，聘请外籍教师，教学员学习外语，同时兼习数理化、天文和历史，从而培养新型人才。随后，沿海各省也相继开办了外语、科技学堂，至中日甲午战争时期，已有20多所此类的学堂。另一方面，1872年开始，中国陆续选派留学生出国深造，从而培养了一批具有较高水平的外语科技专门人才。所有的这些措施，都体现了文化教育正在向近代化迈进。

——摘自周扬：《影响中国历史的100件大事》，青岛出版社2012年版，第204页。

案例分析

洋务运动是19世纪60—90年代，以曾国藩、李鸿章、张之洞等为代表的洋务派打着“自强”、“求富”的旗号，通过采用西方先进的生产技术，引进先进的机器设备，企图摆脱内忧外患的困境，以维护清朝封建统治的一场地主阶级的“自救”运动，是中国早期的近代化运动。通过这次洋务运动，中国引进了西方先进生产力，创办了中国第一批具有资本主义性质的近代工业企业，兴办了第一批近代学堂，培养了第一批新型的科技、军事和翻译人才，迈开了中国走向近代化的步伐。然而，洋务运动只是一场停留在经济层面的改革运动，不仅受到了西方侵略者的控制和干扰，还受到了清政府的制约，一些决策人物思想上崇洋媚外、外交上妥协求和，这种种因素，最终导致失败。洋务运动的失败说明地主阶级的自救运动在中国是行不通的，根本原因是没能触及封建统治的基础。

思考讨论

1. 清政府开展洋务运动的背景是什么？
2. 洋务运动失败的原因是什么？

案例4　维新派的变法梦

甲午战争失败后的短短几年，帝国主义在华掀起了划分“势力范围”和瓜分中国的狂潮。深重的民族危机激起了广大民众的救亡呼声。1895年，清朝同日本签订《马关条约》的消息传到北京，正在京城赶考的举人康有为等人联合各省应考举人1300人，于5月2日联名向都察院发动“公车上书”，系统提出了救亡的主张。1895年8月，康有为联络支持变法的帝党官员文廷式出面组织“强学会”。10月，康有为离京南下,又在上海组织“强学会”,并出版《强学报》,推动东南一带救亡运动的发展。1896 年 8 月,梁启超在上海创办《时务报》,自任主编。该报刊登了许多抨击封建时政、鼓吹变法维新的文章,发行万余份,推动了上海的变法图强运动。1897 年秋至 1898 年春,谭嗣同、唐才常等维新派人在长沙创办“时务学堂”和“南学会”,广泛宣传维新思想,使湖南的维新运动蓬勃兴起。1897 年 10 月,维新人士严复在天津创办《国闻报》,宣传资产阶级进化论和天赋人权的观点。一个以维新变法为中心的爱国救亡运动正在全国形成。

在民族危难日益加重的刺激和维新派的积极推动下,光绪皇帝想通过擢用维新派重振朝纲,摆脱以慈禧为首的后党的束缚,争得实权,于 1898 年 6 月 11 日(光绪二十四年四月二十三日)下诏变法。维新运动因有皇帝的大力支持和推进,从而走上了政治实践阶段,光绪皇帝先后颁布了近 200 多件实行新政的诏令,归纳起来主要是:政治上广开言路,裁撤闲散衙门与官吏;经济上设立农工商总局,保护和奖励工商业。允许私人办各种企业;文教上改革科举制,兴办新式学堂;军事上裁减绿营兵,编练新式陆军,设厂制造军火,筹建海军,培养海军人才等。慈禧太后采取了三条阻挠维新变法的措施:一是撤除积极支持变法的帝党中坚人物翁同龢的职务,削弱维新势力;二是掌握任命二品以上文武官员的权力,限制光绪皇帝重用维新人才;三是掌握军权,任命宠臣荣禄为直隶总督和北洋大臣,以控制京畿地区。地方官员中除湖南巡抚陈宝箴积极支持新政外,其他各省大多采取阳奉阴违的手段,不予推行。为了打开局面,光绪皇帝罢免了几个公开对抗新政的顽固大臣,毅然任命维新人士谭嗣同、杨锐、刘光第、林旭为军机章京,赏四品卿衔,参与新政事宜。维新派和顽固派矛盾的激化,牵动了帝党和后党的矛盾激化,慈禧太后再也按捺不住对维新派和新政的仇恨,决定发动政变,实行镇压。1898 年 9 月 21 日(光绪二十四年八月初六)凌晨,慈禧太后从颐和园回到故宫,宣布“垂帘听政”,囚禁光绪皇帝,下令逮捕维新人士。维新变法运动宣告失败。

——摘自马大正:《中国边疆经略史》,武汉大学出版社 2013 年版,第 653 页。

案例分析

维新变法是 19 世纪末旧中国知识分子救亡图存的一场政治运动,从光绪皇帝下诏变法到慈禧太后发动政变,总共变法维新 103 天,史称“百日维新”。当时列强掀起瓜分中国的狂潮,民族危机空前严重,民族资本主义得到空前发展,民族资产阶级作为新的政治力量开始登上历史舞台。维新变法开始的标志是以康有为、梁启超为代表的知识分子“公车上书”,要求光绪帝拒和、迁都、变法。维新变法以“戊戌六君子”被杀而宣告失败，留下了谭嗣同的“我自横刀向天笑，去留肝胆两昆仑”“有心杀贼，无力回天”的绝响。维新运动的失败，究其原因，首先是变法触动了顽固派的利益，遭到了以慈禧太后为首的守旧势力的阻挠和破坏，其次维新派依靠的是没有实权的光绪皇帝，没有发动群众，最根本的原因还是资产阶级的软弱性。但是它对挽救民族危亡，促进资本主义工商业的发展，有其积极的意义，是爱国的、进步的。维新梦虽是制度的梦，但却直接刺痛旧制度的隐痛，结局虽是昙花一现，但是对后世的影响却不可忽视。

思考讨论

1. 维新变法运动的背景是什么？
2. 维新变法的失败给我们的教训是什么？

专题二

革命党的共和梦

本专题概述

中国人民在20世纪初写下的最早的光辉篇章是1911年的辛亥革命。这样一场有着比较完备的近代民族民主政治纲领并席卷全国的革命运动,在中国过去历史上还不曾有过。它充分显示出中华民族是一个有智慧、有骨气、蕴藏着巨大潜力的民族,决不会甘心屈服于外来的压力。当许多人认定这个古老的民族已经濒临灭亡的时候,它却出人意料地掀起了一场巨大的革命风暴,为民族的重新振兴开拓了道路。辛亥革命推翻了清朝政府,结束了统治中国几千年的君主专制制度,使民族觉醒和民族精神在全国普遍高涨起来,把历史向前推进了一步,但是辛亥革命没有从根本上改变帝国主义和封建势力对中国的统治,中国近代社会的基本矛盾也没有得到解决,革命胜利的果实落到大地主大买办的政治代表袁世凯手里,革命党人的共和梦最终破灭了,中国依然是一个贫穷、落后、分裂、混乱的国家。辛亥革命曾一度在人们心里燃烧起来的热烈期望很快就破灭了。但是,一次革命的价值不能单从它的短期效果来衡量,从长远的历史眼光来看,它对中华民族解放运动产生的深远影响无法磨灭。辛亥革命是我们的前辈以血的代价进行的一次伟大实践。那些在黑暗年代里为祖国独立、富强和进步而斗争的先驱者的业绩,不应该被忘却。它对增强我们民族的自尊、自信和凝聚力量,万众一心地为实现中华民族的新的腾飞而努力,将永远是一种巨大的鼓舞力量。

案例1 孙中山革命活动的开始

1883年,十七岁的孙中山重返祖国。当他重新接触到清朝封建政府统治下的旧中国时,自然格外敏锐地感到这个政府的腐败贪婪和中国人民所受的残酷压迫和剥削,越加深切地感到这一切是无法忍受的。但他回故乡后,向周围亲友宣传的还是地方自治的思想,零碎地从事过一切教育、防盗、街灯、卫生等改良乡政的社会活动。第二年春天,进入英国当局所办的中央书院读书。这时发生的中法战争,又给了他很大的刺激。

1893 年冬,他曾和陆皓东、郑士良等八人集会于广州南园抗风轩,提议创设兴中会,但没有真正组织起来。另一方面,他思想上仍有一些摇摆,总还想尝试一下,推动清朝政府实行自上而下的改革,看看这条路是不是还有可能走得通。正是在这种矛盾的心情下,发生了孙中山北上天津向李鸿章上书的事情。孙中山在这次上书里,向李鸿章提出了一个在中国解除对民间工商业发展的束缚、全面实现国家工业化和农业机械化、根本改革教育制度和选拔人才制度的理想蓝图。

孙中山建立的第一个革命组织是兴中会。1894 年 11 月 24 日,经过孙中山的积极活动和他哥哥孙眉的帮助,兴中会在檀香山正式成立。它的宗旨是"振兴中华,维持国体"。"振兴中华"这个振奋人心而且影响深远的口号,就是在这时第一次提出来的。檀香山兴中会的章程是孙中山起草的。他大声疾呼地指出当前严重的民族危机。檀香山兴中会毕竟是革命派最早的组织。无论它的章程,或是它的组织成员,都明显地带有早期的不成熟的特征。檀香山的兴中会章程,虽然痛陈当前严重的民族危机,但当分析造成这种局势的原因时,却写得十分温和,同时,章程中也没有提出革命的主张。以后,孙中山一离开檀香山,檀香山兴中会的活动几乎立刻瓦解。

1895 年 1 月,孙中山从檀香山来到香港,于 2 月 21 日成立兴中会总会。由于它的成员几乎都是思想比较激进的反清分子,香港兴中会章程中的政治主张比檀香山兴中会章程要激烈得多,并作了原则性的修改。其中最重要的,是对清朝政府进行猛烈的抨击,而把檀香山兴中会章程中那些比较温和的词句都删去了。这标志着孙中山为首的革命派建立起了第一个能够采取革命实际行动的战斗核心。香港兴中会总会成立的第二个月,孙中山就和杨衢云等在香港集会,筹备发动广州起义。广州起义并没有发动起来。因为内部步调不一致,贻误了时机,又有人告密,清政府采取了行动,起义的计划被破坏了。孙中山等被迫流亡国外。陆皓东和其他三人在被捕后遭到杀害。广州起义虽然失败了,但它是一个起点。这以后,孙中山的革命活动逐渐被人注意。特别到了 20 世纪初年,当人们对祖国命运的焦虑和对清政府的愤怒越来越强烈时,孙中山在十来年前领导广州起义这种先驱者的榜样便博得越来越众多的爱国者的敬重。

——摘自金冲及:《辛亥革命研究》,上海辞书出版社 2011 年版,第 25 页。

案例分析

孙中山率先举起革命大旗,向清王朝挑战。在他最初发动起义的时候,“举国舆论莫不目予辈为乱臣贼子、大逆不道,诅咒谩骂之声,不绝于耳;吾人足迹所到,凡认识者,几视为毒蛇猛兽,而莫敢与吾人交游也”。我们不禁要追问,为什么是孙中山率先举起革命大旗?为什么当绝大多数知识人还走着读书考科举做官的老路的时候,在革命大潮还没有真正兴起的时候,孙中山却已坚决摒弃清政权?作为革命家,孙中山具有坚忍不拔的毅力,百折不挠的精神,和敢于蔑视权威的气概。另外,孙中山的故乡赋予了他不同于内地知识人的成长环境,他出生于广东省香山县(今中山市)翠亨村,这一带是近代中国最先对外开放和感受外来文化影响的地区,这里的人率先背离中国传统,倡导学习西方。而且,孙中山在少年时代没有系统接受儒家教育,反倒是较系统地接受西方式的教育,也正是这个原因才使得孙中山成为革命的先行者。

思考讨论

1. 孙中山最初成立兴中会的原因是什么?
2. 广州起义的失败对孙中山后来的革命活动有什么影响?

案例2　中国同盟会的成立

1905年7月19日,孙中山从美国经英国、比利时、法国、德国、新加坡等地后来到日本东京。几天后,就同正逃亡日本的黄兴、宋教仁、陈天华等相见。他在谈话中,有一段话很能打动宋教仁的心:“中国现在不必忧各国之瓜分,但忧自己之内讧。此一省欲起事,彼一省亦欲起事,不相联络,各自号召,终必成秦末二十余国之事、元末朱陈张明之乱,此时各国乘而干涉之,则中国必亡无疑矣。故现今之主义,总以互相联络为要。”第二天,黄兴、宋教仁、陈天华、刘揆一等共同商议华兴会会员是否参加同盟会的问题。会上虽没有做出结论,只以“个人自由”一言了结,事实上华兴会在东京的会员除极少数人外,都决定参加同盟会。除了华兴会这个留日学生中最重要的革命团体外,还有为数众多的过去并没有参加过什么组织的留日学生这时也决定参加。这样,中国同盟会成立的道路就铺平了。

7月30日,同盟会在东京霞关内田良平家里召开筹备会。到会的有孙中山、黄兴、陈天华、宋教仁、朱执信、冯自由、张继、居正等七十人。孙中山、黄兴等先后演说。接着,讨论组织问题,决定定名为中国同盟会。讨论结束后,经黄兴提议,到会的人当场填写誓约，举右手宣誓。8 月 13 日，留日学生在东京富士见楼召开欢迎孙中山的大会。这是孙中山到日本后第一次在盛大的留学生集会上露面，也是同盟会正式成立前夜由它的领袖向群众宣布政见的重要政治活动。到会的有一千三百多人，室内室外到处挤得水泄不通，站在街头仰望楼上的还有几百人，真是留日学生中的空前盛会。

孙中山的讲演充分满足了人们对他的殷切期待。那时在留日学生中，抱有盲目排外的顽固思想的人是极少的，但半殖民地国家的悲惨处境却使不少人存在着浓厚的民族自卑感，以为中国事事不如人，就是革命也难望取得成功。孙中山在讲演中丝毫没有这种半殖民地国家常见的民族自卑心理，而充满民族自豪感地说道："中国之文明，已著于五千年前，此为西人所不及，但中间倾于保守，故让西人独步。然近十年思想之变迁，有异常之速度。以此速度推之，十年、二十年之后不难举西人之文明而尽有之，即或胜之焉，亦非不可能之事也。"他指出，中国要迅速发展，有许多有利条件，他热烈的号召人们下定决心，迎头赶上。

8 月 20 日下午，中国同盟会借东京灵南坂的坂本金弥住所开成立大会，到会的约一百人。黄兴宣读章程，经讨论修改后通过。接着，举孙中山为总理，举司法部职员八人（邓家彦）为总长，议员二十人（汪兆铭为议长）。再由孙中山指认执行部职员八人（黄兴为庶务）。同盟会本部的机构分执行部、评议部、司法部，这是模仿西方国家行政、立法、司法"三权分立"的制度。三权分立这种制度，连当时醉心学习西方的同盟会在试了一下后，也没有真正付诸实行。

——摘自金冲及：《辛亥革命研究》，上海辞书出版社 2011 年版，第 54 页。

案例分析

从兴中会到同盟会，以孙中山为代表的资产阶级民主革命派一直以"驱除鞑虏，恢复中华"为其中心口号，他们首先意识到，要想避免被瓜分的命运，就必须推翻腐朽的清政府。中国同盟会的成立，标志着整个革命形势的进一步成熟，从此进入一个新的阶段。孙中山曾经高兴地说："自革命同盟会成立之后，予之希望则谓之开一新纪元"，"吾始信革命大业可及身而成矣！"从此，革命派以新的阵营和新的姿态登上中国的历史舞台。之后孙中山提出"三民主义"的主张，三民主义吸取了西方民主的思想素材，成为中国近代社会中具有比较完全意义的民主革命纲领。反映出半殖民地半封建社会的主要矛盾，表达了人民群众争取独立、民主和富强的愿望，标志着旧民主主义革命在更完整意义上的开始，在当时的历史条件下产生了积极作用。

思考讨论

1. 同盟会成立的背景是什么?
2. 三民主义的提出有什么意义?

案例3　南京临时政府

1912 年 1 月 1 日,孙中山在南京就任临时大总统。按照西方国家“三权分立”的原则,临时政府立刻着手组织临时参议院作为立法机构,由每个省的都督府各选派参议员三人组成。1 月 28 日,临时参议院正式成立,到会的参议员有三十人,未到而由各省代表暂行代理的有十二人。同盟会会员在他们中间占了四分之三以上。南京临时政府成立后,采取了一系列革新措施,其中包括:改用阳历,以临时大总统就职的日子作为民国建元的开始;限期剪去辫发;劝禁妇女缠足;禁止在审理民刑事件时使用肉刑;禁止买卖人口和贩卖“猪仔”,改变“贱民”的身份;严禁鸦片;废止“大人、老爷”等称呼,官厅人员以官职相称,民间称呼为“先生”或“君”;废止跪拜,改行鞠躬礼;提倡廉洁奉公等。临时政府还提倡振兴实业,保护私产,对民族资本主义的发展起了推进作用;实行教育改革,将学堂改称学校,规定各级学校的暂行课程,废止小学的读经课,对报纸实行言论开放政策,这些也都是有积极意义的。

临时政府时期最重要的立法活动,是 3 月 11 日公布的《中华民国临时约法》。这个《约法》在上一天经参议院通过后,由临时大总统公布,在宪法制定并施行以前有着同宪法相等的效力。

南京临时政府成立后,它的实际处境相当困难。它面对的最严重的困难是财政的极端匮乏。本来,海关关税在偿还外债后的余额(称为“关余”)是清末财政收入中的一项大宗。但当时海关处在外籍税务司管理下。他们拒绝把南方各省的“关余”解交南京临时政府。各地应向中央临时政府上缴的那部分田赋等项收入,又被独立各省的军政府截留。盐税是南方的重要财政收入,南京临时政府的实业总长张謇兼任着两淮盐政总理,却要求“通电已光复各省,查明各该省所收盐税已经指抵洋债者共有若干,并饬千万不可擅行挪用,以免引起外交困难问题”。临时经费也好,北伐军费也好,都必须支付,政府却拿不出钱来。

军队的状况也十分令人担忧。看起来,临时政府控制的兵力人数着实不少,但据当时担任总统府军事秘书的李书城回忆:“当时南方除少数从正规军扩编的军队尚有作战能力外,大部分新编入伍的士兵多是城乡失业民众,尚未受过军事训练。各部队形式上虽具备军、师、旅、团、营、连、排的编制，实系乌合之众。从汉口、汉阳失败的经验看来，想依仗这种军队去冲锋陷阵，一直打到北京，是靠不住的。”如果临时政府拿不出必要的军饷，这部分“乌合之众”随时可能哗变，对人民生命财产和社会治安构成巨大威胁。就是那些比较有战斗力的军队，统帅者也往往人各一心，能听命行动的很少。

——摘自金冲及：《辛亥革命研究》，上海辞书出版社 2011 年版，第 146 页。

案例分析

南京临时政府的建立，标志着清王朝的崩溃和统治中国两千多年的封建专制制度的终结；标志着民主共和时代的到来、国家政治制度近代化的开始，是资产阶级领导的民主革命的产物。它的成立标志着在中国建构了一个革命的、民主的国家政权，并且制定了中同近代史上第一部资产阶级民主宪法——《临时约法》，规定“中华民国”之主权属于国民全体，实行三权分立，成为民国史上国家政权的楷模。种种迹象表明，民主共和的时代已经到来了，但是，辛亥革命没有发动人民群众参与的弊端以及资产阶级本身的局限性不久就显现出来了。南京临时政府成立后不久，革命政党内部就各自为政、分崩离析，革命的精神废弛了，内部开始争权夺利。孙中山虽然身居大总统的高位，却难以在实际上左右全局，这也使得后来袁世凯窃取革命胜利的果实少了许多阻碍，最终，民主共和也不过是一场梦。

思考讨论

1. 南京临时政府成立时的社会背景是什么？
2.《中华民国临时约法》的性质是什么？

案例 4　共和梦想的破灭

袁世凯是中国旧社会势力的总代表，他的社会政治经验远比那些年轻而天真的革命党人丰富得多。他看清一个事实：经过辛亥革命这场大风暴冲刷后，中国的旧社会秩序已被冲乱了，原来集结在清朝政府周围的旧社会势力已被一下打散了，把他们重新在自己周围集结起来需要一个过程；对革命派的全面反扑，也必须在军事上、政治上、外交上作好种种准备，这些都需要时间。一旦他准备好了，立刻毫不留情地动手：派人暗杀宋教仁，下令罢免国民党在南方的三都督。宋教仁的被刺，对毫无思想准备的国民党人来说，无异于晴天霹雳。他们在袁世凯的突然袭击下,立刻陷入极度的混乱之中。孙中山在血的事实面前,抛弃了一度产生过的对袁世凯的幻想,匆匆地中断对日本的访问,赶回上海,召开军事会议,力主讨袁。孙中山的战斗口号,不仅不能召唤他们参加到战斗的行列中来,反而换来了一片"孙大炮"的讥讽声。

阶级,此刻也暂时抛弃了自己的政党。软弱的中国资产阶级在辛亥革命后曾经有过天真的幻想,以为这是他们发展实业的大好机会。他们生怕对袁世凯的反抗会破坏这个大好机会。因而,对孙中山领导的反抗斗争普遍持反对态度。广大下层工农群众,本来就很少处在资产阶级革命党人的视野内。在国民党人担任都督的南方各省,他们也不能得到多少实际利益。因此,在他们眼中,国民党与袁世凯之间的冲突,大概只是彼此间的争权夺利,同他们并不相干,自然不可能再有多少热情起来给国民党以有力的支持。

于是,在袁世凯的几路进军和对南方军人的暗中收买下,南方各省一度进行的独立和抵抗很快就失败了。这个失败,严格地讲,除江西和南京外并没有发生什么激烈的战斗,而是在国民党内部自行瓦解中崩溃下去的。江苏、安徽、江西、广东的失败,首先都由于内部的叛变。湖南和福建两省原来态度就不坚决,抱着首鼠两端的观望心理,等到前述几省失败后,就自己取消了独立。国民党的议员们,不再妄想凭着"议会中的多数"来约束袁世凯的行动了,只是一心恋栈自己的地位。他们竭力向袁世凯献媚。但是,等南方的军事行动一结束,袁世凯对他们就不再讲什么客气,先将议员们包围在会场内,强迫他们投票选举袁世凯为"中华民国"正式大总统,接着,便下令解散国民党,收缴国民党籍议员的证书。由于国民党籍在国会中占着多数,这一来,国会就不足开会的法定人数,名存实亡了。不久,袁世凯又正式下令解散国会,废止《临时约法》,由总统独揽大权。资产阶级的议会政治,在半殖民地半封建的中国,只能落得这样的下场。

——摘自金冲及:《辛亥革命研究》,上海辞书出版社2011年版,第167页。

案例分析

清朝政府的推翻,民国的成立,这一切都来得那么快。胜利给了人们巨大的鼓舞,也造成一种错觉,似乎随后的政治和经济建设也将在短期内同样胜利地实现,大多数革命党人一时都沉浸在胜利的狂欢中,这种普遍的乐观和幻想,使人们倾向于强调维持现状,以为需要思考的只是在民主共和制度的新格局下如何建设这个国家,对旧社会势力的斗争已不那么重要。一年多前曾经鼓动起全国规模的革命大风暴的革命党人,已处于分崩离析和十分孤立的境地。地位和金钱使许多革命党人失去了原先的革命意志，为了保持新得的地位，他们不惜做出一切妥协。“无量金钱无量血，可怜购得假共和。”资产阶级共和国方案的试验和破产，是 20 世纪初年这场革命留给中国人的一笔重要精神遗产。

思考讨论

1. 为什么袁世凯可以轻而易举的窃取革命党人胜利的果实？
2. 资产阶级共和国方案在中国为什么是行不通的？

专题三

北洋军阀混战的噩梦

本专题概述

从1912年3月10日袁世凯在北京宣誓就任临时大总统至1928年6月3日张作霖退出北京,"中华民国"北京政权通常又被称为北洋政府。从现象上看,北洋政府统治的主要特征可以用"动乱不已"四字来形容和概括。它从建立到完结不过16年又3个月,国家元首却换了8次,国务总理更迭则达58次之多。如此算来,国家元首平均两年一变,国务总理则不满3个半月就变换一次,真是"乱哄哄,你方唱罢我登场"。而且都不是正常的人事变动,而是各种政治势力主要是各大派军阀之间明争暗斗以至战场上兵戎相见的结果。在北洋政府存在的16个年头里,大小军阀们发动的大小战争不计其数,特别是1920年夏直皖战争以后,直奉两大军阀为争夺中央政权和长江以北的地盘,把大半个中国打得千疮百孔。在那动乱的岁月里,社会经济停滞不前,人民生活苦不堪言。而北洋政府的横征暴敛,更导致无数农民破产,他们纷纷背井离乡,外出谋生。据记载,在第一次世界大战期间,仅山东省就有15万农民被征往英国和法国充当劳工。而且河北、山东等地还有大批农民到东三省逃荒,1912年至1920年间约移民29万人。南方沿海各省农民则纷纷放弃田间劳作,流亡到印尼、菲律宾等地,最终,北洋军阀混战的噩梦结束。北洋政府从建立到失败的过程说明,政府腐败无能,只能导致国无宁日、民不聊生的局面。

案例1　复辟丑剧

1915年12月12日,袁世凯宣布改国号为"中华帝国",改元"洪宪"。但由于全国人民的极力声讨,袁世凯只做了八十三天皇帝,便于1916年3月22日宣布取消帝制。仅两个多月后,袁世凯就在气恨交加中病死。其后,黎元洪继任大总统,段祺瑞为国务总理,共同执掌北京政府。当时中国不但处于军阀割据的乱局,且各个军阀都投靠帝国主义。黎元洪投靠了英美,段祺瑞投靠了日本。为了保护各自在华的利益,日本极力怂恿段祺瑞主张对德国宣战,英美则指使黎元洪反对中国参战,形成“府院之争”。后来“府院之争”日趋激烈,段祺瑞要求解散国会,黎元洪下令解除段祺瑞的总理职务。为了消灭对方,两人同时拉拢张勋,要求他带着辫子军进京,调解“府院之争”。张勋接到两人的邀请电后,无心调解他们的争端,反认为恢复大清帝国的机会到了。他与清朝复辟势力秘密串通,带领五千名“辫子军”从徐州赶到天津。他去拜见段祺瑞,段祺瑞怂恿张勋赶快带兵进京,并表示支持张勋复辟清朝。张勋于是撕下“调停”的面具,限黎元洪在三天之内解散国会。张勋进京的第二天,就命令黎元洪说:“把优待清室的条件(指保留皇帝称号、每年拨款四百万元,仍旧住在故宫等)写进宪法,把孔教定为国教,我的军队要增加二十个营。”黎元洪都一一答应。接着,张勋穿戴上清朝时的官服、官帽,到故宫去给溥仪“请安”,鼓动溥仪重新上台。随后,保皇党首领康有为和清朝遗老也都来南京,与张勋一起密谋复辟。1917 年 6 月 30 日晚,张勋率领辫子军进了北京城,接管占领要隘,全城戒严,还派人胁迫黎元洪把大权交给清廷。黎元洪拒绝交权,但害怕张勋的势力,逃到日本公使馆去避难了。翌日清晨,张勋穿着清廷的蓝纱袍、黄马褂,戴着红顶花翎和朝珠,率众为溥仪举行登基仪式。接着,复辟小朝廷连续颁发康有为写好的一道道“谕旨”,包括改国号为“大清帝国”,恢复宣统年号,五色旗改为黄龙旗,由溥仪“临朝听政,收回大权”等。张勋因为复辟的“功劳”最大,封为内阁议政大臣、直隶总督兼北洋大臣。张勋及保皇党复辟帝制的行为遭到社会各界的抗议。孙中山在上海召集革命党人,欲予讨伐。此时段祺瑞则变成反复辟的“先锋”。躲在日本公使馆的黎元洪命令冯国璋代行总统职权,任命段祺瑞为总理,并派人把总统大印交给段祺瑞。段祺瑞打进北京后,张勋逃到荷兰公使馆。失势的溥仪再次宣布退位。这出复辟丑剧只持续了十二天,就以失败告终。

——摘自王星智,张兰菊:《中国简史》,中国文史出版社,2014 年版,第 394 页。

案例分析

袁世凯和张勋复辟的两场政治闹剧都在上演不久就宣告失败。他们选择复辟帝制这条路从根本上来说是由于他们受到封建思想的蛊惑,即使清政府已经倒台,君主制度已经被推翻,但是他们仍然做着“皇帝梦”,所以一旦有一丝机会,他们也不想放过,想抓住这根救命稻草,赌一把。洪宪帝制的丑剧上演了 83 天便以失败落下帷幕,袁世凯也在被迫下令取消帝制后两个半月后,在恐惧不安的忧虑悔恨中病亡。张勋复辟的丑剧上演了半月,就告破产,这可算世界史上最短命的也是最滑稽的一幕复辟剧。在资产阶级革命派付出了代价推翻了统治中国两千多年的封建专制统治之后,中国人民绝不允许帝制卷土重来,历史再次印证了,在中国,帝制是行不通的,这是民心所向。

思考讨论

1. “皇帝梦”为什么屡有反扑?
2. 袁世凯与张勋复辟的两场政治丑剧为什么都以失败而告终?

案例 2　军阀混战

袁世凯死后,北洋军阀分成了三个大的集团:冯国璋、曹锟、吴佩孚的直系;段祺瑞的皖系;张作霖的奉系。他们为争夺对中央政府的控制权,在故都北京上演了一次又一次军阀混战的闹剧。1920 年 7 月 14 日,直皖战争爆发。双方军队在京汉铁路涿州市、高碑店、琉璃河和京奉铁路杨村一带交战。吴佩孚率军奇袭西路皖军前敌指挥部,同时有奉军两个旅由天津进攻皖军背后,皖军全线崩溃。7 月 18 日,段祺瑞求和辞职,直、奉军阀控制了北京政府。1922 年 4 月 29 日又发生了第一次直奉战争。双方在长辛店、同安、马厂一带激战。西路奉军在长辛店战败,中路固安、西路马厂奉军同时失败。5 月 5 日,奉军败退军粮城,以后又撤出山海关外。直系在战胜皖系、奉系后,立即赶走他们不满意的大总统徐世昌,6 月 11 日,请黎元洪到京就任大总统。黎任职不到一年,1923 年 6 月 8 日,曹锟策动北京军警闯入总统府索饷,组织市民请愿团包围总统府,又断水断电。黎元洪无奈,只好出走天津。10 月 5 日,曹锟以 5000 元一票贿买国会议员,当选为大总统,世称“贿选总统”。孙中山率先通电全国宣布讨曹,并同奉系张作霖、浙江卢永祥结成反直三角同盟。在苏联和中国共产党的帮助下,孙中山提出联俄、联共、扶助农工三大政策,组织革命武装,改组国民党,实现国共合作,积极准备北伐。1924 年 9 月,第二次直奉战争爆发。正当吴佩孚指挥直军主力与奉军在山海关、长城一线激战时,受革命影响的直系大将冯玉祥由古北口回师,10 月 23 日入北京,占领电报局、电话局和车站等交通、通讯枢纽。冯玉祥派兵包围中南海,切断了总统府电话线,总统卫队缴械。“贿选总统”曹锟被软禁在中南海延庆楼内。

辛亥革命后,宣统皇帝溥仪一直住在紫禁城内,反对民国,又享受着民国的种种优待。北京政变后，新内阁接受冯玉祥的建议，修改了清室优待条件。1924年11月5日，溥仪被驱逐出故宫，移居后海甘水桥醇亲王府邸。接着，清室善后委员会成立，对故宫保存的历代文物进行清点、登记、整理、保管，以防遗失或毁损。段祺瑞等人对冯玉祥驱逐溥仪大为不满，而孙中山来电表示嘉许，指出："复辟祸根既除，共和基础自固。"

——摘自北京大学历史系：《北京史》（增订本）北京出版社2012年版，第411页。

案例分析

民国军阀混战分为两个阶段：首先是北洋军阀时期，袁世凯死后，北洋军阀各派开始了争权夺利，比较著名的军阀战争包括直皖战争、两次直奉战争。其次是国民党新军阀时期，北洋政府倒台后，新兴起的国民党新军阀之间的战争，著名的有，蒋冯战争、蒋桂战争、中原大战。此外，各地方军阀之间的战争更是不计其数。民国军阀混战给中国带来了深重的灾难，首先是经济社会发展受到严重阻碍。各地军阀，各自为政，分裂分治，中央政府从来没有形成对地方的强有力的控制，国家基本没有形成统一的市场，没有统一的全国铁路网，各地电力供应也互不相同，严重阻碍了生产力的发展。其次，给帝国主义侵略中国创造了良好的条件。在民国时期，苏联控制了现在的蒙古国，并插手新疆事务；英国积极实行侵略西藏的政策，拉拢威胁西藏地方政府，使之与中央政府离心离德；日本帝国主更是展开了全面的侵华战争。

思考讨论

1. 军阀混战的背景是什么？
2. 军阀混战对当时社会有什么影响？

案例3　北洋军阀统治下的北京

从最近几日各报所载北京传来的消息，给我们以下列诸种映象：一、强使京民行使不能兑现之直隶流通券及山东军用钞票，以致全城各业罢市。二、京师四郊人民不胜奉军奸淫抢劫之苦，迁入城中难民数万人，因无屋住，率皆露宿。三、北京舆论界平常反对帝国主义及奉系军阀最激烈之京报社长邵飘萍君，被奉军枪毙；大陆晚报记者张鹏被监视；中美晚报宋发祥，世界晚报成舍吾，均被迫逃走。

四、二十六日晚,军警围北大,不准入,搜查数小时,尚在严重监视中,拟以赤化嫌疑名义,根本改组北大,尽驱逐一般进步的教员和学生;素号稳健的北大代理校长蒋梦麟,亦已出京。

从上面这些消息,我们试瞑目一想现时北京城中的黑暗反动是如何可怕,一切的住民,此刻均失去其居住言论行动的自由,完全在奉天马贼铁蹄之下讨生活。自称讨赤救国的张作霖,对于他部下喽啰之奸淫抢劫行为,亦不能曲为辩护,所不能不发出以下之电文:"京师四郊颇有奸淫抢劫之事,俄人尤甚(张所雇备的白党军队),京城内亦屡出劫案,东安市场复被焚烧,殊觉失望。……年来赤贼盘踞,此次撤退,尚能秩序井然,一尘不染,若我军管理以后,反多扰累,何以对国家,何以服舆论。……。"呜呼!这就是帝国主义者及张作霖吴佩孚等所急声宣传的利赤政策之成绩,原来所谓制赤就是反对人民有生命财产营业居住言论行动的自由,把共和国民所有的人权剥削尽净,其主张要求此人权者,皆谓之赤,皆在不可宥赦之列,甚至举动稍接近民众或不能完全仰承帝国主义意旨者,亦谓之赤,亦在所必除,故国民军赤化,广东政府赤化,徐谦,邵飘萍赤化,唐生智蒋梦麟亦被指为赤化,帝国主义者直奉军阀均在这制赤的口号下联合起来,向民众进攻。全国被压迫的民众们!我们从许多具体的事实,已经认出赤是什么,反赤是什么。北京的反动现象,已有逐渐普及于全国之势,齐燮元在京对中外记者演说直奉妥协的政策是:"先扑灭北方之赤化,然后再扑灭广东之赤化,期施行全国之刷新";其实所谓刷新就是造成全国巩固的反动局面。我们不能恐惧这一赤化名词而放弃了一切的人民权利自由,不能视此现象为北京一隅的现象而是向全国民众进攻的开始;全国的民众,应该起来援助北京市民的安全,援助北京商人的开业;全国舆论界,应该为邵飘萍君之死而力争言论的自由,和人权的保障;全国学生界,应为北大被搜检,站在学生的利益上,反对此种摧残教育的行为。一切想得到人民自由权利的人们!均应站在同一联合战线之下,去制止这种所谓反赤的行动。

——摘自王若飞:《军阀统治下的北京》,《向导》第 151 期,1926 年 5 月 1 日,第 1433—1434 页。

案例分析

北洋军阀是中国近代一支特殊的军事政治力量,其深刻的社会根源是由中国半殖民地半封建的社会性质决定的,不同时期具有一定程度的资产阶级性质。北洋军阀统治时期,他们割据称雄,拥兵争霸,各树派系,纵横捭阖,卖国媚外,残民以逞。各派军阀都是大地主、大买办,有的也是大资产家,是一切反动势力的总代表。北洋军阀统治之下的人民生活困苦不堪,不仅要面对各路军阀混战所造成的人员伤亡,军阀还要向人民征收赋税,预征田赋,人民苦不堪言,也没有丝毫的政治权利,言论自由也被军阀的特务们所控制。另外,军阀混战下,各省连年兵灾,诸如奉直两次战争,江浙战争等,每次战役,都会直接间接地给农民的生产带来莫大的损失。北洋军阀的统治,是乡村豪绅阶级和城市买办阶级的统治,对广大人民进行残酷剥削和压迫。

思考讨论

1. 北洋军阀在北京的所作所为体现出他们的什么本性?
2. 北洋军阀统治最终为什么会失败?

案例4 北洋军阀在财政上的反动统治

北洋军阀自始即竭力摧残革命,阴谋帝制(不论他是要做皇帝做总统横竖一样),做民主共和的恶敌,至今还是招兵买马,压迫西南,谋武力统一,以定北洋正统。这帮东西存在,再加以大小财神,中国之国家财富及国民经济,那里能有一日安宁!金融的大紊乱,以袁世凯称帝时为第一次,徐世吕之“安福选举”为第二次,现在曹锟的最高问题是第三次了。若不肃清祸源,不但财政无整理清楚之一日,而且全国经济都将毁灭。请看从前的洪宪功臣,现在的曹家三小子——薛大可的妙汁(见四月十日《申报》):

(一)增印印花税票,备充抵押品。此事已经实现,经印花税处长告发。不意薛大可神通广大,竟设法想以“印刷局与印花处职权争执”一句话轻轻打消检察厅的检举,仍旧积极进行。(二)增印流通券。去年阴历年关,财部直接发行流通券,定额二百万元,已经只有六折以上的市价,如今竟由库藏司及泉币司通同作弊,添印一百万元,现在已成问题,薛大可还想如法炮制。(三)将未作抵押品之金融公债号数全部印就,以作抵押之用,此计大概不久也要实现。若是三计能完全实现,可以得二三千万之巨款。请问要他何用?无非是养兵,战争,后杀劳苦平民!

由此看来,北京政府的财政不但搜括一空,尚在百方罗掘,已可谓完全破产,而且全在军阀的阴谋中,——无底欲壑万无满足之日,愈拖愈重,国家财政前途真正不堪设想。何止鸦片公卖,何止私印印花,何止破坏内债基金!外债亦并不能整理,反有增累之虞呢。必将此等军阀官僚歼灭净尽,中国财政才有可望。中国的资产阶级已经受过卖国卖民的袁世凯、徐世昌两次教训,难道还定要尝一尝曹锟的滋味么?只有劳动阶级的革命彻底澄清社会,方有救药。中国的资产阶级呵,你们若要民权,要理财,再也不可以迷信和平手段,迷信外国人的势力了,——快快低首于劳苦平民的革命伟力之前,和他们共起推倒军阀罢!

全国资产阶级诸君呵!你们不要睡觉了,军阀们杀到你们面前来了!请看二月七日京汉罢工工人受曹锟、张福来、吴佩孚、萧耀南的残杀压迫,工会封闭,被杀近百人,被捕几十人,至今尚在狱内。此种反动潮流卷及各路,直到上海,这明明是军阀们对于国民的示威运动呵!平民方面呢,不必说他!商人吓得连忙告饶,声言不敢罢市,各地更无行动上的援助。自此之后,直到如今,北方劳工运动都被镇压下去。可怜的中国商人阶级,自己以为有几个钱,像个体面"上等人",若是"安分守己",军阀就能饶他们了。"各人自扫门前雪,休管他人瓦上霜。"全国商界对于京汉工人惨杀案,连一点同情的言论都没有。商人阶级若终是畏缩不前,与军阀官僚妥协,不敢加入群众的运动,那真是万劫不复的了。你们手笔大的,钻到北京政府作财政上的投机事业,只知道学些政客的滥调:裁兵呀,理财呀,制宪呀,却不谋打倒军阀的根本计划;手笔小的,坐在一个码头上做生意,只求苟安,宁可送钱与军阀,所谓"维持治安",了了目前的问题,再也不敢过问政治。如此,各地的商民将同受军阀的摧残,永无出头之日。

总之要看看明白:军阀阶级不倒,各地方不联合作一总解决,民权永无伸张之一日;全国各界不附合于劳动阶级作全国的群众运动,亦永无建立民权之人。

——摘自《瞿秋白文集》政治理论编第二卷,人民出版社 1988 年版,第 27 页。

案例分析

这是摘自《瞿秋白文集》中的《北京政府之财政破产与军阀之阴谋》的一段文字,在瞿秋白文集中收录了许多他对北洋军阀的看法和认识的文章,包括北洋军阀产生的原因,北洋军阀的性质、特点等方面。这篇文章是在 1923 年 4 月写的,中国正处在北洋军阀的黑暗统治下,主要写的是北洋军阀在财政上的统治,为了谋取私利,而私印印花券,增发流通券,丝毫不顾及由此而引发的通货膨胀,人民生活会受到影响。北洋军阀政权是代表地主、官僚买办资产阶级利益的政权。北洋军阀带有浓厚的封建性、买办性,代表大地主、大官僚买办资产阶级的利益,是帝国主义统治中国的代理人。之所以说北洋军阀是反动性的,不是因为他们的军队均属土匪,而是因为他们代表官僚买办、大地主的阶级。这也是为什么他们不得人心,最终覆灭的根本原因。

思考讨论

1. 北洋军阀最终走向覆灭的原因有哪些？
2. 你认为瞿秋白对北洋军阀的描述与认识是否客观准确？

专题四

教育家的教育救国梦

本专题概述

我国近现代史是一部反对外国侵略、谋求独立的奋斗史,每一次东西方文化教育冲突,都促使人们不断反省、探索新的出路。一些思想进步的朝野人士和知识分子在亡国灭种危机日益逼近的形势下,开始放眼世界,主张在保存中国固有传统文化的前提下,效法西方,以其之长补己之短,以实现中华民族的复兴梦。在教育上,一方面仍以“尊孔读经”为主,另一方面也照搬了西方一些资本主义国家的教育制度和教育内容,把发展教育视为国家强弱兴衰的指针和救亡图存的要律,“教育救国思想”就在这样的历史背景下应运而生了。“教育救国思想”的核心观点是,社会的改造和进步应该首先或者主要通过教育才能实现。这种思想大多出现在人们对社会现实不满,看到政治、经济制度上存在很多弊端,并在思想上、理论上构建新的社会模式,寻求改变现实社会的时期。我国自鸦片战争以后,随着国难的日益深重,“教育救国思想”首先由地主阶级改革派提出,后经洋务派、资产阶级改良派的倡导,到五四时期发展成为一种教育思潮。虽然“教育救国思想”在不同时期面临着不同的社会背景,有不同的历史特点和主张,但却始终有一个共同的主题将改革和发展教育视为国家强弱的指针和救亡图存的要律,希望以教育为突破口,来挽救民族的危亡,实现国家的独立和富强。

案例1　蔡元培:教育救国先行者

蔡元培出生在一个商贾之家,他从小就喜爱读书。1890年,蔡元培考中贡士,1892年,进京补试殿试,此后又经过朝考,被点为翰林院庶吉士。1894年春,他再次赴京参加散馆考试,被授为翰林院编修。正当他踌躇满志打算一展抱负时,中国在甲午战争中收获惨败,割地赔款的奇耻大辱使得这个踌躇满志的青年翰林重新思考问题,他开始接触新学。此时的中国,正是多事之秋,甲午战争以北洋水师全军覆没而结束，国势日危，民族危亡的巨浪将蔡元培从科举功名的仕途推上了寻求救国救民的真理的道路。1898 年 9 月，而立之年的他毅然弃官南下，回到了绍兴老家。

回到家乡的蔡元培走上了教育救国的道路，应知府之邀，担任绍兴中西学堂总理。绍兴中西学堂是一所由地方绅士捐资创办的新式学校。蔡元培大刀阔斧，全身心投入到他的新事业中。他做的第一件事是聘任教员。在中学方面，聘请国学根基深厚的教员，还聘请了史学、词学、蒙学等方面造诣较深的人才。在西学方面，他更是四处走访网罗懂西文的人士，聘请为学堂的教员。蔡元培克服了经费不足的困难，购置了一批实用书籍，创立了名为“养新书藏”的图书室，意为培养新式人才。他亲手拟定《绍郡中西学堂借书略例》，管理办法的特殊之处，在于没有条件进学堂读书的向学之人也可以借阅书刊，无形中增加了受教育的人群。

1916 年 12 月 26 日，蔡元培接受了北洋政府大总统黎元洪的北大校长委任状。这时的北大，虽然已经改名为国立北京大学，但其官僚气与衙门气依然浓厚。在教员中，有不少是北洋政府的官僚，这些教师即使是不学无术，也受到学生巴结，以便日后自己当官仕途方便。蔡元培决意改造北大，凡饱学鸿儒皆得以保留教职。他还在国内延聘名师。蔡元培选聘教师，只有一个标准，那就是学术造诣。在他的努力下，国内各方面的名流硕学以及后起之秀逐步汇集于北京大学，形成了崇尚学术的良好氛围。

蔡元培在整顿和改革北大的过程中，提出了著名的“思想自由、兼容并包”的方针。在这种办学方针下，北大教员中包括了许多来自不同学派、持有不同政治倾向的学者。辜鸿铭，这位自称“生在南洋，学在西洋，婚在东洋，仕在北洋”的怪人，平时拖着长辫，以复古派自居，主张尊王尊孔，反对共和，蔡元培因其精通西学，对英国文学有专长仍留聘他教授英国诗歌。旧国粹派的黄侃和新白话派的钱玄同，观点针锋相对，互不相让，大唱对台戏，蔡元培也聘他们，让北大充满着百家争鸣的意见言论。

蔡元培还大刀阔斧地改革了学校的一系列旧有体制。借鉴西方大学的模式，提出民主办校、教授治校的原则，设立教授代表组成的评议会，为学校最高权力机构，改变了过去一切校务由校长说了算的状况。在教育内容上，提倡融通文理，融合中西文化，重视学生美育，提出以美育代宗教。在招生制度方面，从 1920 年春天开始招收女生入学，开创了我国大学教育男女同校的先河。

——摘自中国网 2012 年 2 月 25 日（http://news.china.com.cn/txt/2012-02/25/content_24725690.htm）

案例分析

在“五四”时期和新文化的思潮激情迸发的年代,名贯中外的北京大学里成长起无数的学者。他们进入北大之前的身份不尽相同,既有旧学根基深厚的老牌学者,也有刚刚学成归国的青年新锐;既有政治上倾向民主共和的思想精英,也有留恋帝制、参与复辟的国学名宿。北大能够接纳和包容这些人,都得益于一位大德传世的伯乐——蔡元培。蔡元培用他超凡的眼光和兼容并包、不拘一格延揽人才的心胸气魄,把一个封建习气严重、万马齐喑的旧式学堂,转变成为百家争鸣、学术空气浓厚,欣欣向荣的高等学府。杜威曾这样评价过蔡元培,“拿世界各国的大学校长来比较,牛津、剑桥、巴黎、柏林、哈佛、哥伦比亚等等,这些校长中,在某些学科上有卓越贡献的,不乏其人;但是,以一个校长的身份,领导那所大学对一个民族和一个时代起转折作用的,除蔡元培之外,恐怕找不到第二个。”

思考讨论

1. 为什么堂堂的清朝翰林蔡元培,竟然愿意屈身担任一所小小的中西学堂的校长?

2. 蔡元培的教育革新对今天教育的改革有什么借鉴作用?

案例2 张伯苓:“本土化”教育救国之路

近代以降,许多中国先进知识分子纷纷倡导“教育救国”,兴办新式学校培养人才。张伯苓痛心外侮和国家积弱,很早就提出,国家“自强之道,端在教育;创办新教育,造就新人才”,从此,开始艰难曲折的教育探索,先后经历了模仿日本到模仿美国,进而走上从中国国情出发,将时代性与民族性相结合,寻求民族自强和推进中国现代化的“本土化”发展道路,极大地丰富了当时中国的教育内容。

日本教育为南开的起步和早期发展曾提供过经验,但在学习日本教育的过程中,张伯苓不仅对日本教育的优长有了深切体会,而且在照搬和模仿过程中逐渐体察到了其偏颇和弊端。认识到日本的教育制度“性近专制,为造成领袖及训练服从者之用”,并且提出了南开学校“教育宗旨,系造就学生将来能通力合作,互相扶持,成为活泼勤奋、自治治人之一般人才,以适应时势之需”。这是张伯苓办学上的一个进步。1917 年 8 月以后,他赴美国哥伦比亚大学研究教育,把日本教育与美国教育两相比较,他认为日本式教育“强学生之遵从纪律心”,而美国教育模式“发达学生之自创心”,南开教育的改革和发展应该兼采美、日之优长。

20世纪20年代中期，南开学生对大学教育改革提出强烈要求，认为大学教育必须适合国情。1924年，南大学生宁恩承发表《轮回教育》一文，批评当时南开教师教学存在的弊端，从而引发了师生之间以至学校内外的激烈讨论。张伯苓在经历这一事件后，开始进一步对西方教育模式完全不适合中国国情进行反省，并且陆续在教学内容、方法及教材等方面的进行改革，除英文课外，所有课程一律改为普通话讲授，减少对美国原版课本的使用，组织各科教材的自行编辑，开设学生社会调查课等。

1928年制定的《南开大学发展方案》，标志着张伯苓"本土化"教育思想的形成。《南开大学发展方案》强调在学习西方先进教育思想和制度的同时，应注意到本国文化教育的固有特点和社会环境状况，应在中与西、传统与现代的整合中寻找发展的道路。通过多年的探索和实践，张伯苓的教育观有了质的飞跃，认识到了教育与社会有着密切的关系，必须从社会实际情况出发研究教育；他对欧美教育的长处、短处，有了比较客观的认识，提出了学习西方应持的正确态度；他认识到中国教育界的根本弊端是不适应国情的需要，制定教育宗旨，必须从中国国情出发；他认定教育改革必须适应本国社会发展的需要。从盲目照搬欧美教育，到对它进行清醒、客观的评价；从机械模仿，到批判地吸收欧美教育界的有益成果；从热心教育改革，到深刻认识中国教育的痼疾，真正找到了发展中国教育的道路。这一进步不仅标志着他学习欧美教育发生转折，而且体现了中国教育由传统教育走向现代教育的必然趋向。

——摘自自搜狐网中国教育研究2016年3月17日(http://learning.sohu.com/20160317/n440897337.shtml)

案例分析

作为杰出的教育家，张伯苓的教育思想是丰富的，他不但提出了"知中国，服务中国"的教育理念，树立了全新的教育目的，即应造就具有"现代能力"的学生；而且始终将强烈的爱国主义、科学精神贯穿于教育之中。今天，当我们重温张伯苓教育思想的时候，依然能感觉到它的鲜活性，它所蕴涵的深刻的现实意义将会给我们带来多方面的启示。大学的生命力即其学科适应社会需要的能力。一所大学只有能够对社会需要的本质特性有着清醒的认识，并能建立灵活应对的机制，才能引领学校不断发展并将其推向更高的水平。二十世纪前半叶，张伯苓坚持自己的教育思想和办学主张，探索切合中国国情，为社会经济服务的办学道路，是卓有成效的，取得了宝贵的经验。

思考讨论

1. 张伯苓的“本土化教育”理念是如何形成的?
2. 南开大学的改革经验给当今大学有什么启示意义?

案例3　陶行知:教育救国万世师表

陶行知出生的年代,中国正值多事之秋。鸦片战争后的半个世纪,偌大一个中国山河飘零,列强瓜分日甚,社会动荡加剧,百姓更是困苦不堪。年少的陶行知心中所念尽是这深重的家国苦难,他曾在墙上挥笔写下,“我是一个中国人,应该为中国做出一些贡献来。”

1908年,17岁的陶行知考入了杭州广济医学堂,希望通过学医实现自己的报国志向。但是,这所教会学校竟十分歧视非入教的学生,入学仅三天,陶行知即愤而退学,从此放弃了自己最初“行医济世”的想法。1911年,在金陵大学就读文学系的陶行知深受孙中山民主共和思想的影响,开始热心宣传民主革命。武昌起义爆发后,他毅然返回家乡参加起义,后来起义失败,他又回到学校继续学习。他在毕业论文《共和精义》中这样写道:“人民贫,非教育莫与富之;人民愚,非教育莫与智之;党见,非教育不除;精忠,非教育不出。”由此,陶行知明确提出了自己投身教育、报效祖国的主张。1914秋,陶行知进入美国伊利诺伊大学研究院学习。获得了政治学硕士学位后,他径直转入哥伦比亚大学师范学院教育系研究部,师从著名实用主义哲学家、教育家杜威,专攻教育。他希望通过兴办教育事业,开发民智,振兴中国。

留学归来后,陶行知写了不少文章宣传老师杜威的实验主义教育理论,但真正实行起来却千难万难。于是他一面批判中国的传统教育,一面批判外国的“洋教育”,反省自己的教育实践,探求适合中国国情的教育理论。面对“如何办理教育,使它与国家命运息息相关”这个问题,陶行知认为发展平民教育正是解决之道,而平民教育的首要任务是编写平民识字教材。1923年11月,陶行知亲自编写的《平民千字课》正式出版并很快发行一空,陶行知将该书的1万元版税全部贡献给了平民教育。

面对日益加深的外患和国内的黑暗统治,陶行知感到不能只坐在校园书斋,他积极投身到了抗日救亡运动中。“一二·九”运动后,他与宋庆龄、马相伯、沈钧儒、胡愈之、邹韬奋、李公朴等发起组织“上海文化界救国会”。1936年初,他成立国难教育社,拟订《国难教育方案》,把生活教育和民族民主革命斗争结合起来。

1936年7月，他担任了救国会的“国民外交使节”出访欧亚非26国，争取各地华侨和国际友人支持中国的抗日斗争。途经香港时，他与沈钧儒、章乃器等联合发表《团结御侮宣言》，赞同中国共产党建立抗日民族统一战线的主张。这一宣言震动国内外，受到了中共中央和毛泽东的热情支持。在长期的教育实践中，陶行知越来越清晰地认识到：中国社会最缺少的是民主，所以在人生的最后一段时间，他不仅在社会上积极参与民主运动，也大力倡导民主教育。

——摘自中国网，2012年3月29日（http://www.china.com.cn/news/txt/2012-03/29/content_25012520.htm）

案例分析

在那个国家没落、民族危亡的年代，中国涌现出了一大批青年知识分子，他们为报效祖国，纷纷走出国门寻求救国救民之路。陶行知就是其中一个杰出的代表。从立志学医救国，到参加辛亥革命，到师从杜威专攻教育，回国后又投身于教育救国，发展平民教育、乡村教育，他无愧于“万世师表”。他是一个爱国者，少年立志“要为中国做出一点贡献”，并为此奋斗一生。他是一个“不安分”的知识分子，从平民教育到乡村教育，继而国难教育、战时教育，最后到民主教育，开创了中国教育的新理论。他是近代中国教育史上一个不可抹去的名字，是千千万万中国人民心目中伟大的教育家，令人永久怀念。他所提出的“生活即教育”以及“教学做合一”在现今的教育中仍然有着借鉴意义，造福后代。

思考讨论

1. 留学归来的陶行知为什么在宣传杜威实验主义教学理论的过程中会遇到阻碍？

2. 平民教育的重要性？

案例4 彭湃：从教育救国到农民运动

1921年夏天，彭湃从日本早稻田大学毕业回国。当时掌握广东军政大权的陈炯明为抬高自己的声望，搜罗人才为己所用，就让海丰县长任命彭湃为教育局局长。彭湃一上任，就决心以学校为阵地，培养革命种子，从教育人手实现社会革命。他大刀阔斧地开展工作：改革“教育与贫民分离”的种种积弊，使教育和农民接近；他聘请有进步思想的人任校长，当教师，并给他们提了工资；他革新教育内容,让学生有机会学习到新思想、新的科学知识;他增办女子学校,创办农村分校;他提倡体育运动,举办海丰第一次体育运动大会;他亲自给学生讲课,让学生参加各种社会活动。除此,他积极吸收国内马克思主义者的新思想、新理论,研读李大钊、陈独秀等人的作品。还从《新青年》等进步书刊中选出李大钊、鲁迅等人的文章激励学生一起研读,一起进步。1922 年 5 月 1 日,他为使学生受一次"全世界无产阶级争取解放斗争"的教育,组织各校学生进行了空前规模的大游行。他创作了《五一劳动节歌》,让游行队伍高唱。但他所做的一切触怒了土豪劣绅。他们强烈要求陈炯明撤掉彭湃教育局长的职务。彭湃被撤职了,他的教育救国愿望破灭了。

被撤掉教育局长之职后,彭湃没有气馁,他主持出版了《赤心周刊》,发表了《告农民的话》。他在长期的学习和研究马克思列宁主义思想中逐渐认识到发动工农的重要,于是,下决心到农村去做实际运动,把农民组织起来。1922 年 7 月 29 日,他终于组织起了"六人农会"。1922 年冬季的一天,彭湃以来看戏的方式召集农民到他家来,农民蜂拥而来,彭湃拿着一大堆旧契走上台,举起手中的旧契激动地说:"这些是田公剥削人家的工具,田不是彭家的,更不是我彭湃的,这些是农民兄弟劳动的成果,这一切被地主强占了,使农民困苦,我们要彻底除掉!"说罢当场烧毁,宣布分家所得的田地归耕农所有。台下的几千名农民都沸腾了。正因为他了解农民,熟悉农民,深知农民的苦难,所以很快动员起成千上万群众。1923 年 1 月,彭湃成立了海丰总农会,展开了轰轰烈烈的减租斗争。在举办广州农运讲习期间,彭湃白天忙着工作,晚上在灯下认真研读马克思著作。他将理论与工作实际结合起来,撰写了《海丰农民运动》,这是中国共产党最早从理论和实践的结合上阐述农民运动的理论方针的重要著作。此外,彭湃还不忘培养先进的共产主义革命战士,他自己学习,还要求大家一起学习。1925 年,彭湃成立了农民运动讲习所,培养了一批青年干部并分到各县开展农民运动。这一时期,彭湃被称为"农民大王"。

——摘自徐文钦:《领导干部不可不知的读书智慧》,广西人民出版社 2014 年版,第 93 页。

案例分析

教育救国是 1840 年以来中国几代人中一大批知识分子的梦想和事业。中国近代以来的历史表明,通过教育培养大批具有新知识的建设人才是振兴中国工业和文明的一条正确道路,但这绝不是一条平坦的道路。同许多革命先烈一样,彭湃最值得敬仰的地方是他有坚定的革命信念。为了信念,为了实现救国救民的理想,彭湃刻苦学习。彭湃出生在广东省汕尾市海丰县一个工商地主家庭,本来可以过着优渥的生活,但是彭湃为了革命事业,立志把教育救国与农民运动相结合,走上了艰苦的革命道路。民主革命时期,彭湃开展农民运动,撰写的《海丰农民运动》一书,成为从事农民运动者的必读书。从某种程度上说,彭湃是近代中国共产主义者的精神领袖之一,他的无私与纯净值得所有读书人景仰与效仿,他被毛泽东称为"农民运动大王"、"中国农民运动的领袖"。

思考讨论

1. 彭湃的教育救国梦为何破灭?
2. 彭湃成立农民运动讲习所,培养青年干部对当时的教育有什么积极意义?

专题五

实业家的实业救国梦

鸦片战争,特别是中日甲午战争以后,中国一步步地沦为半殖民地半封建社会。面对民族危亡,中国民族资产阶级纷纷探索救亡富国道路,一时中国大地涌现出众多社会思潮,“实业救国”即是其中之一,它在救亡富国方面进行了有益的探索。实业救国思想,就是要通过兴办各种实业来建立起独立自主的中国民族资本主义经济体系,以此来挽救中国的危亡和求得中国的富强独立。实业救国论者从工、商、财政、国家资本等方面入手,抓到了振兴实业的关键。同时,他们把资金、技术、国家主权独立等方面看作是振兴实业的基本条件,把振兴实业的主张落到实处,表现出实业救国论者脚踏实地为中国振兴实业的实干和追求精神。他们依靠国家政权来发展实业,在中国民族资本主义发展面临巨大的经济压力和争取民族独立的政治压力的情况下,是符合当时的中国国情的。“实业救国”的呼声虽然早已随旧中国的过去和新中国的到来而烟消云外,但对近代实业救国思想的正确认识,对于我们今天的改革开放,建立社会主义市场经济体制,仍有裨益。实业救国思想对促进近代民族资本主义的发展和国力的增强起了积极的推动作用。新中国成立初,毛泽东曾对黄炎培说,在中国近代历史上,有四个人是我们万万不可忘记的,他们是:搞重工业的张之洞;搞纺织业的张謇;搞交通运输业的卢作孚;搞化学工业的范旭东……

案例1　洋务实业家张之洞

应当说,张之洞很早就开始在中国创办实业了,他的实业是从制造枪炮的枪炮厂开始的,都是为了国家,为了民族,毫无个人私利可言。在中法战争的时候,他肩负统筹战局之重要责任。期间大清军队从国外买来的军火参差不齐,许多都不能用,贻误战事,并且所需资费甚多,甚至有的时候,卖方还故意居奇抑勒,借口宣战,停运截留,对中国军队极为不利,于是他便向朝廷上书创办自己的枪炮厂。后来他创办的实业又涉及织布、造纸与制革等领域。

两广总督瑞麟于1873年创办了广东的洋务企业——广州机器局,然而在管理上却很混乱,把大清官场的腐败之风全带了进去,致使厂内贪污浪费现象很厉害,难以正常进行生产。1885年,张之洞奉朝廷之命对该厂进行查办和整顿,把它改为“制造东局”,没多长时间,这个厂便正常化了,并且很见起色。1886年,张之洞于广州城北石井墟买了31亩地,创建枪弹厂,对毛瑟和马梯尼等型号的枪弹进行生产。在张之洞的奏请下,朝廷又派来了黄荔丹担任造船厂的总办,对兵船进行打造。建造这个石井枪弹厂由于没那么多的经费,所以只是小规模的制造。又随着广东海防位置的日益重要,张之洞又开始对新的枪炮厂进行开办。大清朝廷于1889年调张之洞去湖光任职,张之洞通过跟海军衙门进行商讨,把原粤省所订德国的机器运到湖北,另外建造湖北枪炮厂。这个湖北枪炮厂于1892年在大别山北麓开建,建成于次年6月。1896年又增设了炮架、炮弹和枪弹的生产等。1897年,张之洞又建钢药厂,以后的规模一天比一天增大。枪炮厂下面又分许多个厂子,每个厂又各有名字,仅仅用“枪炮”两个字是不能概括的。

以上都是关于军事国防的,在为国增加财富上,张之洞于1890年在武昌门外建立了一个湖北织布官局,于1892年正式投入生产。此后,张之洞又开办了一家湖北纺纱局,建此纱场的初衷是对布局起一个辅助作用,还对于铁厂给予协助。另外,张之洞还先后创办过白沙洲造纸厂、湖北针钉厂、武昌制革厂、湖北毡呢厂和湖北官砖厂等,他是我国近代最早最了不起的一位实业家。

张之洞从开始到最后的实业活动的旗帜就是——洋务。他在1883年5月于山西开办洋务局,还增添多种实业机构,这是他最初打的洋务大旗。他被朝廷调往两广任职总督后,特别是中法战争完毕后,才真正开始了大张洋务大旗。他在1887年5月开设办理洋务处,督促命令所属的衙门讨论学习洋务,锻炼人才,还于此机构下有效地对洋务人才进行网罗,将事业做得红红火火……

——摘自陈红晓:《张謇——中国现代纺织业开拓者》,中国财政经济出版社2014年版,第91页。

案例分析

张之洞是清末著名的封疆大吏和洋务运动的后起之秀。他具有浓厚的爱国主义思想,实业救国思想既是其重要组成部分,又自成体系,与中国近代实业救国的呼声相适应。张之洞生于1837年,此时中国最后一个封建王朝——清王朝正处于内外交困之中,在外族入侵,民族矛盾空前尖锐之时,最直接的救国行动莫过于“御外侮”,张之洞兴办实业的初衷正是为了抵抗外国的侵略,其实业救国思想也最早形成于反抗外国侵略战争的实践之中。虽然张之洞创办的实业大都在帝国主义的压制下以失败而告终,但是他的实业救国的思想及实践客观上推动了中国的近代化。在实施实业救国的过程中,张之洞积极倡导向西方学习,引进西方自然科学乃至部分社会科学知识,向国外派遣留学生,培养了一批具有资产阶级新文化和新思想的知识分子。

思考讨论

1. 洋务运动与中国的近代化的联系?
2. 实业救国思想的广泛传播有什么意义?

案例2　状元实业家张謇

"实业救国"的倡导者和实践者张謇(1853—1926年),主张发展工商业,以富民强国。张謇长期过着应试、当幕僚的生活,年过40才考中状元(1894年)。次年甲午战争爆发,这位状元公毅然弃政从事士大夫鄙视的工商业,真是惊世骇俗之举。他鲜明地提出了"实业救国"的主张,他从筹办南通大生纱厂始,陆续兴办了数十个企业。张謇堪称中国近代第一实业家。其"实业救国"包含以下几点重要内容:

第一,张謇认为经济才是根本,"譬之树然,教育犹花,海陆军犹果也,而其根则在实业。若鹜其花与果之灿烂甘美而忘其本,不知花与果将何附而何自生"。这是针对当时流行的"海陆军救国"、"教育救国"等主张的批评。他强调"因非富不强,富非实业不能";"救贫之法惟实业,致富之法亦惟实业。"

第二,张謇是一位坚决的重工主义者。他说:"实业者,西人赅农、工、商之名,义兼本末。较中国汉以后儒者重农抑商之说为完善。"他认为:"世人皆言外洋以商务立国,此皮毛之论也。不知富民强国之本实在于工。讲格致,通化学,用机器,精制造,化粗为精,化少为多,化贱为贵,而后商贾有懋迁之资,有倍徙之利。""工苟不兴,国终无不贫之期,民永无不困之望"。他很重视采用新工艺、新技术,认为"能于工艺一端,蒸蒸日上,何至于有忧贫之事哉。此则养民之大经,富国之妙术"。

第三,张謇鼓吹"棉铁主义",这是符合中国国情的产业政策。他根据光绪、宣统两朝的《海关贸易册》指出:"进口货之多,估较价格,棉纺织物曾达二万万两以外,次则钢铁,他货物无能及者。是以謇于南洋劝业会时,即发表中国现时实业需用棉铁政策之说。"又说:"国人但知赔款为大漏卮,不知进出口货价相抵,每年输出，以棉货一项论，已二万一千余万两，铁已八千余万两，暗中剥削，较赔款尤甚。若不能设法，即不亡国，也要穷死。”的确，三万万两白银的年进出口贸易逆差，是当时国力难以承受的。“棉铁主义”的产业政策既可以解决对外贸易逆差问题，更为重要的是切合时宜的工业化路线。正如张謇分析的：“实业不能三年、五年、十年、八年，举全世界所有实业之名，一时并举，则须究今日如何致穷，他日如何致富之业。”西方第一次工业化是从轻工业（以纺织工业为主）开始的；后来苏联反其道而行之，实行“优先发展重工业的社会主义工业化路线”。张謇高明之处在于没有照抄照搬洋人的办法，而是实行符合国情及19世纪末世界潮流的轻重工业并举的“棉铁政策”。

第四，张謇善于利用多年从政所形成的社会关系，力争官方支持，发展民间资本。例如，张謇同两江总督兼南洋大臣张之洞的特殊关系，对于他投身实业、创办大生纱厂起了重要的作用。虽然张謇在1904年曾被清政府任命为商部头等顾问官，1912年出任“中华民国”南京临时政府实业部总长。但是，他跟洋务派的官僚截然不同，他一贯主张发展民间资本，并且以他为首在中国东南沿海地区形成了一个民族资本集团——大生资本集团。此外，以大生为核心还办了大小企业34个，涉及冶铁、机器、日用品、食品、银行、交通、服务行等，原始资本约为600万两白银。在苏北沿海各地，他还办了20个盐垦公司，估计资本为1600余万元。据日本人驹井德三在1922年调查估计，大生集团的资本总额约为3300多万元。

——摘自凤凰网，2012年4月3日（http://news.ifeng.com/history/zhongguojindaishi/special/cdzj/detail_2012_04/03/13638324_0.shtml）

案例分析

清末状元张謇在中国近代特定的历史环境中，走上了状元办厂的道路。从实业救国的总体思想出发，他以极大的热情和毅力投身中国实业。几十年间，张謇创办了包括农、工、商、运输、银行的“南通实业”体系，开拓了南通发展近代工业的道路。高中状元的张謇，本来可以高官厚禄，安享富贵，但是鸦片战争之后，外国资本主义的侵略使中国民族资本主义陷入十分艰难的境地，甲午战争的失败，深深刺痛了他的爱国之心，民族危机的加深，促使张謇选择投身实业。张謇实业救国思想主张的核心，是将优先发展棉铁业、振兴农工商业，作为立国、强国、富国、救国的根本。因此，张謇先从创办棉纺织业入手，旁及其他实业，取得了非凡的业绩。张謇，真不愧为中国近代史上第一实业家！

思考讨论

1. 张謇放弃高官厚禄,状元办实业说明了什么?
2. 张謇发展棉铁业的背景是什么?

案例3　一代船王卢作孚

1938年,上海、南京、武汉相继沦陷,国民政府决定迁都重庆。入侵的日军在中国长驱直入,此时,有许多人都为民生公司的前途担忧,但卢作孚却说:“国家对外战争开始了,民生公司的任务也就开始了。”他是这样说的,也是这样做的。一向不肯做官的卢作孚此时临危受命,出任国民政府交通部次长,负责整个战时运输任务。1938年10月,武汉沦陷,宜昌危在旦夕。这时的宜昌如同一个大仓库,三万名以上待运的人员、九万吨以上待运的器材拥塞于此。以当时民生公司的运力,要将其全部运往重庆,至少需要一年时间。更加紧急的是,当时川江已接近枯水期,中水位的航运时间只有40天。卢作孚临危不乱,再次以他的经验和勇气扛起了这一历史重担。当时,所有人都想象不出如何能在40天内完成撤退,但人们相信卢作孚。卢作孚迅速交出了答卷,根据民生公司在枯水时期创造的“三段航行法”,采取分段运输,最大限度地加速物资和人员的撤退。此外,他还对船只航行的时间和物资装卸的办法作了具体安排。

运输计划付诸实施后,秩序便迅速代替了混乱。1938年10月24日,24艘船开始不停地往返于宜昌与长江上游各港口之间。原来从宜昌到重庆,上水航行至少需要4天、下水航行至少需要2天,费时太长,现在按照卢作孚的计划,除了最重要和最不易装卸的笨重设备由宜昌直接运到重庆外,次要的、较轻的设备,则缩短一半航程,留待以后再转运。这样,每天早晨都有六七艘满载的船开出宜昌,每天下午,也必有同样数量的空船开回宜昌。40天过去了,拥塞在宜昌的待运人员早已运完,器材运走了2/3。又过了20天,江水低落到不能大规模运输,宜昌南北岸各码头的器材都看不见了。

当日寇进入宜昌这座鄂西重镇的时候,这里已是一座空城。在民生公司的积极努力下,原河南中福煤矿公司成功撤退到重庆,与北碚的天府煤矿公司合并,成为战时重庆最重要的煤炭供应基地;原上海的大鑫炼钢厂、汉口的周恒顺机器厂顺利搬到重庆后,成为战时后方的重要工业企业;从常州搬出的大成纺织厂迁到北碚,与三峡染织厂合并,成为后方最大的织布厂……兵器工业、航空工业、重工业和轻工业的设备、器材和人员撤退到大后方,随即在重庆周围和四川各地重建起新的工业基地,成为持久抗战的坚强后盾。

这次撤退后来被我国著名的平民教育家晏阳初称为“中国实业上的敦刻尔克”。在艰苦的大撤退中,运送军用物资的轮船90%都来自民生公司,而收取的运费只相当于当时外国轮船运费的十分之一。在整个抗日战争中,民生公司有16艘船舶被炸沉,69艘船舶被炸伤,117名员工牺牲,76名员工伤残,运力比战前减少一半。

——摘自卢勇:《中国近现代史纲要教学案例》,武汉大学出版社2009年版,第101页。

案例分析

抗战以前,我国的工业大多集中在沿海,四川的工业基础十分薄弱。抗战爆发后,沿海工厂内迁。卢作孚先生调派民生公司全部适航船只,抢运了上百个工厂的设备、器材入川。这些工厂迁川后,迅速投入生产,在战时为支援抗战和大后方的经济建设做出了贡献,为四川和重庆的工业发展打下了基础。在抗日战争中,民生公司全体员工在战时运输中,不怕牺牲,前赴后继,表现出高度的爱国精神。卢作孚及其民生公司为保存当时中国的政治实体、经济命脉、教育传承以及商业和文化事业做出了巨大贡献。著名爱国将领冯玉祥将军赞誉民生公司为“爱国的公司”。1939年,国民政府军事委员会传令嘉奖民生公司参与宜昌撤退的轮船,并授予卢作孚一等景星勋章和胜利勋章。

思考讨论

1. 怎样理解“民生公司是爱国的公司”?
2. 如何理解抗日战争是全民族的战争?

案例4 中国化工之父范旭东

范旭东在创办实业时,曾于1928年《海王》旬刊上发表“永久黄”团体的“四大信条”:一、在原则上绝对相信科学;二、在事业上积极发展实业;三、在行动上宁愿牺牲个人,顾全大局;四、在精神上以服务社会为最大光荣。范旭东的团队不仅实践了这四大信条,而且为中国的科学研究打下了良好的基础。1937年12月,西安事变以后,中国抗日民族统一战线正式形成,中日之间的殊死之战开始。次年,“一. 二八”淞沪战事爆发,上海、南京以及沿海各大城市相继陷落。其间久大、永利等各厂尽陷敌手。这对范旭东是极大的打击,但他处变不惊,毅然率领高级技师和老技工,携带技术资料和关键设备,内迁四川,投入大后方的建设。但是在建设事业中范旭东有一个原则:一切企业均属民营,反对官僚入股,反对将企业变为国营。

1937 年底,天津沦陷后,蒋介石召见范旭东、张伯苓、胡政之等人,对他们事业的损失表示慰问,并许诺拨款协助他们在大后方重建他们的事业。范旭东代表久大、永利申请补助金 300 万元,作为在四川建厂的部分资金。孰料经济部训令:"关于永利在四川建厂,经行政院决议可以一次拨足 300 万元作为官股,但必须缩短完成年限,由财政、经济两部与公司协商办理。"这就是要把 300 万元补助款改为官股,将永利变为国营。他当然不同意,回复经济部,事关变更公司章程,要召集股东大会通过才能实行,这在当时战争局势下不可能做好。好在 300 万元补助金还是陆续到位。

对于官营工业,范旭东一直有自己的看法,他认为"宋子文是官僚,不懂搞实业"。对达官贵人的腐败,他深恶痛绝,从不请客送礼。1941 年,范旭东赴美国考察和订购器材,归国途中太平洋战争爆发,范旭东被困于香港。日本侵略者以"归还"工厂为钓饵,引诱他变节投降,他不为所动,并于 1942 年春设法脱离香港,辗转返回四川。从 1938 年至 1943 年,范旭东在四川自贡市的自流井和建为县的五通桥、重庆市的沙坪坝,重建了久大、永利两公司和中国化学工业公司,利用当地资源生产盐、碱、酸、汽油、机械、陶瓷、砖瓦、玻璃、颜料等,为支援抗日战争和满足大后方人民生活的需要,做出了巨大贡献。

1943 年底,世界反法西斯战争转向胜利,中国抗日战争的前途也出现了曙光。范旭东着手准备复兴化学工业。他提出了十大化工厂建设计划,包括恢复战前的塘沽、南京三厂,新建碱厂、塑料厂、炼焦厂、玻璃厂、水泥厂、硝酸厂、硫酸铵厂,并为筹集资金奔走。为实现他的战后办厂计划,范旭东向美国出进口银行签订 1600 万美元的贷款,宋子文提出"如果他出任永利董事长,借款合同可立即由中国银行指令纽约分行签署担保",范旭东说:"我范旭东从事实业,以救国救民为己任,誓不做官,绝不与腐败同流,绝不允许官僚玷污我洁白无瑕的'永久黄'事业!"

——摘自秦亢宗:《抗战中的民国商人》,团结出版社 2015 年版,第 114 页。

案例分析

范旭东胸怀"工业救国"的赤子之心,在抗日战争的苦难岁月里,坚持为抗日爱国出力,发展化工实业,为后来者树立了光辉的榜样。范旭东一贯自称书生,从不把自己看作商人,自始至终都认为自己的“书生之念”比“发财之念”浓厚得多。创业二十年时,他说过一番话:“我总觉得中国受病已久,它的存亡关键,决不在敌国外患的有无,完全是握在全国智识分子手里,智识分子教它兴就兴,教它亡就亡。”这样的话也许只有他说得出来。他是中国化学工业的开创者,也是一个浑身弥漫着浩然之气的知识分子。所以,面对日本军方的诱惑,他断然回答:“宁举丧,不受奠仪”。范旭东毕生拼斗于中国化工业的振兴,生为此虑,死不瞑目,实在是中国企业史上顶天立地的大丈夫。“商之大者,为国为民”,说的正是像他这样的人。

思考讨论

1. 如何理解范旭东的“四大信条”?

2. 范旭东作为一名商人,为什么能够说出“宁肯为工厂开追悼会,坚决不与侵略者合作”这样的话?

专题六

中国共产党的红船追梦

本专题概述

鸦片战争以后，为探索救亡图存、复兴中华的出路，无数仁人志士不惜抛头颅、洒热血。中国共产党是在马克思主义在中国广泛传播，工人阶级以独立姿态登上历史舞台的背景之下成立的，成立后积极投身到革命的实践活动中去，带领人民进行反帝反封建斗争，为实现民族复兴而不懈努力。

2005 年，时任中共浙江省委书记的习近平同志发表了《弘扬“红船精神”走在时代前列》的重要文章，他强调：“开天辟地、敢为人先的首创精神，坚定理想、百折不挠的奋斗精神，立党为公、忠诚为民的奉献精神，是中国革命精神之源，也是‘红船精神’的深刻内涵。”红船劈波行，精神聚人心。母亲船一路行来，红船精神同井冈山精神、延安精神、西柏坡精神一道，伴随着中国革命的光辉历程，共同构筑起我们党在前进道路上战胜各种困难和风险，不断夺取新胜利的强大精神力量和宝贵精神财富，为实现中华民族伟大复兴的中国梦而不懈努力。把红船称为母亲船，是因为在这艘船上诞生了伟大的中国共产党，燃起了革命的“星星之火”，自从这艘船扬帆起航，我们的党虽然经历了无数的急流险滩、艰难曲折，但最后都能始终走在时代的前列，带领着全国各族人民，从胜利走向胜利。

案例 1　我到上海去出席共产党成立大会

1921 年 5 月，我到上海去出席共产党成立大会。在这个大会的组织工作中，起主要作用的是陈独秀和李大钊，这两人都是当时中国知识界领导人。我在李大钊手下担任北京大学图书馆助理员的时候，曾经迅速地朝着马克思主义的方向发展。陈独秀对我在这方面的兴趣，也起过作用。我第二次到上海去的时候，曾经和陈独秀讨论我读过的马克思主义书籍。在我一生中的可能是关键性的这个时期,陈独秀关于他自己的信仰的那些话给我留下了深刻的印象。在上海这次具有历史意义的会议上,除了我以外,只有一个湖南人(何叔衡)。其他出席会议的人有董必武、张国焘、和周佛海。我们总共有十二个人。当年10月,共产党的第一个省委在湖南组织起来了。我是书记之一。接着其他省市也建立了党组织。在鲁海的党中央机构工作过的有:陈独秀、张国焘、陈公博、施存统、沈玄庐、李汉俊(1927年在武汉被杀)、李达和李启汉。在湖北的党员有董必武(现任保安党校校长)、许白昊、施祥。在陕西的党员有高岗和一些著名的学生领袖。在北京是李大列、邓中夏、张国焘、罗章龙、刘仁静(现为托洛茨基派)和其他一些人。在广州是林伯渠,现任苏维埃政府财政部长和澎湃(1929年被害)。山东省委的创始人中有王尽美和邓恩铭。同时在法国,许多勤工俭学的人也成立了中国共产党组织,它几乎是同中国国内的组织同时建立起来的。那里的党的创始人中有周恩来、李立三和向警予。向警予是蔡和森的妻子,同时也是创始人中唯一的妇女。罗迈和蔡和森也是法国支部的创始人。在德国也组织了中国共产党支部,只是时间稍后一些,其成员有高语罕、朱德(现任红军总司令)和张申府(现任清华大学教授)。在莫斯科,支部的发起人有瞿秋白等人。在日本是周佛海。会是在七月间开的,我们现在定七月一日为党的周年纪念。本来是在上海开的,因为巡捕房要捉人,跑到浙江嘉兴南湖,是在水上开的。发了宣言没有?我不记得了。当时马克思主义有多少,世界上的事如何办,也还不甚了了。所谓代表,哪有同志们现在这样高明,懂得这样,懂得那样。什么经济、文化、党务、整风等等,一样也不晓得。当时我就是这样,其他人也差不多。……我们开始的时候,也是很小的小组。这次大会发给我一张表,其中一项要填何人介绍入党。我说我没有介绍人。我们那时候就是自己搞的,知道的事情也不多,可谓年幼无切,不知世事。

——摘自段治文:《中国近现代史纲要:文献案例与疑难解析》,浙江大学出版社2008年版,第132页。

案例分析

我们今日所说的7月1日是中国共产党成立的纪念日是有渊源的,由于党的“一大”召开于7月,而在战争年代档案资料难寻,当时参会的人员也都无法确认具体的日期,所以“一大”的具体开幕日期无法查证。1941年在党成立20周年之际,中共中央发文正式规定,7月1日为党的诞生纪念日(党的生日)。党的第一次全国代表大会正式宣告了中国共产党的诞生,确立党的奋斗目标是用无产阶级军队推翻资产阶级政权,实现共产主义。党的中心任务是组织工人阶级,领导工人运动。从此,在中国出现了一个完全崭新的,以马克思列宁主义为其行动指南的,统一的无产阶级政党。中国的无产阶级因此有了战斗的司令部,中国的劳苦大众从此有了翻身解放的希望,中国的革命从此焕然一新。

思考讨论:

1. "一大"上确立的党的奋斗目标是什么?
2. 中国共产党第一次代表大会的召开在党的历史上有什么重大意义?

案例2 李达关于中共二大的回忆

第一次代表大会开过以后,党的组织阵容相当整齐了,中央与各地立即行动起来,分别进行宣传与工运工作,逐步取得了成绩。我这里只说起中央工作部在1921年7月以后至1922年7月的工作情形。9月间,陈独秀辞去广东教育厅长,回到上海,专任党中央的书记,常与马林、尼可洛夫会商(陈独秀在法租界曾被捕过一次,由孙中山打电话给法领事释放),当时决定宣传工作,仍以《新青年》为公开宣传刊物,由陈自己主持,我则继续编辑《共产党》月刊,作为秘密宣传刊物(从第三期起至第七期止)。10月间,陈独秀和我商议,在上海创办一个女校,以期养成妇运人才,开展妇运工作,我任该校校长,入校学生约20人,丁玲、王一知、王剑虹等均由该校出身。当时任教者如陈独秀、高语罕、邵力子、陈望道、沈雁冰、沈泽民等,但办理不到一年,因经费支绌就停办了。组织工作由张国焘主持,当时所谓组织工作,是专指工会的组织说的。在他离开上海起到第二届代表大会止的期间,上海几乎没有做工人运动。马林和尼可洛夫几乎每星期要约集陈、张和我,三人会议一次,听取我们的工作报告。我的报告很简单,因为每一星期不能有书出版,再则我虽是宣传主任,而实际只是个著作者和编辑。张国焘把每星期所接触的两三个工人的经过,用断续而拮屈的英语,作冗长的报告。陈独秀的报告很少。因为这时的工运,在京汉与陇海两铁路方面,汉1:3段由武汉的党主持,北京段由北京的党主持,中央只派了一人到郑州主持,所以上海方面没有好多可以报告的材料。所以陈独秀汇报了一次,第二次他就不去了。过了不久,马林离开上海,先后去武汉、长沙、广州考察,于1921年12月间,回莫斯科去了,大概要向东方局报告中国革命的情况,才回去的。在马林等回国以前,国际来电,要中国派遣一批青年到苏联参加1922年1月在莫斯科召开的东方弱小民族会议(这是与当时帝国主义召开的华盛顿会议相对抗的),因此党中央派了二三十个S. Y. 团员去莫斯科,任弼时、罗亦农等人是在这时前去的;瞿秋白同志在这时已到了俄国,他原是由北京《晨报》社直接派去的。日本、朝鲜也都派代表团去了。从这时起直到1922年5月止,党中央方面除了间接指导京汉、陇海工运外,几乎没有做什么工作。第二次全国代表大会是在上海举行的。出席这次代表大会的代表不是经过民主选举产生的,而是由陈独秀、张国焘指定从莫斯科回国的是哪省的人就作为哪省的代表。其中除陈独秀、张国焘外,有邓中夏、蔡和森、向警予、李达等。毛主席没有出席这次代表大会。第一次大会是在李达家里召开的,后来分成几个小组流动开会,今天在这里开,明天在那里开。大会的情况比第一次稍有进步。张国焘根据他从苏联带回来的英文打字的宣传品,分析了国际的局势,同时大家又研究国内的局势。提出本党对时局的主张,因此分成几个小组讨论各项问题,会上第一次提出反帝反封建的口号(在此以前不知道什么是帝国主义),认为中国人民的敌人主要是帝国主义和封建主义,农民的问题在会上也提到了一点。第二次全国代表大会发表了宣言,并仍然选举陈独秀担任书记。

——摘自汪文庆:《使命·旗帜·人物中共一大至十八大纪事》,四川人民出版社2013年版,第33页。

案例分析

从中共"一大"到"二大"虽然只有短短的一年时间,但是我们党的发展和进步却是明显的。中国共产党在对马克思列宁主义理论的理解和对中国国情的认识上,对世界无产阶级革命形势和中国革命的关系上都取得了长足的进步。首先,"二大"对当时的世界形势和中国社会状况做出比较全面正确的分析和把握,为中国革命指明了方向,为制定一个符合当时实际的行动纲领提供了客观依据和基础。其次,"二大"制定了符合当时中国革命实际的民主革命纲领。指出党的最低纲领即民主革命阶段的纲领是,消除内乱,打倒军阀,建设国内和平;推翻国际帝国主义的压迫,达到中华民族完全独立;统一中国为真正的民主共和国。然后再进一步创造条件,建立劳农专政的政治,铲除私有财产制度,渐次达到共产主义社会,以实现党的最高纲领。这一纲领的提出,不仅成为党在民主革命时期的奋斗目标,而且成为党团结全国各阶层人民和各派革命力量进行革命斗争的共同纲领。

思考讨论

1. 与中共"一大"相比,"二大"有哪些完善之处?
2. 中共"二大"制定的民主革命纲领在当时有什么作用?

案例3　南昌起义

1927年,蒋介石发动"四一二"反革命政变,大肆屠杀共产党人。4月15日,蒋介石在南京发出清党公告和清党通电,第一次国共合作破裂。4月28日,李大钊被奉系军阀张作霖杀害。5月21日,长沙军官许克祥发动"马日事变",逮捕共产党人。在这危急存亡之际,陈独秀等重要领导人又犯了右倾投降主义的错误,使中共原本就薄弱的革命力量遭受到严重挫折。7月上旬,根据共产国际的指示,以张国焘、张太雷、李维汉、李立三、周恩来五人组成临时中央政治局常委会,首先解除了陈独秀对党的领导,继而发表对政局的宣言,宣布中共继续进行反帝反封建斗争,决定发动秋收起义和南昌起义,并确定召开中央紧急会议。7月27日,周恩来到南昌成立前敌委员会,亲任书记,密谋发动南昌起义。起义时间原定为8月1日4时,因有人叛变泄密,行动时间提前两个小时,于凌晨2时开始。参加起义的主要力量是朱德领导的军官教育团、警察和消防队共数百人,贺龙的第二十二军七千五百多人,叶挺的第二十一军第二十四师五千五百多人,全军共约两万人。8月1日凌晨2时,南昌城内响起起义的枪声,经过几个小时的激战,起义军夺取了南昌全城。随后,前敌委员会任命贺龙为全军总指挥,刘伯承为参谋长。依照原定计划,从8月3日起撤离南昌,欲占据广东东江海陆丰地区为根据地,然后进取广州,准备重新北伐。但由于在向南行军途中天气炎热,又缺乏医药和给养,部队减员达三分之一以上。在这种情况下,陈毅仍不顾危险地率军队加入起义队伍。在江西会昌,起义军击败堵截的敌军,随后东入福建,占领长汀,稍事休整。然后南下广东,到大埔县后,一部分军队在朱德的带领下扼守三河坝,监视梅县方面之敌,主力部队进占潮州、汕头。这时全军已不满万人,而敌军则以二万七千余人进逼潮汕,作战力量对比悬殊。9月28日的汤坑之战,起义军伤亡两千余人,且弹药将尽,被迫退却,潮汕相继失守。10月2日,在三河坝之战中朱德一军也损失惨重。为保存实力,朱德、陈毅率三河坝余部辗转江西、湖南的南部,最后到达井冈山。不久,张太雷、叶挺等同志根据中央的指示,发动了广州起义,毛泽东等同志在湖南、江西边界发动了秋收起义。这些武装起义与南昌起义遥相呼应,构成了第二次国内革命战争的伟大开端。南昌起义打响了武装反对国民党反动派的第一枪,为中国共产党创建革命队伍,摸索和开创农村包围城市的革命道路,做出了重要贡献。8月1日是党创建军队的开始,被定为建军节。

——摘自王星智,张兰菊:《中国简史》,中国文史出版社2014年版,第

401 页。

案例分析

南昌起义，是中国共产党直接领导的带有全局意义的一次武装暴动，它打响了武装反抗国民党反动派的第一枪，标志着中国共产党独立创造革命军队和领导革命战争的开始。虽然南昌起义最终由于客观上敌人力量过于强大，主观上缺乏经验，没有和湘、鄂、赣地区的农民运动相结合，开展土地革命战争，而是孤军南下广东，企图打开出海口，争取外援，重建革命根据地等原因而遭致失败，但这次起义的伟大历史功绩是不可磨灭的。它在全党和全国人民面前树立了一面鲜明的武装斗争旗帜，充分地表现了中国共产党和中国人民不畏强敌、前仆后继的革命精神。它以实际行动批评了陈独秀的右倾投降主义，沉重打击了国民党反动派的嚣张气焰，极大地鼓舞了全国人民的革命斗志，对创建人民军队做出重大贡献。

思考讨论

1. 南昌起义有什么意义？
2. 南昌起义的失败说明了什么？

案例4　遵义会议

1935 年 1 月 3 日，红军成功强渡乌江。7 日凌晨，红军智取遵义；9 日，乘胜攻占娄山关、桐梓城。此后，红军终于甩掉了追兵，赢得了十余天宝贵时间。13 日，中央决定由博古准备关于第五次反“围剿”的正报告。周恩来准备关于军事问题的副报告。并以周恩来名义发出了会议通知。这次会议是王稼祥与毛泽东、张闻天商议并由他出面提议，得到周恩来、朱德等中央领导的支持而召开的。既基于“过了湘江后，毛主席提出讨论失败问题”所代表的全党意愿，也“基于在湘南及通道的各种争论而由黎平政治局会议所决定的”。同时，经过不断斗争，在遵义会议前夜，就排除了李德，从思想上、组织上为召开遵义会议作了重要准备。

1 月 15 日，中共中央政治局扩大会议在遵义旧城柏辉章公馆举行。政治局委员博古、周恩来、毛泽东、朱德、张闻天、陈云，政治局候补委员王稼祥、刘少奇、邓发、凯丰，总参谋长刘伯承，总政治部代主任李富春，军团首长林彪、聂荣臻、彭德怀、杨尚昆、李卓然，中央秘书长邓小平参加会议，李德及翻译伍修权列席。共 20 人。会议由博古主持，主要议程：（一）决定和审查黎平会议所决定的暂时以黔北为中心建立苏区根据地问题；（二）检查在反第五次“围剿”与西征中军事指挥上的经验与教训。

毛泽东的长篇发言,集中讲当时最紧迫的军事问题,着重解决军事路线问题,很多人一下就接受了。他用三个"主义"概括博古、李德"左"倾军事路线,即,"先是冒险主义;继而是保守主义;然后是逃跑主义"。还列举苏区政府和群众全力支持反"围剿"的事实,驳斥了博古推卸责任的说法。毛泽东的讲话形象、生动而幽默,赢得赞同和支持。王稼祥的发言很干脆,只提出三点意见,第一,张闻天、毛泽东的发言;第二,红军应该由毛泽东这样富有实际经验的人来指挥;第三,取消李德、博古的军事指挥权,解散三人团。他的发言为历史性的伟大转折投了关键一票。

扩大会议最后做出如下决定:(一)毛泽东同志选委常委。(二)指定洛甫同志起草决议,委托常委审查后,发到支部中去讨论。(三)常委中再进行适当的分工。(四)取消"三人团",决定仍由最高军事首长朱、周为军事指挥者,而恩来同志是党内委托的对于指挥军事上下最后决心的负责者。会议结束后,常委开会分工,决定毛泽东为周恩来的军事指挥上的帮助者。遵义会议是中国共产党首次独立自主地运用马克思主义解决自己的路线、方针的政策的会议,是党走向成熟的标志。从此,中国革命实现了历史性伟大转折,在毛泽东为代表的正确路线指引下从胜利走向胜利。

——摘自教育部社会科学司:《"中国近现代史纲要"课教学案例》,高等教育出版社2010年版,第102页。

案例分析

在遵义会议以前,中国共产党很多时候是唯共产国际的指示是从的,而遵义会议上产生的一系列重大决策,则是在中国共产党与共产国际失去联系、面对危难的情况下独立自主地做出的。遵义会议明确回答了红军的战略战术方面的是非问题,指出博古、李德军事指挥上的错误,同时改变中央的领导特别是军事领导,解决了党内所面临的最迫切的组织问题和军事问题,结束了"左"倾教条主义错误在中央的统治,这次会议在一个生死攸关的转折点上,挽救了党组织和工农红军,也挽救了中国革命。这充分说明,经过14年的艰苦努力,在无数人前仆后继地付出了鲜血和生命以后,中国共产党终于成熟起来了,能够根据中国的实际情况选择适合自己的革命道路了。完成了中国革命的第一次历史性伟大转折,在中国革命史和中国共产党党史上具有深远的影响。

思考讨论

1. 遵义会议是在什么背景下召开的？
2. 为什么说遵义会议是中国共产党历史上一个生死攸关的转折点？

专题七

国民党专制独裁的梦魇

本专题概述

国民党从掌握政权到覆灭,一直做着专制独裁的美梦。但是,国民党政权内部的腐败问题非常严重而且由来已久。抗战胜利后,国民党政府所做的第一件事情——“胜利接收”就铸成了大错。如果说 1945 年至 1946 年前后的战后“接收”只是国民党威信下降的开始,那么,到 1948 年前后,国民党的威信已经是急剧下降,不可收拾。腐败就如国民党政权内的一个“毒瘤”,越长越大,最终导致了国民党政权的覆灭。军队不堪一击,政治腐败盛行,国民党统治行将就木。面对这种情况,一部分国民党官员陷入迷茫,看不到希望所在。国民党统治集团内部弥漫着悲观失望的情绪,呈现出分崩离析之势。众叛亲离成为国民党这一时期最真实的写照。1949 年前后,国民党政权已是“油枯灯灭”,各级官员对国民党政权不再抱有希望,众叛亲离成为时代的大趋势。

案例 1　蒋介石与“攘外必先安内”

蒋介石专责军事,目的是从军事入手操纵一切。1932 年 5 月 1 日,他对《大公报》记者发表谈话称:“从前本人求政治统一太急,又以为其力足以扫除统一障碍,认为可先办成统一,再整顿军事,以统一军令。军政为统一政治之基本,本人愿努力治军。巩固中央。先抓军权,而及党权、政权,最终集党政军大权予一身,是他的起家之路。经过两次下野的波折,他深感万事必由抓军权作起,所以在“训政”与“宪政”争论之时,地按照下述步骤重走老路:

首先,他指责主张“结束训政,实行宪政”的人,是“一班官僚政客,只顾一己富贵利禄,不顾国家前途如何,常思予政府以不利”,并授意一批文人,连续发表文章,批驳“宪政救中国”论,鼓吹只有“剿共”才是“救国的唯一途径”的谬论。其次,整顿全国军队,筹备改革军制,使全国军队都掌握在他的指挥之下。他以主持对日军事为名,于5月17日主持军委会做出决定,限3个月内整编全国军队。但军队的体制经改编后不是为抗日,而是为适应"反共"战争的需要。如划分4绥靖区",任命"绥靖主任"、"剿匪总司令"等等。又成立全国军队校阅委员会,派人到各地检阅部队,发布"限期剿共"的命令。连张学良接到的军令也是"限期剿匪",而不是"反攻复土"。第三,蒋汪合谋,大肆鼓吹"抗日必先'剿共',不'剿共'无以抗日"的谬论。汪精卫编造海外奇谈的故事,攻击红军一向破坏"抗日"。国民党报纸大量报道诋毁红军与根据地的消息、文章,以煽起人们对红军的仇恨,丽对日本的野蛮侵略则很少报道。最后,强化"反共"内战机构,亲自上阵指挥"反共"战争,把"攘外必先安内"定为国策。4月,蒋介石任命何应钦、陈济棠为闽:赣粤三省"剿匪"总副司令,强令抗日有功的十九路军"剿共"。5月20日,蒋介石自兼鄂豫皖"剿共"总司令,设总司令部于汉口,设副总司令部于蚌埠,拟以李济深为总司令。6月1日,军委会召开"反共"军事会议,决定了鄂豫皖剿共总司令部的人选;2月,军委会秘书处主任李仲公等一班人马赴汉口为蒋介石筹备行辕,7日,蒋介石赴江西,6月中旬,在庐山召开五省"反共"军事会议,对反共战争作了全面部署,"反共"内战遂以更大规模展开。

6月14日至16日,国民党中枢要员蒋介石,汪精卫、何应钦、李石曾,罗文干,顾维钧、黄绍竑,李济深等齐集庐山,为国联调查团事,讨论大政方针。这是上海停战后国民党中枢关于内政外交方针的一次重大决策会议。在蒋介石的主持下决定:"现在急务惟抗日剿匪,不应再生枝节。剿匪会议目的在安内攘外,决无他意",以"攘外必先安内"为唯一国策。集中全国兵力、财力用于反共内战,军费由每月1000万元增加至1500万元,随后又追加至1800万元。以湘鄂豫皖赣五省为重点区。要求国民党内的意见分歧,要以服从"攘外必先安内"为准则,统一步调。各地方组织层层建立反共机构。对日外交本妥协方针由汪精卫具体负责,却没有任何"攘外"的军事计划。

庐山会议后,国民党的一切大政方针都以"攘外必先安内"为准则,蒋介石以军权支配党权与政权的权力逐步扩大,而庐山——武汉,既是蒋介石指挥反共战争的中心,也是决策全国要政,控制全国政局的中心,成了国民党中央的实际所在地。

——摘自张同新:《中国国民党史纲》,人民出版社2012年版,第270页。

案例分析

蒋介石提出的“攘外必先安内”政策,从阶级性上看,保护的是极少数的大地主和大资产阶级的利益,并不是保护整个中华民族的利益。在他看来,日本帝国主义侵略对他的危害小于中国共产党领导的红军和革命根据地,中国共产党的威胁是第一位的,日本侵略者的威胁是第二位的。假如日本灭亡了中国,他还可以当日本在中国的代理人,他的利益还可以得到保障,如果被中国共产党领导的红军推翻了,他就是永世不得翻身了。从思想上看,蒋介石深受封建君主专制思想的影响。尽管蒋介石曾经追随孙中山搞过民主、共和,但其内心深处却是封建专制主义,他建立的政权是封建式的蒋家王朝,他对中国 20 多年的统治是封建专制统治。在这种封建专制思想的驱使下,他绝对不允许他的臣民“犯上作乱”。他宁可把民族利益出卖给日本侵略者,也不允许中国人民对他有丝毫的反抗。

思考讨论

1. 蒋介石提出“攘外必先安内”政策的背景是什么?
2. “攘外必先安内”政策造成了什么后果?

案例 2 崇尚法西斯主义的蒋介石

崇尚法西斯主义是蒋介石统治的中心思想,他是小盐商的儿子,本无实力。中国民主革命勃兴,他卷入了革命的洪流中,企图寻找靠山,发展个人势力,想做一世“英雄”。他参加了中国的民主革命,有忠于孙中山的表现和拥护国共合作的姿态,一度他从无名之辈迅速成了国民党执掌军政大权的人物。当时中国分裂混争,政出多门,封建统治思想残余仍然束缚着人们的头脑。不过,中国经历了孙中山领导的民族民主革命,国共合作的北伐革命。国民党反动派背叛大革命后,中国共产党又开创了新民主主义革命的道路。这种形势下,作为地主、买办阶级的代表蒋介石,需要依靠帝国主义的支持才能维持其统治。所以他只能取法西斯主义“对内统制”为己用,以国民党中央的政治、军事、文化组织机构的名义,秘密设立小组织,而不单独组织政党,这是蒋介石法西斯主义的“寄生性”;他以忠于三民主义,实行“力行哲学”,高唱“法西斯主义不适合中国”的调子,掩护他推行法西斯主义,为镇压共产党及其领导的革命斗争,迫害民主进步人士,防范非蒋系的国民党派系,遂把他的小组织建成专门对内的暗杀恐怖集团。这是蒋介石法西斯主义的“排内性”;蒋介石接过德,意法西斯的口号,鼓吹“一个主义、一个党、一个领袖”,在他的嫡系内部再设核心组织,以他的法西斯小团体防范嫡系队伍出现“离经叛道”的行为。这便形成了蒋介石法西斯主义的第三个特点:派中之派,嫡系中的嫡系,核心中的核心,一层包着一层,具有神秘色彩。

蒋介石推行法西斯主义,始于搞小组织活动。黄埔军校时,他拉起“黄埔同学会”,自任会长,作为他网罗党羽,打击左派,准备叛变革命的工具;他在清党反共后建立南京政权的初期,由陈立夫收罗了一支由流氓,叛徒组成的“别动队”,专门从事特务活动。1931 年夏,蒋介石在南昌行营设立谍报科,专门从事反共的政治军事特务活动。九一八事变后,蒋介石成立了“中华复兴社”,他为复兴社手订行动纲领,“驱逐倭寇,复兴中华,平均地权,完成革命”。又在南京、上海、北平、武汉设立四个支社。复兴社开办多种训练班,以发展社员,充当各种特务。蒋介石在复兴社内层组织了“力行社”,在外围又组织“革命青年同志会”,“革命军人同志会”,以及诸如“忠义救国会”,“中国文化会”之类的组织。复兴社还办《中国日报》,经营拔提书店,办军事杂志社等,把大肆宣传法西斯主义与进行秘密的恐怖活动紧密地结合起来。它像恶性肿瘤一样,沿着社会的各条渠道扩展,为树立蒋介石的军事专制统治效力。

——摘自张同新:《中国国民党史纲》,人民出版社 2012 年版,第 279 页。

案例分析

国民党蒋介石统治集团为了维护和巩固它的反动统治,从 CC 系的“党方”和黄埔系的“军方”,分别组成“中统”和“军统”两个不同系统的特务组织。它们是蒋介石豢养的两支政治鹰犬,凶狠残暴,血债累累,一直把罪恶矛头对着中国共产党及其领导的革命运动。国民党内的非蒋派系,为防范蒋系特务,也纷纷建立本派系的秘密特务组织。于是国民党内五花八门的特务组织相继出现,使这个党的机体完全腐败,趋向法西斯化。“中统”势力虽然在镇压民主运动中日益猖獗,但终究挽救不了国民党统治垮台的命运。随着国民党反动统治的覆灭,“中统”也被人民扫进了历史的垃圾堆。这是蒋介石追求军事独裁统治的必然结果。

思考讨论

1. 法西斯主义对蒋介石的专制独裁统治有什么影响?
2. 蒋介石的专制统治失败的原因?

案例3　国民党倡导宪政的实质

实施宪政,是孙中山在《建国大纲》中规定的。进入宪政时期,中央政府试行五权宪法,召开国民大会,制定和颁行宪法,成立民选政府,从而标志三民主义和五权宪法的共和国最终建成。国民党蒋介石所标榜的宪政方案,虽渊源于此,但其实质内容已相去甚远。早在抗战前,国民党曾屡次声称要结束训政,实施宪政,并明定了召开国民大会,制定宪法的具体日期。但是,国民党并没有如期兑现,而是一再寻找借口延期。究其原因,当时国民党并无真意实行民主政治,而是假宪法招牌,为反共、内战、"攘外必先安内"政策辩护。全面抗战开始后,宪政一案被搁置下来,仅设立了国民参政会,作为临时议政机构。

进入相持阶段后,国民党的政策发生逆转,军事上消极抗日,政治上反共独裁。因此,在1939年9月的国民参政会一届四次会议上,中共和其他抗日党派的参政员为了反对国民党一党专政,提出结束党治,实现宪政的要求。国民党为应付民意,同时转移刚刚掀起的反共摩擦视线,拉拢中间势力,于1939年11月召开的五届六中全会上,决定予1940年11月12日召开国民大会,并规定限于1940年6月底前结束一切选举手续,确定全部代表名单。似乎国民党真要还政于民了。可是,当民主宪政运动在国统区兴起并、日益发展时,国民党害怕弄假成真,于是压制破坏,甚至公然取缔民主宪政运动。1940年9月18日,国民党五届中央157次常会,干脆以"各地交通因战事影响,颇多不便,如依原限召集,不无重大困难,并经国民参政会多数参政员的要求,展延至战后再行召集"。但为粉饰门面,安定人心,157次常会又说,"一切未完成选举事宜,仍应由政府责成该选举事务所积极办理",并特设国民大会筹备委员会,主持建筑国民大会堂等事宜。由于国民党的压制,轰轰烈烈的民主宪政运动遂落向低潮。

1941年的皖南事变,彻底暴露了国民党专制独裁的真面目。国民党对共产党各民主党派和民主人士也采取了高压政策。各民主党派和民主人士联合组成中国民主政团同盟,主张抗日、团结、民主,反对投降、分裂、独裁,国统区的民主运动又逐步发展起来。迫于形势,蒋介石在1943年9月的国民党五届十一中全会和三届二次国民参政会上,再次表示要"本抗战建国之精神,恪遵总理手订《建国大纲》之规定,从速召开国民大会,颁布全国共信共守之大法,以完成建国之大业"。并定"于战争结束后一年内,召集国民大会,制定宪法而颁布之,并由国民大会决定施行日期"。1944年5月,国民党五届十二中全会,通过的《限期完成地方自治确立宪政基础案》,要求在1945年底完成地方自治,具体内容有:"建立县各级民意机关"、"委派地方自治辅导人员"、"健全县各级行政组织"、"训练人民行使四权"、"规定各县完全自治标准"、"推行地方自治事业","划分省县乡镇权责"等7个方面。其实,所谓实行地方自治,只是国民党加紧控制地方政权的代名词。

——摘自张同新:《中国国民党史纲》,人民出版社2012年版,第564页。

案例分析

蒋介石提出的建立妥协的联合政府只是他的拖延政策。在当时中国政治环境之下,蒋介石进退两难,既不能推迟宪政治国计划,免去外界反对派的政治攻击;又不能用武力镇压,清除反对宪政和不要宪政的政治力量,加强中央权威,净化社会秩序。国民党屡次承诺结束训政,实施宪政,只是一种姿态而已,目的在于缓和国内民主政治舆论,巩固其一党专政的统治基础,而非真正要在中国实行民主政治。国民党不同意开放党禁,不给人民民主自由权利,而且以战争环境和地方自治未成为由,抵制中共和民主党派提出的在抗战期间召开国民大会,实施宪政的正确主张,而要按国民党的意愿,召开所谓国民大会,妄图以假宪政取代民众要求的民主宪政。这才是国民党倡导宪政的实质。

思考讨论

1. 蒋介石实行"宪政"的实质是什么?
2. 蒋介石以"宪政"为借口的原因是什么?

案例4　国民党官僚资本操纵国计民生

国民党的官僚资本,在抗日战争期间得到很大发展。抗战胜利后,通过"接收"沦陷区日伪财产,不择手段地将人民的大量财富据为已有。据统计,抗战胜利后,国民政府在全国共"接收"日伪工厂2411家,价值约20亿美元(其中只有极少数发还给民族资本家);"接收"大批物资、金樱、土地、房产、仓库等,价值在20亿美元以上。此外,还得到美国大量的财政援助,使官僚资本极度膨胀,完全控制了中国的经济命脉。在金融方面,官僚资本把持的"四行二局",独占了国民党统治区的金融业。蒋介石自任"四行联合办事总处"理事会主席,"总揽一切事务"。据1946年6月统计,全国各省市金融机构共4634家,其中银行总效为3480家,而国民党控制的官营银行为2446家,亦即全国银行被官僚资本控制了3/4。此外,所谓商营银行中,全由官僚资本所设立,或杂有官僚资本而被其控制者,又占多致。真正民营银行,已寥寥无几。当时对国民党"小骂大帮忙"的《大公报》也认为"四行两局目前统制全国金融,而且有生杀予夺之权。膨胀由他们,收缩亦由他们。收购土产、票据兑现、大小放款、抬高或抑平金价、收购农作曲、供给外汇这许多工作,不论大大小小,都由四行商局包办"。在工业交通方面,到1947—1948年,官僚资本占全国工业资本的2/3(6696),占全国工矿、交通运输业固定资产的80%,控制了全部铁路、公路、航空运输和全国43%的轮船的吨位。国民党的经济部独占了全国重要的煤、铁、铜、锌、钨、锡、汞、锑和石油等矿的开采以及钢铁、机械、电器、化学和制糖工业。交通部独占了铁道、轮船、汽车、航空及有关的一切制造工业。粮食部独占了面粉、碾米、榨油等工业,农林部接办了农具工厂和农场教育部接收了和文化教育事业有关的各种工业。在商业方面,四大家族以政府名义设立的"官式"商业机构有贸易委员会、资源委员会、专卖事业管理员、花纱布管制局等,垄断丝、茶、桐油、猪鬃等主要出口物资和钨、锑、锡、汞等主要出口矿产以及食盐、糖、烟、火柴、棉花、棉纱、棉布等生活日用品的贸易。四大家族利用各种商业垄断组织,控制大量商品,垄断市场价格,进行投机倒把,吸吮民脂民膏,成为他们集中巨额财富的重要手段。在农业方面,官僚资本同地主阶级、旧式富农密切结合,通过战时抢占土地和战后"接收"日伪掠夺的大量土地,以政府的名义向农民进行大量的田赋征实、征借和征购等残酷的榨取,以及通过向农民发放高利贷、统制粮食和主要土产品的购销等手段,在农业中的垄断地位也明显地加强。四大家族掠夺土地的办法有两机一是利用"屯垦"、"合营"名义公开侵占农民土地。二是"明令"、"接受"。日本侵略者掠夺的中国农民的土地,其中以东北和台湾规模最大,官僚垄断资本与地主阶级曲封建剥削紧密结合,对广大农民进行残酷的以至超经济的掠夺,严重地妨碍了旧中国农业生产力的发展。

——摘自张同新:《中国国民党史纲》,人民出版社2012年版,第670页。

案例分析

在半殖民地半封建社会条件下,中国资本主义一开始就存在官僚买办资本和民族资本的两个部分。官僚买办资本依附于帝国主义在华资本,而国民党官僚资本就是早期官僚买办资本的延续和发展。国民党的官僚资本依靠政治特权,用超经济手段,主要在从事金融和商业投机的过程中,在掠夺广大劳动人民和吞并民族工商业的过程中迅速膨胀起来,因此,它发展得越快,对整个国民经济的破坏作用就越大,从1935到1937年间,国民党官僚资本侵入民族工商业的势力迅速增长,尽管相比于对银行的严密控制,国民党对工商业的控制相对较松,但是,中国民族资本和民族资产阶级的实力和地位却是大大下降。因此,官僚资本是阻碍中国社会生产力发展的重要因素之一,也是压在人民头顶的“三座大山”之一。

思考讨论

1. 国民党的官僚资本是如何形成的?
2. 官僚资本主义对中国的民族工商业的发展有什么危害?

专题八

抗日战争与民族复兴力量的聚合

本专题概述

中国抗日战争的胜利是鸦片战争以来中国人民反抗外敌入侵第一次取得完全胜利的伟大的民族解放战争,也是中华民族走向复兴的历史转折点。回望屈辱和悲壮的中国近代史,鸦片战争后的百年间,世界列强几乎都参与了对中国的侵略和掠夺。尽管中国人民进行过一次又一次抵抗,但没有一次战争不是以中国失败而结束的。抗日战争则不同,亿万中华儿女逐步凝聚起来、团结起来,形成举国御侮的伟大力量,最终赢得了近代以来民族解放战争的第一次完全胜利。

抗日战争是一场促进民族觉醒和团结的战争。抗日战争以前所未有的气势震撼着全体中华儿女的心灵,激发起全国人民团结御侮的巨大能量。这种伟大的民族觉醒和空前的民族团结,从根本上决定了战争的进程和结局。抗日战争的伟大胜利,改变了中国自近代以来饱受帝国主义列强欺凌的屈辱地位,鼓舞着中国人民走出灰暗的历史低谷,重新找回民族的自尊与自信。抗日战争是一场改变国家命运的战争。从鸦片战争到抗日战争之前,中国在世界上是一个饱受列强欺压的对象。抗日战争为争取中华民族独立和解放创造了历史机遇。中国的抗日战争为世界反法西斯战争做出巨大贡献,中国获得国际社会的尊重,国际地位也随之提高。中国初步废除了各国通过对华不平等条约攫取的许多特权,重新确立了世界大国地位。

所有这些,归根到底就是由抗日战争的伟大胜利这个历史转折、这个力量准备所造就的。中华民族走向复兴的转折点,这是抗日战争伟大胜利的历史意义所在。

案例1 国共合作抗日御侮

从七七事变到“八·一三”事变,标志着全国抗战的爆发。大敌当前,国共两党实现了第二次合作,全国出现了团结抗日的局面。日本帝国主义侵占东北,闯进华北后,在1937年7月7日制造借口,对北平西南的卢沟桥发动进攻,挑起全面侵华战争。七七事变的第二天,中共中央发布了《中国共产党为日军进攻卢沟桥通电》,宣告“平津危急!华北危急!中华民族危急!只有全民实行抗战,才是我们的出路!”呼吁“国共两党亲密合作抵抗日寇的新进攻”。9日,中国工农红军通电要求国民政府,速调大军增援第二十九军,表示红军愿即改名为国民革命军,受命为抗日前锋,与日寇决一死战。7月13日,中国共产党向国民党送交了《中国共产党为公布国共合作宣言》,提出了国共合作的三项基本政治纲领:迅速发动全民族抗战,实现民权政治,改善人民生活。宣言重申了中共为实现国共合作的四项保证:为实现孙中山的三民主义而奋斗;停止推翻国民党政权和没收地主阶级土地的政策;取消苏维埃政府,改称特区政府;取消红军番号,改编为国民革命军。七七事变推动全国抗日救亡运动迅速高涨。7月17日,蒋介石在庐山发表讲话,提出解决卢沟桥事件必须维护中国主权和领土完整等四项条件,严正表示:“过去数年中,不惜委曲忍痛,对外保持和平。”现在“卢沟桥事变的推演,是关系中国国家整个的问题”。

日本为迅速摧毁中国政治、经济中心,使中国失去抵抗力,以达到速战速决的目的,8月13日,再次在上海挑起战端。日本军舰突然炮击闸北,日军越过两军对峙线,发动了对上海的大规模军事进攻。中国驻军奋起抗击,开始了淞沪抗战,也即“八·一三”事变。这使日本和国民政府及英美的矛盾更加尖锐,蒋介石集团也表现出较卢沟桥事变时更加积极的态度。14日,南京国民政府外交部发表《自卫抗战声明书》,声明:“中国为日本无止境之侵略所逼迫,兹已不得不实行自卫,抵抗暴力。”在此期间,中共中央已应国民党邀请,派周恩来、朱德、叶剑英参加南京国防会议,并同国民党继续谈判。8月22日,国民政府军事委员会正式宣布红军编为国民革命军第八路军,旋即改称第十八集团军,红军改编为新四军。9月22日,国民党的通讯社发表了《中国共产党公布国共合作宣言》。第二天,蒋介石发表谈话,赞扬中共宣言所举各项,“皆为集中力量,救亡御侮之必要条件”。他强调“在存亡之秋,更不应计较过去之一切,而当使全国国民彻底更使,力谋团结,以共保国家之生命与共存”。这就是事实上承认了共产党在全国的合法地位,表明国共两党第二次合作的正式形成。

——摘自郑则民:《国民政府史话》,社会科学文献出版社 2002 年,第 96 页。

案例分析

国共两党在抗日目标一致的前提下,经过了多次谈判,调整政策,结束国内战争状态,最终形成了抗日民族统一战线,各自掌握武装力量,领导着政权。但是两党的阶级属性没变,各自统辖地区的社会性质也不同。尽管如此,抗战初期国共两党关系有了较大的改善,在政治、军事、经济、外交上进行了比较密切的合作。为了抗击日军的侵略,两党经过协商决定,国民党担负正面战场作战,中共主要负责敌后侧击日军的任务,逐渐形成对日作战的两大战场。由于国共两党的共同努力,全国形成了空前未有的民族觉醒和民族团结的新局面,为持久抗战创造了有利条件,为争取抗战胜利奠定了基础。虽然在这次国共合作的过程当中国民党曾三次掀起反共高潮,使国共合作关系几近破裂,但是中国共产党从大局出发,依然坚持全民族抗战,最终取得了抗日战争的胜利。

思考讨论

1. 在经历了第一次国共合作的失败之后中国共产党为什么还要选择再次合作?

2. 如何认识第二次国共合作及其在抗战胜利中所起的作用?

案例 2　抗日民族统一战线中的进步团体——保卫中国联盟

抗日民族统一战线中有许多非常活跃的进步团体。如宋庆龄领导的保卫中国联盟,是抗日民族统一战线中非常活跃并做出过重要贡献的进步团体。1937 年 11 月 12 日上海沦陷以后,宋庆龄接受中国共产党的建议,于 12 月 23 日离开上海,移交香港。行前,她发表声明,向世界舆论控诉日军"用尽了一切现代的武器,用尽了一切凶残恐怖的手段,把我们的土地沉浸在无辜人民之血海之中"。她呼吁世界各国"积极拥护中国的抗日斗争"。"在今天来帮助我们抗日,维持世界和平,用抵制、制裁与封锁等办法来惩罚法西斯侵略者——这便是避免明天的世界大战。"日军对中国的进攻,同时对英、美等国的在华利益造成威胁和损害。在攻打南京的战斗中,日军多次向英、美在华军队进行挑衅。12 月 12 日,美军"帕奈号"炮艇同 3 艘美国商船,在南京上游的江面被日军炸沉;同日,英军"莱的巴德"

号等4艘汽艇在芜湖附近遭日军炮击,其中两艘被击沉,另外两艘被击伤。

宋庆龄移居香港后,积极开展抗日活动,呼吁世界人民援助中国抗战,保卫中国同盟(简称保盟)就这样应运而生。保盟于6月14日在香港宣告成立。保盟总部设香港,是因为香港与世界各地有着密切的联系,易于取得各种国际援助。同时,港英当局对宋庆龄的活动不加干涉,所以,选择香港作为保盟总部所在地最为适当。保卫中国同盟是主要由国民党左派进步人士发起建立的进步团体。保盟的《成立宣言》阐明了工作的目标、方式和主要任务。目标主要有两项:(1)在现阶段抗日战争中,鼓励全世界所有爱好和平民主的人士进一步努力以医药、救济物资供应中国。(2)集中精力,密切配合,以加强此种努力所获得的效果。保盟的主要任务是争取华侨和世界各国人民广泛同情与支持中国抗日战争,募集药物和其他物资,介绍国际友人组织的医疗队到敌后抗日根据地参加救护活动,联系和监督抗战捐款及物资的分发。《成立宣言》提出,保盟将成为需要者和资金、物资是否按照需要和原捐赠机构的意见进行分配。

保盟通过大量艰苦细致的工作,从世界各地募集到大量物资和捐款、医药设备,帮助抗日根据地建立国际和平中心医院、分院及巡回医疗队和制药厂的医疗网。还设立难童收容所、孤儿院、学校、托儿所等社会救济事业,积极推动中国工业合作化运动,推动成立中国工业合作协会,为发展战时经济、开展生产自救做出了重要贡献。在宋庆龄和保盟的呼吁和多方努力下,许多国家的援华团体通过保盟向中国的民族解放斗争提供了重要的援助。

——李蓉:《抗日民族统一战线史》,团结出版社2015年版,第156页。

案例分析

宋庆龄领导的保盟关心国内时事,维护国内团结,在1941年12月香港沦陷后,宋庆龄坚持斗争,到重庆重新组织保盟,继续援助中共领导的抗日武装和民主阵地,并同国民党的专制独裁政策进行斗争。保卫中国同盟为中国抗日战争的胜利作出了重要贡献。除了保卫中国同盟,还有其他活跃在抗日民族统一战线中的进步团体。阎宝航、高崇民领导的东北民众抗日救国总会,他们曾领导和组织东北民众抗日救国总会赴京请愿团,呼吁抗日。在吉林,有磐石女中校长张秀云等发起组织抗日文艺社团“曦虹社”,以多种形式进行抗日宣传。还有抗战期间成立的东北青年抗日救亡团体东北救亡会,后转为中国共产党领导的秘密情报组织。成员多为留学日本的伪满高官、地主、资本家子弟。这些抗日团体也在抗日民族统一战线内开展抗日活动,为抗日战争的胜利做出了贡献。

思考讨论

1. 保卫中国联盟的《成立宣言》反映出它的性质是什么?
2. 抗日民族统一战线中的进步团体在抗日战争中的作用是什么?

案例3 少数民族在抗日民族统一战线中的合作

从1937年秋开始,东北抗日联军的11个军,共3.7万人,在朝鲜、满、鄂伦春、达斡尔、赫哲、鄂温克、锡伯等少数民族和汉族同胞支持下,开辟了东南满、吉东、北满三大抗日游击区。在抗联各军中,有许多少数民族战士。很多少数民族群众在极为困难的条件下,给抗日联军引路、送情报、当向导、运送粮食等物资,协助侦察敌情,配合抗日联军攻打日军据点,消灭日本侵略军。

在西北,陕甘宁边区的回族和蒙古族群众不仅有自己的抗日救国组织,而且在党中央帮助下,建立了自己的抗日武装力量。如在定边、安边和靖边地区组织了蒙古游击队、蒙汉骑兵支队、回民支队。在陇东组织了回民骑兵团,在保卫边区中发挥了重要作用,成为党在西北回民地区宣传抗日、宣传党的民族政策的一支宣传队,为团结回汉族群众共同抗日做出了积极贡献。在关中也活跃着一支回汉支队,他们驰骋边区,频繁战斗,在抗击日本帝国主义和保卫边区的斗争中,其民族意识不断升华,爱国主义传统的发扬光大,达到了前所未有的高度。

在冀中,有马本斋领导的著名的冀中回民支队。该支队在6年中共进行大小战斗870余次,歼灭日伪军3.6万余人。1940年10月,冀中军区在奖给该支队的奖旗上称它是"打不烂、拖不垮、攻不克的铁军"。毛泽东亲笔题词,称它是"百战百胜的回民支队"。日军把马本斋的母亲白文冠抓住作为人质,逼她向马本斋劝降。马母表现了崇高的民族气节,她怒斥敌人,以绝食反抗,于1941年9月7日壮烈牺牲,时年68岁。

在东南沿海,各族人民成立了游击队,同日军展开游击战争,并开辟了数块根据地。其中,广东人民抗日游击队到1941年底,已发展至1500多人,给日伪军以沉重打击。在福建等地普遍建立了妇女会、青年会、民众队等各种抗日群众组织,动员畲族群众参加抗日自卫队、新四军等抗日队伍,并组织募捐活动,慰劳前线战士。在西南,由苗、瑶、毛南、仫佬、京等广西各族子弟组成的广西部队,以十万大山为依托,在桂北、桂东南、桂中、桂南各地同日军展开了顽强的战斗。黔南的布衣、苗、侗、水等族民众,组织了"抗日救国会"和一支拥有千余名战士的"抗日民主联军”,有力阻击了日军。1942 年 5 月,日军入侵滇边,地处大后方的云南立即变成了抗日前线。滇边的白、傣、景颇、佤、拉祜、阿昌等族群众同汉族一道,组织抗日武装,并肩抗敌。而在各少数民族聚居区,也有各自民族的抗日游击队。云南各族民众还为中国远征军和盟军担负巨大的供应、运输、战勤等任务,为修建铁路、公路、机场等供给线做出了不可磨灭的贡献。

——陈夕:《中国共产党与中国民族问题 1921—1949》,中共党史出版社 2014 年版,第 137 页。

案例分析

中国是一个多民族的国家,在中国人民伟大的抗日战争中,不论是前方作战还是后方支援,中国各少数民族在中国共产党抗日民族统一战线政策的号召下,表现出空前的民族大团结和凝聚力。争取抗战胜利的过程,在党的正确的民族政策的推动下,汉族和众多少数民族高举团结抗日的旗帜,共同抵御日寇野蛮侵略的过程。在大后方的少数民族也同仇敌忾,大力支援抗战。少数民族参加抗战的人数之多,地域之广,斗争之深入,在中华民族反侵略斗争的历史上是空前的。同时,在抗日战争中,各族人民加强了相互的了解,增强了各民族人民的团结,各民族团结的加强,对于打败日本侵略者,争取抗战的最后胜利具有巨大的意义,也为建立民族平等、团结互助的新型民族关系奠定了坚实的基础。

思考讨论

1. 在抗日民族统一战线中各少数民族起到什么作用?
2. 如何认识抗日民族统一战线?

案例 4　毛泽东与华侨领袖陈嘉庚

1937 年,国内全面抗战开始后,海外华侨掀起了支援祖国抗战的爱国热潮。陈嘉庚先生领导组织了“南洋华侨筹赈祖国难民总会”,动员南洋华侨踊跃捐款,购买救国公债,选送华侨司机回国,在滇缅公路运输抗战物资,为祖国的抗战作出了巨大的贡献。尽管这样,陈嘉庚却因“对战争状况、民众生活多不详知”,又“未尝举派代表回国慰劳忠勇抗战之将士及遭受痛苦之民众”而感到“义有未尽”,于是,他于 1939 年冬发起组织“南洋华侨回国慰劳考察团”。南洋各地华侨筹赈机关热烈响应,派出代表组成慰劳团,共 50 余人。

为使慰劳团能尽南洋华侨代表之贵,陈嘉庚不辞辛劳,毅然率团回国。慰劳团在重庆慰劳考察期间,中共领导叶剑英、林伯渠、董必武和邓颖超曾到陈嘉庚寓所拜访,并在中共驻渝办事处举行欢迎茶话会。在茶话会上,陈嘉庚在介绍了南洋华侨总会成立及其任务之后说,华侨热爱祖国,支援抗战。若发生内战,将为亲者痛,仇者快,华侨将会大失所望。万望两党以救亡为前提,国家幸甚,民族幸甚。会后,陈嘉庚询问:“若往延安,交通是否方便,形成如何?”叶剑英一一奉告,并说,到西安后可到八路军办事处联系,一切方便。事隔两天,陈嘉庚便接到毛泽东来电,邀他前往延安会晤。6 月 20 日,陈嘉庚自延安经山西、洛阳、汉中,回到成都。他兴致勃勃地向已返成都的第一团讲述在延安的所见所闻,特别是和毛主席的几次会见。

陈嘉庚是个讲究实际的人,他一到延安,就十分注意观察共产党领袖们的日常生活,他不但听其言,更要观其行。一天,毛泽东宴请陈嘉庚吃晚饭,桌上只有白菜、咸萝卜干,外加一碗鸡汤。毛泽东说:“我没有钱买鸡,这只鸡是邻居老大娘知道我有远客,特地送来的,母鸡正下蛋,他儿子生病还舍不得杀呀!”毛泽东在延安窑洞办公室的摆设也十分简单:一张陈旧的办公桌、几个长短高低不等的木头凳子,墙壁上挂一张作战地图。所有这些,陈嘉庚看在眼里,记在心间。

后来,毛泽东又几次来到陈嘉庚先生的住所,与他交谈,或同午饭,或同晚餐。在交谈中,陈嘉庚一再表明海外华侨希望国共两党加强团结、一致对外的意愿。毛泽东向他讲述了共产党团结抗日的诚意,并请陈嘉庚将此意转达蒋介石。毛泽东还表示将不负海外侨众的厚望,希望陈嘉庚先生回南洋后,向海外侨胞据实报告在延安的见闻,陈嘉庚一一答应。

陈嘉庚把在延安观察到的和国民党统治区相比较,就越来越觉得延安是中国的希望所在。他感慨地说:“我未往延安时,对中国的前途甚为悲观,以为中国的救星尚未出世,或还在学校读书,其实此人已经四五十岁了,而且做了很多大事了,此人现在延安,他就是毛主席。”

——摘自宋俭:《中国近现代史纲要教学案例》,武汉大学出版社 2009 年版,第 108 页。

案例分析

抗日战争爆发后,延安成为革命的落脚点和抗日战争的出发点。1940 年,陈嘉庚曾率领南侨总会组织的“南洋华侨回国慰劳考察团”,慰劳抗日前线的将士与后方的军民,这是他人生的一大转折。在此之前,他是拥护蒋介石的,陈先生远在海外,受国民党反共宣传影响,对污蔑共产党的谣言,信疑难定。为了弄清国共摩擦的真相,劝说国共两党团结抗战,经过实际考察,完全消除了对共产党的各种误解。陈嘉庚先生离开之后,热情向国内外宣传延安真相,他公开说出"中国的希望在延安",这对当年南洋广大爱国华侨的宣传必定发挥重要的积极作用。之后,越来越多的人从中国共产党领导的抗日根据地中看到了未来中国的希望。陈嘉庚先生在广大华侨中对中国共产党的宣传对后来中国共产党得到广泛支持做出了不可磨灭的贡献,也显示出广大华侨在民族复兴力量中占据重要位置。

思考讨论

1. 陈嘉庚断言"中国的希望在延安"的依据是什么?
2. 爱国华侨在中国革命的胜利中扮演了什么角色?起到了什么作用?

专题九

解放战争与民族复兴力量的重新聚合

本专题概述

抗战胜利后,蒋介石慑于人民武装力量的迅速发展和国内和平、民主的呼声,在筹备内战的同时,玩弄和平阴谋,邀请毛泽东赴重庆谈判。1945 年 10 月 10 日,国共双方签订《双十协定》,确定了和平建国基本方针。1946 年 6 月 26 日,国民党反动派悍然撕毁《停战协定》,发动了对解放区的全面进攻。自 1946 年 7 月到 1947 年 2 月,人民解放军为打倒蒋介石、解放全中国进行了大小 160 多次作战,共歼敌 71 万人,粉碎了敌人的全面进攻。自 1947 年 2 月到 6 月,再歼敌 41 万人,又粉碎了敌人对山东和陕北解放区的重点进攻。

1948 年 9 月,中共中央决定对敌人进行战略决战。辽沈、淮海、平津三大战役胜利结束,国民党赖以维持的主要军事力量基本被消灭。1949 年 4 月 21 日,百万雄师强渡长江,4 月 23 日,国民党政府所在地南京解放。解放战争的胜利使中国的革命形势迅速发展,国民党反动统治被彻底摧毁,另一方面中国共产党积极争取民主人士协商建国,民族复兴力量重新得以聚合,为中国梦的实现增添了一股重要力量,为中国革命在全国的胜利奠定了基础。

案例 1　失尽人心的国民党"劫收"

1945 年,日军刚宣布投降,为了接收沦陷区的敌伪财产,蒋介石决定 10 月下旬,行政院院长宋子文成立行政院收复区全国性事业接收委员会。在整个接收过程中,国民党各级官员中的许多人贪赃枉法,肆意抢掠,把对沦陷区的"经济接收"变成了事实上的"劫收"。国民党政府派往收复区的"接收大员"们,如蝗虫般地涌向江浙一带,南京、上海人民首先遭了殃。天上飞下来的,地下钻出来的,抢金子、车子、女子、房子、票子,大闹"五子登科"。

根据曾参加湘鄂赣区接收清查团的监察何汉文总结，国民党各级官员接收中的贪赃枉法主要有四种情形。其一是“抢”，即接收之初的公开抢占敌伪房产和金银珠宝等财产。如第三方面军兵站司令杨政民派副官到上海，一下子就从伪储备银行里抢去大量伪币，价值黄金5万两以上。由于接收机构多如牛毛，往往出现“此封彼揭，封条重重”的情况，如南京2000多幢敌伪房产，几乎全被派有先遣人员的单位捷足先登，后来者则撕去先贴的封条，换上自己的，再派人看守，为此而引起的武装冲突不断。其二是“占”，即以单位名义占有，然后再化公为私。日伪商统会所囤积的大量物资，在上海多为第三方面军占为己有，在武汉多为第四方面军和第六战区占有，在华南则由第三战区、第二方面军霸占。他们不约而同地拒不移交，等到不得不移交时，接收来的东西也大多所剩无几了。其三是“偷”，要么监守自盗，要么乘混乱之机，伙同外人直接盗窃。天津警备司令牟廷芳占住一座仓库、一家报馆，从库存米面杂粮到印刷设备、新闻纸，统统盗尽卖绝。第十一战区派到河北的接收专员高挺秀则亲自出马，夜窃石家庄一家仓库白布5000匹，偏偏被警备副司令李文定碰上，捉贼捉赃，轰动一时。其四是“漏”，即日伪移交人员为了讨接收人员的欢心，故意在移交清册中漏列若干现金或实物，使之堂而皇之地落入接收人员的私囊。天津烟草公司在建设路有数千平方米的仓库，十余亿法币库存被日伪移交人员漏报，之后全部进了接收者的腰包。

1946年7月，敌伪产业接收大体完成。在将近一年的时间里，国民党当局混乱无序的经济接收，给社会生产造成了极大的破坏，使战后经济丧失了恢复活力的能力。这种接收还腐蚀了国民党的官僚队伍。许多人评论，在紧接着的国共两党打内战中，何以国民党溃败如此之快，不由让人想起国民党“劫收”的丑恶一幕。面对在大陆的失败，蒋介石也曾对部下沉痛地说：“我们的失败，就失败于接收！”

——摘自教育部社会科学司：《“中国近现代史纲要”课教学案例》，高等教育出版社2010年版，第148—150页。

案例分析

国民党政府由于它的专制独裁统治和官员们的贪污腐败、大发国难财，抗战后期在大后方便已严重丧失人心。在抗战胜利时曾经对它抱有很大期望的原沦陷区人民，也很快对它感到极端的失望。一个重要的原因，就是国民党政府派出的官员到原沦陷区接收时，肆意抢掠，把对沦陷区的“经济接收”变成了事实上的“劫收”，大发胜利财。国民党“接收大员”到达收复区后，毫无顾忌地滥用职权、中饱私囊，其贪污方法五花八门，无所不用其极。国民党政府还通过法币与伪币的兑换,对原沦陷区一亿数千万人民进行公开掠夺,致使通货急剧膨胀,百姓怨声载道。原沦陷区人民痛心疾首,真是“想中央,盼中央,中央来了更遭殃”！在将近一年的时间里,国民党当局混乱无序的经济接收,给社会生产造成了极大的破坏,更加腐蚀了国民党的官僚队伍,使国民党失尽了民心。

思考讨论

1. 抗战胜利后,国民党对沦陷区的“接收”为什么会变成疯狂的“劫收”?
2. 结合案例分析,为什么抗战胜利后仅 4 年,国民党南京政权就崩溃了呢?

案例 2　刘邓大军千里跃进大别山　吹响战略反攻号角

“一身化作万千身,万众同心大进军。再百个旅来送死,更三年仗以求生。渡河迭报刘邓捷,磁壁纷令美蒋惊。草法正如草檄急,秋宵遥听鼓鼙声。”(谢觉哉《秋初即事》)这首诗描写了刘邓大军千里跃进大别山、吹响战略反攻号角的事,表达了作者对取得战争胜利的信心。全面内战爆发后,国民党军队依靠优势兵力发动了疯狂进攻,抢占了不少中心城市,但人民解放军利用灵活的战术与其周旋,并逐渐掌握了战场的主动权,开始转入战略进攻。

进入战争第二年,国民党军总兵力已下降到 373 万,分散在漫长的战线上,机动兵力不多,后方空虚。国民政府失去人心,军心厌战,战斗力更加削弱,而且,在政治经济上也陷入了严重危机。相反,人民解放军总兵力上升到 195 万,机动兵力比国民党军多,并且后方巩固,人民努力发展生产,积极支援前线。中共中央根据战争形势的变化,及时抓住敌人战略布局上的致命弱点,做出以主力打到外线去,将战争的主要战场引向国民党区域的战略决策,从而使中国人民的革命战争出现了由战略防御到战略进攻的历史性转折。

1947 年 6 月 30 日,刘伯承、邓小平率领的晋冀鲁豫野战军主力,从张秋镇至临濮集地段上强渡黄河,发起鲁西南战役,进而向大别山挺进,揭开了战略进攻的序幕。8、9 月,陈赓、谢富治率领的晋冀鲁豫野战军太岳兵团与陈毅、粟裕率领的华东野战军主力,也相继出师南征。刘邓、陈粟、陈谢三路大军以“品”字形阵势展开于中原地区,把战线由黄河南北推移到了长江北岸,使中原地区由国民党军进攻解放区的重要后方变成了中国共产党夺取全国胜利的前进基地。这是一个对战争发展具有决定意义的胜利。与此同时,彭德怀、贺龙率领的西北野战军,聂荣臻、徐向前率领的晋察冀野战军,许世友、谭震林率领的华东野战军山东兵团,林彪、罗荣桓率领的东北民主联军,也开始内线反攻。各路解放军的大举进攻,迫使国民党军由重点进攻转为全面防御。这一战争形势的根本转变,标志着中国人民的革命战争达到了一个历史的转折点,也是国民党二十年统治由发展到消灭的转折点。

——摘自《诗说中国》编委会:《诗说中国6(近现代卷)》,中国大百科全书出版社2011年版,第174页。

案例分析

解放战争进入第二年,由于双方力量对比发生了变化,人民解放军开始采取一面内线防御一面外线进攻的战略方针。1947年6月底,晋冀鲁豫解放军在山东西部强渡黄河,向大别山进军,这是人民解放军外线进攻的开始。这是一次路途艰辛险阻的进军,靠战略、意志和勇敢才能取胜。1947年8月,解放军胜利到达大别山区,开辟了新的根据地,在国民党的统治中心南京和武汉之间插进了一把尖刀。刘邓大军千里挺进大别山是解放战争的一个伟大转折,为转入全国性的战略进攻奠定了基础,在军事方面为全国的解放、中国梦的实现贡献了积极的力量。这一创造性的战略决策、独特的战略进攻样式和丰富的作战经验,也给毛泽东军事思想增添了新的内容。

思考讨论

1. 为什么说刘邓大军千里跃进大别山是在国民党的统治中心插进了一把尖刀?

2. 人民解放军展开战略进攻的原因有哪些?

案例3 民主人士秘密北上

1948年8月的一天,一艘名为"波尔塔瓦"号的苏联轮船正在由朝鲜罗津开往香港。船上装满了大豆、皮毛、猪鬃等土特产品,船上一个神态精明、商人打扮的中年人好像是这些货物的主人。从表面上看,这是商人租用苏联轮船前去香港进行商业贸易,但谁都不曾想到,这个"商人"是中共中央派往香港去完成一项特殊使命的钱之光。

时光回溯到1948年4月30日。这一天,中共中央向全国发出了第一个文告《五一劳动节口号》:

"打到南京去,活捉伪总统蒋介石!"

"各民主党派、各人民团体及社会贤达迅速召开政治协商会议,讨论并实现召集人民代表大会,成立民主联合政府。"

中国共产党的以上口号得到了各民主党派和无党派人士的积极响应。

5月2日,中共中央电示上海局:我党准备邀请各民主党派及重要人民团体的代表来解放区,商讨召开人民代表大会并成立民主联合政府等问题。会议名称拟为"政治协商会议",开会地点拟在哈尔滨,时间拟在"今年秋季"。

当时的中共中央为召开新的政治协商会议,确定了包括李济深、冯玉祥、何香凝等77位著名人士在内的邀请名单。而这些民主人士中,有不少尚在香港或需要通过香港回国。于是,中共中央便派钱之光秘密潜入香港,以便同中共在香港的负责人方方、章汉夫、潘汉年、连贯、夏衍等一起,负责在香港的各民主党派和无党派人士进入解放区的交通保障工作。

钱之光到达香港后,立即与负责华南分局工作的方方、潘汉年等取得联系,开始计划护送民主人士北上的工作。第一批民主人士北上的准备工作很快完成。为安全保密起见,留着大胡子的谭平山和沈钧儒把胡子藏进了衣领内;章伯钧、王绍鏊穿着长袍,一副阔绰富商的模样;大名鼎鼎的蔡廷锴将军变成了头戴破毡帽、脚穿旧布鞋的苦力……就这样,在中共有关人员的护送下,第一批由香港北上的民主人士,于1948年9月29日顺利到达哈尔滨。1948年10月底,第二批民主人士也被安全送走,包括郭沫若、马叙伦等人。

1948年12月26日,李济深、章乃器、茅盾夫妇等民主人士登上了北上的轮船。为了避人耳目,保障安全,这些人士在事前都不知道与何人同船。此次航程也经历了一番波折,由于船到青岛海面时遇到逆风,加上坏了一个引擎,轮船起航后10天还没有到达大连。经过12天的航程,1949年1月7日上午,第三批民主人士终于顺利到达大连。

从1948年8月到1949年8月差不多一年的时间里,潘汉年、钱之光和香港分局共安排秘密北上民主人士20批约350人,完成了一项特殊的使命,为各界知名人士齐聚新政协会场做出了重要贡献。

——摘自洪向华:《复兴之路:中国崛起的30个历史关键》,青岛出版社2007年版,第77—79页。

案例分析

1948年,在解放战争迅速发展的形势下,中共中央在"五一"节前发出召开新政治协商会议的号召,立即得到各方面的热烈响应。8月以后,大批民主人士陆续进入解放区,准备参加新政协。第一批、第二批、第三批……一批批民主人士安全到达目的地,负责接送工作的钱之光等立下大功劳。因拒绝参加国民党违背政治协商会议决议而独自召开的国民大会遭到国民党当局越来越严厉的打压;国民党在抗日战争的大后方时,通货膨胀已经高企;中国共产党宣传民主,号召实行民主政治;民主党派之前与中共密切合作……这些因素都使民主党派坚决拥护和支持中国共产党。虽路途遥远,危险频频,但大家都心照不宣默契配合,因为他们心中有一个共同的心愿:到新解放区去,筹备新中国的诞生!民族复兴力量再次聚合,我们在追逐中国梦的道路上又前进了一步。

思考讨论

1. 阅读材料,你对民主人士秘密分批北上的艰辛过程有何感想?
2. 民主人士为什么能响应中共号召,冲破一切艰难险阻,齐聚新政协会场?

案例4　将伟大的人民解放战争进行到底

我们认为中国人民革命阵营必须扩大,必须容纳一切愿意参加目前的革命事业的人们。中国人民的革命事业需要有主力军,也需要有同盟军,没有同盟军的军队是打不胜敌人的。正处在革命高潮中的中国人民需要有自己的朋友,应当记住自己的朋友,而不要忘记他们。忠实于人民革命事业的朋友,努力保护人民利益而反对保护敌人利益的朋友,在中国无疑是不少,无疑是一个也不应被忘记和被冷淡的。我们又认为中国人民革命阵营必须巩固,必须不容许坏人侵入,必须不容许错误的主张获得胜利。处在革命高潮中的中国人民除了记住自己的朋友以外,还应当牢牢地记住自己的敌人和敌人的朋友。如上所说,既然敌人正在阴谋地用"和平"的方法和混入革命阵营的方法以求保存和加强自己的阵地,而人民的根本利益则要求彻底消灭一切反动势力并将美帝国主义的侵略势力驱逐出中国,那么,凡是劝说人民怜惜敌人、保存反动势力的人们,就不是人民的朋友,而是敌人的朋友了。

中国革命的怒潮正在迫使各社会阶层决定自己的态度。中国阶级力量的对比正在发生着新的变化,大群大群的人民正在脱离国民党的影响和控制而站到革命阵营一方面来,中国反动派完全陷入孤立无援的绝境。人民解放战争愈接近于最后胜利,一切革命的人民和一切人民的朋友将愈加巩固地团结一致,在中国共产党的领导之下,坚决地主张彻底消灭反动势力,彻底发展革命势力,一直达到在全中国范围内建立人民民主共和国,实现统一的民主的和平。与此相反,美国帝国主义者、中国反动派和他们的朋友,虽然不能够巩固地团结一致,虽然会发生无穷的互相争吵,互相恶骂,互相埋怨,互相抛弃,但是在有一点上却会互相合作,这就是用各种方法力图破坏革命势力而保存反动势力。他们将要用各种方法:公开的和秘密的,直接的和迂回的。但是可以断定:他们的政治阴谋将要和他们的军进攻遭遇到同样失败。已经有了充分的经验的中国人民及其总参谋部中国共产党,一定会像粉碎敌人的军事进攻一样,粉碎敌人的政治阴谋,把伟大的人民解放战争进行到底。

一九四九年中国人民解放军将向长江以南进军,将要获得比一九四八年更加伟大的胜利。

一九四九年我们在经济战线上将要获得比一九四八年更加伟大的成就,我们的农业生产和工业生产将要比过去提高一步,铁路公路交通将要全部恢复,人民解放军主力兵团的作战将要摆脱现在还存在的某些游击性,进入更高程度的正规化。

一九四九年将要召集没有反动分子参加的以完成人民革命任务为目标的政治协商会议,宣告中华人民民主共和国的成立,并组成共和国的中央政府,这个政府将是一个在中国共产党领导之下的有各民主党派各人民团体的适当的代表人物参加的民主联合政府。

这些就是中国人民、中国共产党、中国一切民主党派和人民团体在一九四九年所应努力求其实现的主要的具体的任务。我们将不怕任何困难团结一致地去实现这些任务。

几千年以来的封建压迫,一百年以来的帝国主义压迫,将在我们的奋斗中彻底地推翻掉。一九四九年是极其重要的一年,我们应当加紧努力。

——摘自新华社陕北三十日电:《将革命进行到底——一九四九年新年献词》,《人民日报》1949 年 1 月 1 日第 1 版。

案例分析

《将革命进行到底》是毛泽东 1949 年的新年贺词。经过三大战役,人民解放军已经控制了长江以北的大部分地区,国民党在江南也难组织起有效的防御。蒋介石请国外势力调停,遭到拒绝。他以“神圣的宪法不由我而违反”、“中华民国的国体能够确保”等为条件,与中国共产党“和谈”。为了向全国全世界庄严表明中国共产党夺取中国革命胜利的决心,毛泽东为新华社撰写了这篇新年献词,号召全党、全军、全国人民坚决彻底干净全部地消灭一切反动势力,推翻国民党的反动统治,建立人民民主专政的共和国,绝不能使革命半途而废。由此,“将革命进行到底”成为革命人民和军队继续斗争的行动口号。现如今,实现中华民族伟大复兴的中国梦成为全国人民的奋斗目标,革命尚未成功,我们仍需继续努力将其进行到底。

思考讨论

1.“中国人民革命阵营必须扩大,必须容纳一切愿意参加目前的革命事业的人们”,这里提到的“革命阵营”包括哪些群体?

2.《将革命进行到底》的时代背景和意义有哪些?

专题十

中国人从此站起来了

本专题概述

中华人民共和国的成立,彻底结束了国内军阀割据、战争频仍的混乱状态,结束了帝国主义对中国的长期控制,打开了国家统一的新局面,实现了民族的独立。从这个意义上说,人民真正成了国家的主人,真正站立起来,正如毛主席庄严地向世界宣布"占人类总数四分之一的中国人民从此站立起来了"。中国人在历史上第一次真正享有通过各种途径参与管理国家事务、经济和文化事务及社会事务的权利。

中华民族推翻了帝国主义、封建主义、官僚资本主义三座大山,走上了摆脱贫穷落后、建设富强国家的道路,解放了生产力,对国际局势的发展产生了极为深远的影响。

中华人民共和国的成立为实现中国梦创造了根本前提条件,中国共产党已经成为在全国范围内执掌政权的党,历史赋予她的重任是领导全国各族人民建设一个新的社会。经济、政治、文化、外交……新中国成立后,社会各方面建设蓬勃开展。

案例1　入城式为何要过东交民巷

毛泽东在中共七届二中全会上指出:"北平入城式是两年半战争的总结;北平解放是全国打出来的,入城式是全部解放军的入城式。"

毛主席要求队伍一定要从东交民巷经过。旧中国这里是帝国主义的天地,中国的军警都不得进入。而今,北平解放了,中国人民解放军从这里昂首阔步通过,宣告那段耻辱的历史结束了。

入城式是由当时的平津前线司令部筹划的,但入城路线则是由东北野战军来拟定。根据《炮兵史料》记载，当时野战军的几位团长先在图上研究选择入城式的行进路线，并确定先由炮四团团长徐昭、装甲团团长丁铁石带两台车进城勘察。

按照计划，东北野战军第4纵队1个师和特种兵的6个团参加入城式。接到命令后，部队立即组织炮兵第2指挥所的摩托化炮兵第4、第5、第6团，高炮第1团，坦克团和装甲车团，开赴南苑机场集中训练。部队训练十多天时间，主要练习入城式队形。

1949年2月3日，是农历正月初六，那一天北风呼啸，天气很冷。人民解放军解放北平入城仪式盛大举行。

入城部队分两路，一路从南苑出发，从永定门入城，经永定门大街、前门大街，过前门，进入东交民巷，再经崇文门内大街、东单、东四、北新桥、太平仓，与另一路从西直门入城的部队会合，再折向南行，经西四、西单、西长安街、和平门、骡马市大街，由广安门出城。另一路则由西北面的西直门入城，会合之后向南走，由西长安街转和平门，向西出广安门。

上午10点，4颗信号弹发射升空，入城仪式开始。入城仪式游行队伍以装甲车为先导，第一辆车上插着红色指挥旗，旗子在呼呼的北风中飒飒作响。指挥车引导着装甲车队一条线似的列队前进。在前门大街上，装甲车队被欢迎的群众围起来。学生们爬上装甲车贴标语，标语贴完了，就用笔在炮上写。最后，战士们的身上也被写上了标语："庆祝北平解放！""欢迎解放军""解放全中国！"

随后的是高悬毛主席、朱总司令肖像的4辆红色卡车，满载着乐队。铜管乐器金光闪闪，吹奏着进行曲。

前门箭楼还临时设了检阅台。登上前门箭楼检阅入城式部队的有平津前线司令部司令员林彪、政治委员罗荣桓和平津卫戍区司令员聂荣臻、中共北平市委书记彭真、北平市长叶剑英，还有北平联合办事处全体代表等。

这次入城式，在全国和全世界都引起了强烈反响。一家外国通讯社当天从北平发出的电文稿称："中国人民解放军入城，规模空前，士气十分高涨，装备异常精良，实为一支强大的有战斗力的部队。""中国革命方兴未艾，南京当局大势已去。"

——摘自何欣：《入城式为何要过东交民巷》，《北京晨报》2011年6月23日第A03版。

案例分析

东交民巷在旧中国时为使馆区。1949年1月31日，北平和平解放，毛泽东命令入城式必须经过东交民巷，中国人民解放军全副武装昂首通过东交民巷，洗刷了50年来中国武装人员不得进入东交民巷的耻辱,为打开中国梦之门、解放全中国确立了良好的开端。但是,那段刻在中国历史上的羞耻决不会因此而被遗忘。从1840年鸦片战争起,百年来帝国主义的入侵,使中华民族面临着亡国灭种的危险。压迫越多,反抗越多,侵略者的野蛮行径,激发起中国人民不断追求国家独立和民族自强。东交民巷这一留有半殖民地印记的建筑遗址,就像是一部打开的历史教科书,警示我们不忘过去、奋发向上。如今,中国人民终于推翻三座大山,彻底清除帝国主义残留在中国的特权,一步步走在世界前列,备受尊重,备受瞩目。

思考讨论

阅读以上材料,谈一谈1949年2月3日人民解放军解放北平入城仪式为何要经过东交民巷?

设想当时你在前门箭楼检阅台观看入城式,见到强大的军队阵容,会有怎样的心情?

案例2 中国人民政治协商会议第一届全体会议召开

1950年国庆节,柳亚子与毛泽东主席在怀仁堂共同观赏精彩的文艺演出,即席赋《浣溪沙》:"火树银花不夜天,弟兄姊妹舞翩跹,歌声唱彻月儿圆。不是一人能领导,哪容百族共骈阗,良宵盛会喜空前。"毛泽东同志即以其韵和诗一首《浣溪沙·和柳亚子先生》,表达了打倒国民党反动统治,建立新中国的豪迈之情:"长夜难名赤县天,百年魔怪舞翩跹,人民五亿不团圆。一唱雄鸡天下白,万千乐奏有于阗,诗人兴会更无前。"

早在1948年4月30日,中国共产党在发布的纪念五一劳动节口号中,就提出了召开政治协商会议、成立民主联合政府的号召。对于政治协商会议,后来称之为新政治协商会议,是为了区别于1946年1月10日在重庆举行的政治协商会议。这一号召得到各民主党派和无党派爱国民主人士的积极响应。1946年6月15日,新政治协商会议筹备会在北平正式成立。9月17日,新政协筹备会决定把即将召开的新政治协商会议改称为"中国人民政治协商会议"。

1949年9月21—30日,中国人民政治协商会议第一届全体会议在北平召开。出席会议的代表共634人,代表着中国共产党、各民主党派、各人民团体、人民解放军、各地区、各界民主人士、各民族以及海外华侨。

9月25日晚,毛泽东与周恩来一起,在中南海颐年堂召集关于国旗、国徽、国歌、国都、纪年问题的协商座谈会,马叙伦、黄炎培、郭沫若、沈雁冰、田汉、徐悲鸿、艾青等30人与会。在讨论国旗图案时,毛泽东首先对筹备会工作小组推荐的五星加黄河图案加以评论。然后说:“我知道反对这黄河的,在大会里恐怕只占四分之一到三分之一,以四分之三或者三分之二的赞成人数,通过是没有问题的,但是这样不够圆满,我们一定选一幅让会场一致通过才好。”他随即拿起上海曾联松应征设计的五星红旗及说明,征求大家的意见,与会者一致赞同。同时也有人就四颗小星的说明提出疑义说:如果四颗小星是代表工人阶级、农民阶级、小资产阶级和民族资产阶级,那么进入社会主义没有了后面两个阶级时,国旗不是又要改吗?对此,毛泽东说:中国革命的胜利是在共产党领导下,以工、农为基础,团结了小资产阶级和民族资产阶级共同斗争取得的,这是中国革命的历史事实,这个图案反映了中国革命的实际。可以把说明改一下,不说四小星代表四个阶级,就是五星红旗象征中国人民革命大团结。现在要团结,将来也要团结。毛泽东的话音刚落,与会者不约而同地以热烈的掌声表示赞成。

——摘自《诗说中国》编委会:《诗说中国6(近现代卷)》,中国大百科全书出版社2011年版,第180—181页;李东朗:《影响二十世纪中国的十件大事》,陕西人民出版社1997年版,第152—153页。

案例分析

中国人民政治协商会议第一届全体会议代行全国人民代表大会的职权,在政治生活领域中初探中国梦。会议通过了《中国人民政治协商会议共同纲领》,规定中华人民共和国的国体是工人阶级领导的、以工农联盟为基础的、团结各民主阶级和各少数民族的人民民主专政的国家,规定了国家政权机关、军事制度及经济、文化教育、民族、外交等政策的总原则。《共同纲领》是新中国的第一部大宪章,它在一个时期内起着临时宪法的作用。会议制定了《中国人民政治协商会议组织法》、《中华人民共和国中央人民政府组织法》,使人民民主统一战线在组织上完备和固定下来。1954年第一届全国人民代表大会召开后,人民政协不再代行全国人大的职权,但作为中国最广泛的爱国统一战线组织继续存在,并在国家政治生活和社会生活以及对外交往中发挥着重要作用。

思考讨论

1. 1949年中国人民政治协商会议召开的背景是什么?

2. 中国共产党是怎样将各民主党派、各人民团体、各社会贤达聚集起来共商国是的?

案例3 五星红旗开新宇 中国从此新天地

蒋家王朝被推翻以后,新中国建国仪式的举行被提上了议程。1946 年时,中国共产党曾决定用5 年时间解放全中国,而现在形势发展之快,是中国共产党领导始料未及的。经过商议,中华人民共和国成立的日子就定在了 1949 年 10 月 1 日,即国庆日。

按照当时的安排,国庆阅兵的地点有两个选择,一是西苑机场,这里场地开阔,不影响市内交通。但要举行大型阅兵式,就得建造一个检阅台,其工程较大,耗资较多,而且短时期内完成也有一定困难。另外,机场离市区远,群众的往来有困难。另一个地点就是天安门广场。这里有天安门城楼这个现成的检阅台,而且,它位于市中心,群众往来方便。但地方较小,而且还要阻断交通。

经过多方面的考虑,中共中央最终决定将阅兵地点定在天安门广场。这时,离 1949 年 10 月 1 日只有二十多天了! 于是,市政府向各界发出号召,清理垃圾。无论是学生,还是普通市民,都义务参加了广场的清理工作,使广场面貌焕然一新。

天安门城楼的装饰,经过扎灯老艺人及两个徒弟的精心操作,赶在大典的前一天竣工。

旗杆的安装和设置还费了一番心思。本来安装旗杆的工程并不难,难的是怎样把旗升到杆顶上,毛泽东主席亲自从城楼上走下来升旗显然不可能,于是当时建筑局的林志远决定试用电钮升旗,将电钮安在天安门城楼西南角,并采用双电源供电。

毛泽东主席非常重视大典的阅兵仪式。他让聂荣臻任阅兵总指挥,并配置了一万名官兵,由其组成步兵方队、炮兵方队、装甲兵方队。官兵们由于没有训练依据,只能自己在训练中逐步摸索。战士们从怎么走,怎么迈步,不时修改自己的动作。一天十几小时的训练,经常有人晕倒,但没谁愿意被替换,能成为其中一员都感到无比自豪。

1949 年 10 月 1 日,全国人民盼望已久的日子终于到来了。开国大典在下午三时正式开始。

刚刚就职的中华人民共和国中央人民政府主席毛泽东和中国人民解放军总司令朱德两位伟人一前一后,沿着城楼西侧的古砖梯道,最先登上了天安门城楼。当林伯渠宣布开会后,在国歌《义勇军进行曲》的乐曲声中,中央人民政府主席、副主席和委员就位。人民领袖毛泽东庄严宣布:“同胞们,中华人民共和国、中央人民政府,今天,成立了!”这个洪亮的声音震撼了北京城,震撼了全国,震撼了全世界,开创了中国各民族人民的新世纪。

在乐曲声中,毛泽东亲手按动电钮,第一面五星红旗在广场上冉冉升起。与此同时,代表参加中国人民政治协商会议第一届全体会议的共 54 个单位的 54 门礼炮齐鸣 28 响,如报春惊雷回荡在天地间,它标志着中国共产党领导中国人民英勇奋斗 28 年,终于取得了中国新民主主义革命的最后胜利。

——摘自娄阁:《中华上下五千年》,北京师范大学出版社 2015 年版,第 304—306 页。

案例分析

中国共产党自成立之日起,就始终团结带领中国人民进行浴血奋战,打败日本帝国主义,推翻国民党反动统治,完成新民主主义革命,建立了中华人民共和国。新中国的成立开辟了中国历史的新纪元,中国梦的实现以此为基础和前提。2016 年 7 月 1 日,在庆祝中国共产党成立 95 周年大会上,国家主席习近平发表了重要讲话,他这样评价新中国成立的意义:从此,我们彻底结束了旧中国半殖民地半封建社会的历史,彻底结束了旧中国一盘散沙的局面,彻底废除了列强强加给中国的不平等条约和帝国主义在中国的一切特权,实现了中国从几千年封建专制政治向人民民主的伟大飞跃。中国真正成为独立自主的国家,中国人民站起来了,成为国家的主人。新中国的成立,也壮大了世界和平、民主和社会主义的力量,鼓舞了世界被压迫民族和被压迫人民争取解放的斗争。

思考讨论

1. 开国大典举行的历史背景是什么?新中国成立有哪些意义?
2. 开国大典克服重重困难,顺利举行,试想你身临其境,会有何感想?

案例 4　建国初期的三大外交方针

新中国的外交政策,是随着新民主主义革命接近全面胜利,在斗争实践中逐步制定和完善的。到 1949 年 1 月,中国人民解放军先后取得了三大战役的胜利,大陆的全部解放即将成为事实。关于研究和制定新中国外交政策问题,就摆上了中共中央亟待解决的议事日程。为此,根据国际国内形势的发展,毛泽东审时度势,提出了外交政策的三条原则,即“另起炉灶”、“打扫干净屋子再请客”、“一边倒”。这三句通俗平实的话语,成为指导新中国建国初期外交工作的基本方针。

另起炉灶,即要同旧中国丧权辱国的外交一刀两断,不承认国民党政府同各国建立的外交关系,而要在新的基础上同各国另行建立新的外交关系。这一方针确定后,毛泽东同志在《中华人民共和国中央人民政府公告》中宣告,我国同外国的外交关系要建立在平等、互利和互相尊重领土主权的基础上。这是一百多年来旧中国的政府所没有做到的。

与“另起炉灶”密切相关的另一个重大问题,是与外国(主要是资本主义国家)建立外交关系的时机和条件问题。1949 年 2 月,毛泽东在会见苏共中央政治局委员米高扬时,曾经生动地讲到必须“打扫干净屋子再请客”,要对旧中国同外国签订的一切条约和协定重新审查处理,在清除帝国主义在华特权和影响后,再让外国客人进来,以免敌对者“钻进来捣乱”。据师哲《在巨人身边——师哲回忆录》记载,毛泽东当时是这样说的:“我们这个国家,如果形象地把它比作一个家庭来讲,它的屋内太脏了……中共建政后,我们必须认真清理我们的屋子……屋内打扫清洁、干净,有了秩序,陈设好了,再请客人进来。我们的真正的朋友可以早点进屋子来,也可以帮助我们做点清理工作,但别的客人得等一等,暂时还不能让他们进门。”

“一边倒”就是要站在当时以苏联为首的和平、民主阵营一边。这个方针是在1949 年中国共产党成立 28 周年纪念日,即在中华人民共和国成立的前夕,毛泽东同志在《论人民民主专政》一文中提出的。对于这一方针,周恩来曾做出过高度评价:“我国在世界上明确地站在和平民主阵线一边,旗帜鲜明,打破了帝国主义的幻想。如果没有这一明确的宣布,帝国主义者就会胡思乱想地望着我们,如司徒雷登在南京时还想钻空子。‘一边倒’的方针给这种胡思乱想的人浇了一头冷水。”邓小平也曾经说过,毛泽东把外交政策上的“一边倒”和军事上迅速占领全国、经济上实行自力更生,称为打破帝国主义封锁之道。外交政策上的“一边倒”,越早表现行动越有利,这样是主动地倒,免得将来被动地倒。

——摘自张丽红:《中华人民共和国史述评 7(外交卷)》,济南出版社 2010 年版,第 8—13 页。

案例分析

中华人民共和国建立前后,毛泽东开始制定中国的外交政策,先后提出“另起炉灶”、“打扫干净屋子再请客”和“一边倒”的方针。这是毛泽东根据新中国面临的国际环境和现实问题做出的重大决策,为新中国的外交工作指明了方向。中华人民共和国联合世界上一切爱好和平的国家和人民，首先是联合苏联、各人民民主国家和各被压迫民族，站在国际和平民主阵营方面，共同反对帝国主义侵略，以保障世界的持久和平。在正确的外交方针和政策的指导下，旧中国的屈辱外交被彻底埋葬，独立自主的和平外交正在发展。和平共处的外交政策也获得了世界大多数国家的赞誉。正如毛主席所讲的："我们的革命已经获得全世界广大人民的同情和欢呼，我们的朋友遍于全世界。"

思考讨论

1. 新中国建国初期外交工作遵循三大方针的原因有哪些？
2. 结合案例，怎样理解"打扫干净屋子再请客"这一形象说法？

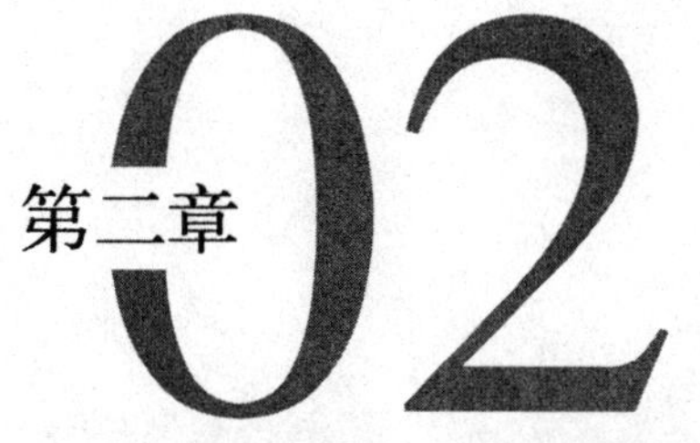

艰辛探索：筑梦篇

（1949—1978）

专题一

建立社会新秩序

本专题概述

新中国成立后,社会政治经济面貌焕然一新,新民主主义社会建设有序推进。在巩固政权和恢复经济的过程中,中国共产党带领全党全国各族人民继续反对帝国主义、封建主义、官僚资本主义的残余势力,镇压反革命集团,清除旧社会的不合理现象。随后,中国共产党带领全党全国各族人民不失时机地开展了对农业、手工业和资本主义工商业的社会主义改造,实现了从新民主主义到社会主义的转变,开展了有计划的经济建设,消灭了剥削阶级和剥削制度,建立社会主义制度,实现了生产资料的公有制。这就从根本上铲除了阶级剥削的根源,也为中国梦的实现奠定了最基本的经济基础,这是中国历史上最伟大、最深刻的变革。与此同时,社会政治、文化、外交等各方面建设也从小到大、从弱到强不断发展,新中国为中国梦的筑造展开了艰辛探索。

案例1　“共产党的财经专家”大显身手——平抑物价

1949年,中国共产党在军事上、政治上取得了空前的胜利,但是在经济上遇到了严重困难。迅速地医治战争创伤,恢复经济成为摆在新生政权面前的一大重任。民族资产阶级中有些人对共产党管理经济的能力表示怀疑:认为“共产党在军事上得了满分,在政治上是80分,在经济上恐怕要得零分。”

在国内外怀疑和期盼的目光中,毛泽东显得胸有成竹、举重若轻。他亲自点将,任命陈云担任中央财政经济委员会主任,负责平抑物价、统一全国财经工作,收拾国民党政权留下的“烂摊子”。

此前的6月,上海市军管会发起了“银元之战”,沉重地打击了投机资本破坏金融的非法活动,人民币顺利地进入上海市场流通。

但是上海和全国的物价并没有停止上涨的势头。在“银元之战”中受到打击的上海投机资本很快转向粮食、棉纱和煤炭市场，引发又一次全国性涨价狂潮。在新中国成立后的日子里，出现了连续多次大的物价波动。从7月底到10月中旬3个月之内，上海物价平均指数上涨了1.5倍，北京、天津等城市上涨1.8倍。

素有“红色掌柜”之称的陈云亲自来到上海，研究稳定市场的对策。陈云到上海后，进行了周密的市场调查。他提出，国家要稳定市场，就必须掌握足够数量的粮棉。

在陈云的指挥下，大米、棉纱和棉布等物资，从东北和四川等地紧急调往上海。人民政府和投机商之间开始了新一轮的较量。陈云下令，这次要给投机资本一个教训。他说：不狠，就天下大乱了。

1949年11月25日，上海、北京、天津、沈阳、武汉、西安等大城市同时行动，上海成为这次较量的主战场，大量的物资被投放到市场，物价迅速回落。投机商囤积的物资迅速贬值，纷纷破产。仅上海一地，就有几十家私营粮食批发商号破产倒闭，许多投机商血本无归。

到了12月10日，“米棉之战”取得了决定性胜利。经过两次较量，民族资产阶级对中国共产党的治国理政能力有所认识，开始认真考虑要接受人民政府的领导。荣毅仁事后说，“六月银元风潮，中共是用政治理论压下去的。这次仅用经济力量就能压住，是上海工商界所料想不到的，给了上海工商界一个教训”，他称陈云是“共产党的财经专家”。

毛泽东高度评价平抑物价和统一财经工作这两场斗争的胜利，认为它们的意义不下于淮海战役。

到了1950年3月，国内市场恢复了稳定，中国人告别了困扰他们多年的恶性通货膨胀。中国共产党人仅仅用了6个月时间，就在全国稳定了旧政权留下的经济乱局，一度疑虑重重的人们看到了新政权管理国家经济的能力。人们开始感到生活在悄悄地变化，日子一天比一天好了起来。

——摘自中央电视台《复兴之路》节目组：《复兴之路（中）》，中国民主法制出版社2008年版，第14—17页。

案例分析

新中国成立后，人民政府面临着一个严重的社会问题，即市场不稳、物价猛涨。从1949年4月到1950年2月，不到一年的时间里就出现了四次全国性的涨价风。它破坏了社会生产和流通的正常秩序，加重了建国初期国家在财政经济方面的困难,成为建国初期稳定局势、尽快恢复和发展国民经济的一大障碍。为了打击投机资本,控制市场,稳定物价,人民政府在建国初期和投机资本进行了两次较大的斗争,即"银元之战"和"米棉之战",并取得了全胜。党从经济和行政两方面着手,加强金融管理和市场管理,取缔和打击投机倒把活动。经过斗争,投机资本家受到毁灭性的打击,国家制止了通货膨胀,稳定了市场物价,掌握了市场的领导权,为中国梦的发展创造了良好的经济环境。

思考讨论

1. 中国共产党在"银元之战"、"米棉之战"中发挥了哪些作用?
2. 为什么民族资产阶级开始认真考虑要接受人民政府的领导?

案例2　惩处大贪污犯绝不手软

1951年10月23日,毛泽东主席在政协一届三次会议开幕词中向全国人民提出:增加生产,厉行节约,以支援中国人民志愿军,这是中国人民今天的中心任务。随着增产节约运动的深入发展,各地都暴露和发现了大量的惊人的浪费、贪污现象和官僚主义问题。

刘青山,雇工出身,1931年入党。张子善,学生出身,1933年入党。他们均系参加革命20余年,担负地方党和行政重要领导职务的老党员、老干部。在国民党的血腥白色恐怖下,在艰苦的八年抗日战争和三年多的人民解放战争中都曾奋不顾身地为党的事业和人民群众的解放做过不少工作。他们在枪林弹雨中不愧是英雄好汉。然而进城以后,他们经不起胜利和执政的考验,发展了严重的个人主义,居功自傲,革命意志消沉,贪图享受,腐化堕落,由革命战士蜕化为贪污犯罪分子。他们扬言,"天下是老子打下来的,享受一点还不应当吗?"活生生地暴露出一副市侩的嘴脸。他们凭借手中的权力,贪污盗窃机场建筑款、救济灾民款、治河款、干部家属救济款、地方粮款,剥削克扣民工工资,假借机关生产名义,勾结私商进行非法经营,共计贪污盗窃人民币数十万元之巨。他们生活腐化堕落,刘青山吸毒成瘾,借口有病,长期不工作。他们还把自己负责的地区视为他们个人的天下,宣扬天津地区党内只能有"一个领袖"、"一个头"。在工作中欺上压下,独断专行,打击和排斥对他们提意见的人,实行封建式的家长统治。

贪污浪费现象的发生,又和各级领导机关中存在着官僚主义有着密切的关系。河北省委表示"实为痛心",决心检查和克服官僚主义,并请求处分。

增产节约运动中暴露出的浪费、贪污和官僚主义问题,向中国共产党和人民政府敲响了警钟。12 月 1 日，中共中央做出了《关于实行精兵简政、增产节约，反对贪污、反对浪费和反对官僚主义的决定》。决定指出，进城两年来，严重的贪污案件不断发生，证明了七届二中全会所提出的防止和克服资产阶级思想腐蚀方针的正确性。现在是执行这一方针的紧要时机了，否则就会犯大错误。中共中央要求把反贪污、反浪费、反官僚主义作为贯彻精兵简政、增产节约这一中心任务的重大措施，采取自上而下和自下而上相结合的方法，检查贪污浪费现象。

1952 年 2 月 10 日，河北省举行公审大贪污犯刘青山、张子善大会，经最高人民法院批准，判处两犯死刑，立即执行，没收其本人全部财产。对大贪污犯的严厉惩处，鼓舞和坚定了人民向贪污、浪费、官僚主义进行斗争的勇气和决心。

——摘自林蕴晖、范守信、张弓:《凯歌行进的时期》，人民出版社 2009 年版，第 189—193 页。

案例分析

“三反”运动，是一场破旧立新的重大社会改革。它批判了旧社会遗留下来的贪污、浪费、官僚主义等污毒，清理了一批腐败分子，教育和挽救了一批干部，树立了廉洁朴素的社会风气。“三反”运动有利于防止资产阶级的腐朽思想对共产党和人民政权的侵袭，保持共产党的纯洁性，对把各级人民政府建设成为廉洁高效、密切联系群众、全心全意为人民服务的政府起了重要作用。中国共产党和人民政府有决心有毅力清除旧社会遗留下来的不良风气，为国家各项事业的顺利推进、中国梦的初步发展保驾护航。如今，全面从严治党作为国家“四个全面”战略布局之一，始终在步步推进。把权力关进制度的笼子里，推进党风廉政建设和反腐败斗争不断深入，营造良好政治生态，或许我们可以从“三反”运动中得到一些启示。

思考讨论

1. 中国共产党对刘青山、张子善大贪污犯的严惩，说明了什么？
2. 建国初期的“三反”运动对当今中国共产党党风廉政建设有哪些启示？

案例 3　第一届全国人民代表大会召开

中华人民共和国第一届全国人民代表大会第一次会议(一九五四年九月)十五日在北京中南海怀仁堂开幕。中央人民政府主席毛泽东主持会议的开幕式。

当毛泽东主席和朱德、刘少奇、宋庆龄、李济深、张澜、周恩来、林伯渠、董必武等在主席台上出现时,全场响起了经久不息的掌声。

下午三时,毛泽东主席宣布开会。毛泽东主席致开幕词。他说:各位代表!中华人民共和国第一届全国人民代表大会第一次会议,今天在我国首都北京举行。

代表总数一千二百二十六人,报到的代表一千二百十一人,因病因事请假没有报到的代表十五人,报到了因病因事今天临时缺席的代表七十人。今天会议实到的代表一千一百四十一人,合于法定人数。

中华人民共和国第一届全国人民代表大会第一次会议负有重大的任务。

这次会议的任务是:制定宪法;制定几个重要的法律;通过政府工作报告;选举新的国家领导工作人员。

我们这次会议具有伟大的历史意义。这次会议是标志着我国人民从一九四九年新中国成立以来的新胜利和新发展的里程碑,这次会议所制定的宪法将大大地促进我国的社会主义事业。

我们的总任务是:团结全国人民,争取一切国际朋友的支援,为了建设一个伟大的社会主义国家而奋斗,为了保卫国际和平和发展人类进步事业而奋斗。

我国人民应当努力工作,努力学习苏联和各兄弟国家的先进经验,老老实实,勤勤恳恳,互勉互助,力戒任何的虚夸和骄傲,准备在几个五年计划之内,将我们现在这样一个经济上文化上落后的国家,建设成为一个工业化的具有高度现代文化程度的伟大的国家。

我们的事业是正义的。正义的事业是任何敌人也攻不破的。领导我们事业的核心力量是中国共产党。指导我们思想的理论基础是马克思列宁主义。我们有充分的信心,克服一切艰难困苦,将我国建设成为一个伟大的社会主义共和国。

我们正在前进。我们正在做我们的前人从来没有做过的极其光荣伟大的事业。我们的目的一定要达到。我们的目的一定能够达到。全中国六万万人团结起来,为我们的共同事业而努力奋斗!我们的伟大的祖国万岁!

中华人民共和国第一届全国人民代表大会第一次会议,在十五日下午四时举行。会议通过本次会议议程的内容包括下列各项:

一、通过“中华人民共和国宪法”。

二、通过“中华人民共和国全国人民代表大会组织法”、“中华人民共和国国务院组织法”、“中华人民共和国人民法院组织法”、“中华人民共和国人民检察院组织法”、“中华人民共和国地方各级人民代表大会和地方各级人民委员会组织法”。

三、通过关于政府工作的报告。

四、选举中华人民共和国主席、副主席等人选。

——摘自新华社十五日讯:《第一届全国人民代表大会第一次会议开幕》,《人民日报》1954 年 9 月 16 日第 1 版。

案例分析

1954 年 9 月 15 日至 28 日,第一届全国人民代表大会第一次会议在北京举行。毛泽东致开幕词《为建设一个伟大的社会主义国家而奋斗》。大会通过《中华人民共和国宪法》以及国家机关组织和活动原则的五部法律。《中华人民共和国宪法》是中国第一部社会主义类型的宪法,它用根本大法的形式,肯定了中国人民长期奋斗的胜利成果,规定了中国共产党在过渡时期的总路线和总任务。这次会议是我国历史上几千年来空前未有的团结统一的一次大会,表明我国的一切国家权力开始由全国人民普选产生的全国人民代表大会集中行使了,这是我国政治进一步民主化的伟大成就,中国梦中政治梦的发展由此正式起航。第一届全国人民代表大会召开后,中国人民政治协商会议代行全国人民代表大会职权的任务宣告结束。

思考讨论

1. 第一届全国人民代表大会召开的意义是什么?

2. 为什么说“第一届全国人民代表大会召开后,中国人民政治协商会议代行全国人民代表大会职权的任务宣告结束”?

案例 4　中国外交的动人魅力

1954 年 4 月 26 日至 7 月 21 日,苏联、美国、英国、法国、中国五国外交会议在瑞士日内瓦国联大厦举行。日内瓦会议主要讨论如何和平解决朝鲜问题和关于恢复印度支那和平问题。中国政府派出以周恩来总理为首的中国代表团,出席日内瓦会议。

中国代表团为解决朝鲜问题和印度支那问题做出了积极的努力。然而,由于美国的极力阻挠,日内瓦会议未能就政治解决朝鲜问题达成协议。但是,中国代表团的大量卓有成效的工作,使日内瓦会议取得法国从印度支那三国撤军、恢复印度支那和平的积极成果。

会议期间,各国记者十分渴望通过中国代表团了解新中国发生的发展变化和各种情况。

周恩来总理是一位外交大师,知道各国记者的愿望后,让中国代表团为外国记者举行电影招待会。会上,放映了中国纪录影片《1952 年国庆节》。这部影片,真实的地记录了 1952 年北京庆祝国庆节期间,天安门广场威武雄壮的阅兵式和各界群众的庆祝游行,天安门城楼的焰火夜景和人民群众联欢的热烈场面。会场不时响起热烈的掌声和赞叹声。

事后,一位美国记者却说,这部影片是在搞军国主义。

周恩来听到这一反映后,非常重视。他说,即使个别人这样说,也值得我们注意,再给他们放一部"梁祝哀史"——彩色越剧影片《梁山伯与祝英台》。

为了便于向外国记者介绍《梁山伯与祝英台》的剧情,中国代表团的熊向晖撰写了一份十几页的说明书,剧名译成英文《梁与祝的悲剧》。周恩来审查时,批评说:这一份说明书就像"党八股";"不看对象,对牛弹琴"。又说,十几页的说明书,谁看?

熊向晖十分不解,笑着说,给洋人看这部电影才是"对牛弹琴"呢!

周恩来认真地说,那就要看你怎么"弹",你要用十几页的说明书去"弹",那是"乱弹",我换个"弹"法,只要你在请柬上写几句话:"请您欣赏一部彩色越剧电影,中国的《罗密欧与朱丽叶》。"放映前用英语作 3 分钟说明,概括地介绍一下剧情,用词要有点诗意,带点悲剧气氛,把观众的思路引入电影中去,不再作其他解释。你就这样试试,我保证你不会失败,如果失败了,我送你一瓶茅台酒。

中国代表团工作人员听了周恩来的话,茅塞顿开,立刻照办。

5 月 20 日晚上 9 时,中国代表团在日内瓦湖滨旅馆放映《梁山伯与祝英台》。各国记者接到请柬后,纷纷提早入场,开演前 10 分钟,座无虚席。开映后,观众一下子就被吸引了。一直到放映结束,观众依然沉浸在影片的诗情画意之中,深夜 11 点多了,各国客人还不肯离去。虽然他们的政治见解各不相同,但都赞赏影片的故事好,表演好,音乐好,色彩好。

——摘自薛庆超:《共和国关键时刻》,台海出版社 2012 年版,第 181—185 页。

案例分析

中华人民共和国建立后,迅速以崭新的国家形象登上世界政治舞台,在解决许多重大国际问题中发挥着重要作用,国际地位日益提高,国际声望与日俱增。1954 年的日内瓦会议,是新中国首次作为世界上五大国之一参加讨论国际问题,也是新中国初次登上世界外交舞台。

7月21日，历时近三个月的日内瓦会议闭幕，印度支那停战协定的签署受到国际社会的高度评价。西方舆论发表了许多对中国代表团特别是周恩来对日内瓦会议所起作用的评论。日内瓦会议期间，中国代表团为解决朝鲜问题和恢复中南半岛和平，发挥了负责任大国的作用。

思考讨论

1. 周恩来为何要为外国记者播放《梁山伯与祝英台》这部影片？
2. 结合日内瓦会议分析中国的外交局面是如何迅速打开的。

专题二

翻身农民把歌唱

本专题概述

中华人民共和国建立后,在中国共产党领导下,广大解放区开展大规模的土地改革运动,彻底废除封建土地制度,使中国农村生产力获得空前解放。这是中国社会的伟大变革,为中国梦的实现奠定了又一坚实基础。

1950 年 6 月,中央人民政府委员会讨论通过《中华人民共和国土地改革法》,明确规定废除地主阶级封建剥削的土地所有制,实行农民的土地所有制。从 1950 年冬天开始,中国历史上规模空前的土地改革运动,轰轰烈烈全面展开。中共中央依靠贫农、雇农,团结中农,中立富农,有步骤地有分别地消灭封建剥削制度,发展农业生产。

新解放区农村土地改革的胜利完成,彻底推翻了长期统治和压迫中国农民的封建土地所有制,巩固了工农联盟,为社会主义改造和社会主义建设创造了有利条件。土地改革使社会经济、政治生活发生了重大变化,农民翻身做主人。

案例 1　社会主义的阳光照进了水牢

这是新中国成立前一个真实的故事:在四川大邑县大地主刘文彩的庄园里,一座阴森森的水牢,三道牢门紧锁着,半人深的臭水中,铁笼里囚禁着一位奄奄一息的贫农妇女。她名叫冷月英,是刘文彩的佃户,1937 年因为天旱歉收,欠交五斗二升租谷,就被刘文彩抓来,毒打以后关进了水牢。那时,她刚生过小孩,挨了打,又浸泡在冰冷刺骨的水中,肚子痛得像刀绞,几次死去活来。她的丈夫借了二十块银元来"赎"人,刘文彩居然还要收"坐牢钱",每天一斗米,又勒索去了大米七斗!

在旧中国,象冷月英这样遭遇的农民,何止万千!

就是这个刘文彩，人称“活阎王”，他原是个反动官僚，依仗军阀的权势，霸占了多达12000亩土地，又开了许多专放高利贷的钱庄、当铺。他在老家安仁镇霸占了一百多户农民的住房和土地，建造起一座占地六十多亩的豪华庄园。他对农民进行敲骨吸髓般的剥削。

农民被迫租种他的地，每亩每年要交一石七、八斗的地租，这个数字超过了正常年景的产量。刘家收租、放债是大斗进、小斗出，大斗和小斗之间相差三升多。刘文彩还要农民交纳壮丁费、屠宰税、鸡捐、鱼捐等四五十种捐税，他家每逢娶亲、死人，都逼着农民“送礼”。他豢养了大批狗腿子，私设公堂、水牢，催租逼债，镇压农民。他过着穷奢极侈、荒淫无耻的生活……

刘文彩是旧中国封建地主阶级的一个典型，他对农民的剥削是旧中国封建剥削的缩影。

旧中国的土地制度是封建、半封建的土地所有制，占农村人口百分之八左右的地主和富农，占有全部土地的百分之七十到八十，而占农村人口百分之九十多的雇农、贫农、中农和其他劳动人民，却只占有百分之二十到三十的土地。地主利用占有的土地，依仗反动政权的庇护，通过地租、高利贷、苛捐杂税和各种劳役，对农民进行残酷的剥削。

“农民头上三把刀：租米重，利钱高，苛捐杂税如牛毛；农民面前三条路：逃荒，上吊，坐监牢。”这首歌谣就是地主阶级剥削农民的写照。地主阶级对农民的剥削，严重地阻碍了生产力的发展，是旧中国贫穷落后的重要原因之一。

消灭封建剥削制度，进行土地改革，是农民世世代代的强烈愿望，是中国新民主主义革命的基本任务之一。新中国成立后，全部消灭封建剥削的日子到来了。党派了大批的土改工作队深入农村，发动起广大农民，清算地主阶级的罪行，没收和平分了地主的土地。村村燃起烧地契的火光，响起庆翻身的锣鼓，农民满噙着欢喜的泪水，领到了土地证，中国农村地覆天翻了！

——摘自《祖国》，中国青年出版社1984年版，第310—312页。

案例分析

到1952年冬天，除了台湾省和一部分少数民族地区以外，全国基本上完成了土地改革。这是一次具有深远意义的伟大社会改革，它使农村天翻地覆，使农民翻身做主人，再也不受地主阶级的剥削和压迫，在自己的土地上耕种梦想。约有三亿无地少地的农民，分得了约七亿亩土地，免除了每年向地主交纳的近七百亿斤粮食的地租。在这个基础上，我国又对小农经济实行了社会主义改造，引导几亿农民走上了集体化的道路。

社会主义的阳光照进了水牢,也温暖了从水牢里幸存下来的冷月英的身心。她坚决同阶级敌人斗争,带头走合作化道路,成了光荣的共产党员,被选为全国人大代表。她用亲身经历告诉前去地主庄园参观的人们:不要忘记过去的屈辱,一定要珍惜今天的幸福生活,坚定地走社会主义道路!

思考讨论

1. 读了四川大邑县大地主刘文彩的故事,你有何感受?
2. 对比旧中国的封建剥削,思考新中国土地改革的重大意义。

案例2　新解放区的减租退押运动

新解放区在进行清匪反霸,建立初步革命秩序的基础上,又开展了减租退押运动。

新中国成立前,地主与农民的关系,主要表现在租佃关系上,地主掌握的土地绝大部分是出租的。全国一般的情形,是农民要把一年全部收获的一半交给地主。苏南吴县农民说:"六棵稻里有三棵是要交给地主的。"如无锡梅村区强家桥村,农民耕种1亩田,平均生产费用为大米7斗5升,生活费用为5斗6升,而全年正产物收入为2担2斗,两抵只剩余8斗9升。可是每亩要交50%,即1担1斗作为地租,因之不足2斗1升。为了弥补这不足之数,农民就必须把生活费用由5斗6升减少为3斗5升以内。用当时清华大学教授潘光旦的话说:"这种租额的剥削,不但攫取了农民的全部剩余劳动,而且剥夺了农民的必要劳动的40%。"

沉重的地租是旧中国地主剥削农民的必要手段,也是农民对地主阶级剥削最强烈和最直接的感受。长期以来的封建统治,在农民头脑中形成了租种人家的地,就应给人家交租的旧观念,他们并没有认识到造成这种不合理现象的根源是封建土地制度,而是埋怨自己的命不好。因此,在这种条件下,如果仓促没收地主的土地分配给农民,就难以收到预期的效果。而先开展减租退押,作为向土地改革的过渡,既可以减轻农民负担,得经济上的好处,又可以此启发农民的阶级觉悟,使农民认识到不是地主的土地养活了农民,而是农民的劳动养活了地主。

1950年2月28日,中央人民政府政务院发出《关于新解放区土地改革及征收公粮的指示》。《指示》是刘少奇起草后,经毛泽东、周恩来修改,并与有关民主人士协商,政务院第二十一次政务会议通过后发出的。《指示》规定,所有新解放区,在实行分配土地以前,应一律实行减租。

1950 年 2 月,华东军政委员会颁发了《新解放区农村减租条例》。《条例》规定,新中国成立前农民对地主、旧富农的欠租,一律免交,但对地主、旧富农以外业主的欠租,应视业佃双方经济情况酌量交还。

对于退押问题,1950 年 7 月,中共中央发出《关于土改中退押与债务问题给各地指示电》,对此做出明确规定:"在土地改革中,在原则上地主应将押金退还给农民。但只将农民最后所交给地主之押金退还,不应翻老账,亦不应计利息。原交银洋及实物者,即照退银洋实物,或照银洋实物现在的价格退还。原交法币者,即照当时法币的价格退还。"

各大区对减租退押斗争都很重视。西南局第一书记邓小平将清匪反霸、减租退押称之为西南的"淮海战役",可见西南局对这个问题的重视程度。

——摘自罗平汉:《土地改革运动史》,福建人民出版社 2005 年版,第 328—333 页。

案例分析

新中国成立之初,新解放区有 3 亿多人口,中国共产党人准备用 3 年时间完成土地改革,在这样广大的地区完成一场规模空前、影响深远的社会变革,在全世界都是绝无仅有的。土地改革同抗美援朝、镇压反革命并称为建国初期的三大运动。

长期存在的封建土地制度使地主过着不劳而获的生活,因为他们通过各种手段占有大量的土地。农民要想翻身,就必须废除封建土地制度。当时,新区不少地方仍有散匪尚待肃清,社会秩序尚未完全安定,农村区乡两级政权多未改造,大部分被地主及旧的保甲长所操纵,广大劳动群众尚未普遍发动和组织起来。因此,从减租退押开始,逐渐推进土地改革,成为一条最合理最有效的途径。减租退押虽然只是削弱封建剥削制度,但它为最终消灭封建剥削制度准备了必要的条件。

思考讨论

1. 结合案例分析中国共产党在新解放区开展减租退押运动的原因。
2. 邓小平为什么将清匪反霸、减租退押称之为西南的"淮海战役"?

案例3 土改后百姓乐不可支的话说新生活

目前在全国范围内,已有东北全部、华北大部及河南一部,约一亿四千五百万农业人口的地区完成或基本上完成了土地改革。凡是经过土地改革的地区,农村生产力获得解放,农村面貌已是焕然一新,同时工商业也逐渐繁荣起来。

穿新衣盖新屋 生活普遍上升

在农民生活方面:由于劳动发家生产致富的结果,农民生活日趋上升。如松江省阿城县蜚克图区和尚志县元宝村的农民,去年冬天百分之六十都穿上了新棉衣。1948年,东北农民只要求有白土布和食盐,今年则要细布和花布了。

原太行区涉县(现属河北省)农民于1945年,每人平均收入粮食四石,平均支出为二石九斗,剩余为一石一斗,1946年平均收入为四石五斗,平均支出为三石,剩余为一石五斗。从这里也可以看出土改后的农民生产提高与生活上升的情况。

山西省平顺县西沟村农民王四则曾说过一段话,很生动地表明了该村农民在土地改革后生活上升的具体情形。他说:"过去俺吃的是糠菜,穿的是疙瘩衣裳,全家人伙盖一条被子,用玉茭秆围起来就顶房子住。现在,一个人盖一条被子,能铺块毡子,冬天还有件棉袍子。今年又新盖了三间房子。"

农民觉悟性与组织性提高 巩固了农村人民民主专政

在政治觉悟方面:经过土地改革的地方,农民的觉悟性与组织性大大提高。如华北新区在土地改革过程中,各地曾普遍召开了农民代表会,并成立了农会。据河北保定专区统计,农会会员发展了二十多万;山西榆次县新区农民有百分之八十以上加入了农会。

北京市郊区土地改革完成后,已有263个村建立了农民协会的组织,会员达11万6491人。另外,有222个村建立了中共支部,201个村建立了青年团支部。农民被批准加入中国共产党的共有668人。

河南许昌专区将近两万先进农民加入了共产党及青年团。农民协会会员达90余万,民兵武装约五万一千多人。由于广大农民政治觉悟提高和纷纷参加了组织,农村中人民民主专政的基础已巩固起来,各民主阶层也达到了空前的紧密团结。

积极学习政治文化 广泛开展文娱活动

在文化学习方面:土地改革后,农民迫切要求文化生活的提高。据最近新华社报道,华北老解放区完成土地改革后,各地参加冬学的农民达360多万,一般都能认二百字左右,成绩较好的能认六百多字,已能写日用便条和简单的信件。有的农民高兴地说:"又种庄稼又念书,如今真是家家出了写字人啦!"在农民这种迫切要求学习文化的基础上,各地都初步拟定了扫除文盲的计划。

河南许昌专区翻身农民,除政治、文化学习外,农村剧团也很活跃。农民以自己翻身后的亲身体验,热烈编排着自己所喜爱的戏剧,如《王贵与李香香》、《白毛女》、《李保翻身》、《快乐第一年》等。

在东北各地参加常年学习的农民即达九十万人,二万多个冬学转建为民校,另外设有学习小组四万多个。农民学习的情绪很高。

——摘自本报讯:《土地改革完成地区农村气象焕然一新》,《人民日报》1950年7月5日第1版。

案例分析

通过土地改革,社会生产力得到解放,工商业繁荣发展,人民生活水平显著提升。在经济方面,生产的增加,收入的提升,使农民对物质条件有了更进一步的要求,吃、穿、住等基本的生活环境得到了明显改善。同时,尝到物质甜头的农民又会更加勤奋生产,追求更好的生活,这也促进了社会生产的发展。在政治方面,农会的成立,让农民体会到当家做主人的滋味,他们的政治觉悟大大提高,人民民主专政政权得到巩固,政治发展环境一片向好。在文化方面,通过扫盲计划的开展,农民从不识字到识少字,从识少字到识多字,不断接受新社会的教育,文化水平整体提升。土地改革引起了经济、政治、文化以及社会生活一系列的发展变化,使得农民翻身把歌唱,受益匪浅。

思考讨论

1. 土改后"农民翻身把歌唱"体现在哪些方面?
2. 结合案例分析为什么土改后国家工商业发展逐渐繁荣?

案例4　从消灭富农经济到保护富农经济

1950年6月,中国共产党召开了七届三中全会。会上通过了在全国范围内开展土地改革的决议。随后,中央人民政府委员会颁布了《中华人民共和国土地改革法》,政务院颁布了《农民协会组织通则》、《关于划分农村阶级成分的决定》、《城市郊区土地改革条例》等文件。在这些文件中,明确规定了关于土地改革的方针、路线和政策,指导土地改革运动的进行。

《中华人民共和国土地改革法》共六章四十条，它同1947年9月中国共产党全国土地会议通过的《中国土地法大纲》相比较，有了若干新的变化。概括起来讲，就是“三个改变”和“四个增加”。“三个改变”是：一是将富农由征收其多余土地和财产，改为只征收富农出租土地的一部分或大部分，其所有自耕或雇人耕种的土地及其他财产，均不得侵犯。亦即将消灭富农经济改为保存富农经济。二是将没收地主的全部财产改为只没收地主的“五大财产”（即土地、农具、牲畜、多余粮食及其在农村中的多余房屋），其他财产（包括金银、衣物等）不予没收。三是将中农的土地由彻底平分改为完全不动。

“四个增加”是：一是增加了对小土地出租者的政策，即将小土地出租者保留土地的标准由原来的150%提高到200%。二是增加了对城市郊区部分土地（主要是大城市郊区被没收的土地）收归国有的政策。三是增加了对现代农场、牧场等不予没收，如属于地主所有则收归国有的政策。四是增加了照顾少数民族的政策，如规定清真寺所有的土地，在当地回民的同意下酌情保留；另外还规定，本法“不适用于少数民族地区”。

在上述新变化中，最重要的一项变化，就是改变解放战争时期没收富农多余土地和财产的政策，实行保存富农经济，在政策上实行中立富农的政策。

毛泽东对为什么要保存富农经济提出了三点理由：“第一是土改规模空前伟大，容易发生过左偏向，如果我们只动地主不动富农，则更能孤立地主，保护中农，并防止乱打乱杀，否则很难防止；第二是过去北方土改是在战争中进行的，战争空气掩盖了土改空气，现在基本上已无战争，土改就显得特别突出，给予社会的震动显得重大，地主叫唤的声音将特别显得尖锐，如果我们暂时不动半封建富农，待到几年之后再去动他们，则将显得我们更有理由，即是说更加有政治上的主动权；第三是我们和民族资产阶级的统一战线，现在已经在政治上、经济上和组织上都形成了，而民族资产阶级是与土地问题密切联系的，为了稳定民族资产阶级起见，暂时不动半封建富农似较妥当的。”

——摘自张辉、丰雷：《中华人民共和国史述评3（经济卷）》，济南出版社2010年版，第13—14页；罗平汉：《土地改革运动史》，福建人民出版社2005年版，第340—341页。

案例分析

为了尽可能地减少土地改革的阻力以消灭封建地主阶级，中共中央决定在广大新解放区实行什么样的土地政策时，对富农问题做了慎重考虑。毫无疑问，土改的对象是地主阶级，土改依靠的力量是贫雇农，团结的力量是中农，这些都是不能改变的。关键的问题是如何对待富农，对其采取什么政策。和之前不同，我们对待富农的政策有所改变，即由征收富农多余土地财产的政策改变为保存富农经济的政策，以利于早日恢复农村生产，毕竟富农经济是农村中的资本主义经济，具有较强的生产能力；又利于孤立地主，同时还可以保护中农和小土地出租者，去掉他们在发展生产上的顾虑，使他们放心大胆地去发展生产。

思考讨论

1. 结合案例分析新中国成立后国家对待富农的经济政策改变的原因。

2. “从消灭富农经济到保护富农经济”说明了中国共产党政策制定遵循哪些原则？

专题三

意志与钢铁较量下的抗美援朝战争

本专题概述

抗美援朝战争是新中国成立后不久,为着挽救朝鲜民主主义人民共和国的危亡和保卫我国的安全,而进行的一场反侵略的正义战争。这场战争是在美国武装侵略朝鲜,我国受到严重威胁的情况下被迫进行的。1950 年 6 月 25 日,朝鲜战争爆发。10 月 19 日,根据朝鲜政府的请求,中国政府正式派出中国人民志愿军开赴朝鲜,援助朝鲜政府和人民。1953 年 7 月 27 日,朝鲜停战协定最终得以签署。经历了两年九个月的战场较量,中国人民志愿军协同朝鲜人民军,以高度的国际主义和爱国主义精神,以劣势的装备战胜了世界一流的美国侵略军,打出了我国的国威和军威。其中全国人民的支援是战争胜利必不可少的保障。抗美援朝战争的胜利向全世界表明,站起来的新中国人民是不可欺侮的,“一个觉醒了的,敢于为祖国的光荣、独立和安全而奋起战斗的民族是不可战胜的”!抗美援朝战争的胜利,为中国梦的发展争取了和平环境,为制止侵略、保卫亚洲和世界和平做出了巨大贡献。

案例 1　雄赳赳气昂昂　跨过鸭绿江

1950 年 10 月 1 日,是中华人民共和国成立后的第一个国庆日。上午 10 时,毛泽东与其他中国领导人登上天安门城楼,与几十万群众一起观看了盛大的阅兵式。入夜,五彩缤纷的焰火腾空而起,广场上载歌载舞,充满了欢乐的气氛。然而,此时的中国领导人心情是复杂的。他们必须面对的问题是:尽管中国已一再发出警告,但如果以美国为首的“联合国军”越过三八线继续北进,中国应该怎么办?

没等到中国领导人完全考虑好这个问题,更严重的问题已经摆在了面前。就在同一天，麦克阿瑟无视中国政府的立场，在东京通过广播向朝鲜发出了“最后通牒”，要求他们无条件投降。同一天晚上，金日成在向苏联请求援助之后，也向中国政府提出了出兵援助的请求。

10 月 1 日当晚，毛泽东连夜召集中央书记处紧急会议，讨论朝鲜局势和对策。

10 月 4 日，在毛泽东的电召下，彭德怀从西安飞抵北京，参加在中南海丰泽园举行的中央政治局扩大会议。会议继续讨论出兵朝鲜问题。

10 月 5 日，彭德怀在会上慷慨陈词：出兵朝鲜是必要的，打烂了，最多等于解放战争晚胜利几年就是了。如让美军摆在鸭绿江和台湾，它要发动侵略战争，随时都可以找到借口。如果美国占领了朝鲜半岛，将来的问题更复杂。所以迟打不如早打，这对国内外的反动气焰和亲美派也是个沉重打击。彭德怀的话对统一认识起了重要作用。

毛泽东对彭德怀的话极为支持，并提议由彭德怀挂帅，率军抗美援朝的使命就这样落到了彭德怀身上。

10 月 8 日，中国人民革命军事委员会主席毛泽东签署了组成中国人民志愿军，出兵抗美援朝的命令，任命彭德怀为中国人民志愿军司令员兼政治委员。10 月 18 日晚，毛泽东向中国人民志愿军下达了入朝作战的命令。

1950 年 10 月 19 日晚 8 时，应朝鲜民主主义人民共和国的请求，为粉碎以美国为首的“联合国军”对朝鲜民主主义人民共和国的侵犯，同时保卫自己祖国的安全，在彭德怀的率领下，中国人民志愿军背负着党和人民的意愿，高举着抗美援朝、保家卫国的旗帜，雄赳赳，气昂昂，跨过鸭绿江，开赴朝鲜战场。从此，在朝鲜半岛的三千里江山上，中国人民志愿军开始了伟大的抗美援朝战争。

雄赳赳，气昂昂，跨过鸭绿江！
保和平，卫祖国，就是保家乡。
中国好儿女，齐心团结紧，
抗美援朝，打败美帝野心狼！

这首慷慨激昂的歌曲，成为当时中国人民志愿军军歌，也为那个时代全中国的男女老幼所传唱。

——摘自洪向华：《复兴之路：中国崛起的 30 个历史关键》，青岛出版社 2007 年版，第 94—97 页。

案例分析

面对美国的侵略威胁，面对中国各方面的严重困难，面对朝鲜政府的请求，要不要出兵参战,要不要与以美国为首的“联合国军”进行战争较量,中共中央和中国领导人面临着重大的战略抉择。如果我们不出兵,整个朝鲜被美国侵占,我国大陆就会面临着美国的威胁,东北地区的工业基地将遭到严重破坏,中国将无法安心进行经济建设。美国侵略者将会更加猖獗,国际国内反动气焰将会增加,这对我们极为不利。为了保家卫国,捍卫我国的主权和利益,中共中央政治局会议在充分讨论、权衡利弊之后,一致认为应当参战,这不仅对中国有利,对朝鲜、世界都有利。中共中央和毛主席面对强敌,毅然做出“抗美援朝、保家卫国”的伟大战略决策,这一战略是革命英雄主义、爱国主义和国际主义相结合的产物,表现了超人的勇气和智慧,使得中国梦实现进程又向前一步。

思考讨论

1. 结合案例分析中国出兵朝鲜的原因。

2. “雄赳赳,气昂昂,跨过鸭绿江……”这是《中国人民志愿军战歌》的歌词,试听这首歌并谈谈你的感受。

案例2　全民支援抗美援朝

1951年6月1日,中国人民抗美援朝总会发出了捐献武器运动的号召,要求全国各界爱国同胞,不分男女老少,都开展爱国的增加生产、增加收入的运动,用新增加收入的一部分或全部购买飞机、大炮等武器,捐献给志愿军。为了各界人民认捐的方便,通知还对各项武器的折价作了具体规定:一架战斗机折合人民币15万元,一辆坦克25万元,一门大炮9万元等。

全国人民积极响应号召,踊跃投身于捐献武器运动,涌现出大批成绩显著的单位和个人,出现了许多感人至深的事迹。北京市石景山钢铁厂的职工,通过增加产量、捡废铁、捐奖金等办法,捐献了“石景山钢铁厂号”战斗机1架;辽宁省彰武县一个小学的1200名小学生,利用放学后和假期内的闲暇时间,拣粮食、打柴火、打柳条钉子积累了1200元钱,全部捐献出来……

1952年6月24日,中国人民抗美援朝总会宣告捐献武器运动已经胜利结束。截至1952年5月底,东北地区捐款6525.08万元,可购战斗机435架;华北地区捐款6795.06万元,可购战斗机453架;华东地区捐款21540.67万元,可购战斗机1436架……总计全国各界人民共捐款55650.37万元,可购战斗机3710架。

当志愿军在朝鲜战场上展开杀敌竞赛时,在祖国的工农业生产战线上,广大工人、农民响应党中央的号召,为打破美国操纵联合国通过“禁运”对中国实行的经济封锁,加速新中国国民经济的恢复和发展,提高中国进行抗美援朝战争的经济能力,保证以充足的物资供应志愿军的需要,展开了轰轰烈烈的爱国主义生产劳动竞赛。

这一竞赛首先在担负着朝鲜前线所需物资供应任务最重的东北地区展开。1950 年 10 月,东北各厂矿职工普遍响应先进生产者赵国有所在车间发出的挑战,展开了一场声势浩大的爱国主义劳动竞赛,使东北地区国营工业生产在当年取得超额全年计划的 11.5% 的成绩。1951 年全国的工业产品、粮食和棉花等农作物的产量都超过了 1950 年的水平,仅东北地区的工业,当年就为国家创造了相当于 1000 万吨粮食的财富。

1951 年 10 月,中共中央政治局召开会议,为保证抗美援朝的胜利,保证国家物价继续稳定,积累资金,加快国民经济建设,确定了“精兵简政,增产节约”的总方针。23 日,毛泽东向全国人民发出“增加生产,厉行节约,以支持中国人民志愿军”的号召。

全民性的增产节约运动有力地促进了国民经济的恢复和发展。1952 年,全国工农业总产值达到 827 亿元,比 1949 年增长了 77.5%。几项主要的工农业产品的产量都已超过中国历史上的最高年产量。

在抗美援朝战争期间,全国人民为前线提供各种作战物资达 560 余万吨。可以说,祖国工农业生产战线所产生的巨大物质支援能量,是朝鲜前线志愿军取得胜利的最重要保证。

——摘自姜廷玉:《解读抗美援朝战争》,解放军出版社 2010 年版,第 66—70 页。

案例分析

抗美援朝战争是中国人民在极端困难的情况下被迫进行的一场战争,5 亿中国人民是取得胜利的强大后盾。战争开始后,中国共产党立即领导全国人民掀起了轰轰烈烈的抗美援朝运动,组织各种宣传力量对人民进行广泛深入的宣传教育,人民的思想觉悟迅速提高,全国上下掀起了参军参战、支援前线的热潮,为战争胜利提供了可靠的后方保证。人民解放军战士上书请求赴前线杀敌立功,广大青年踊跃报名参加志愿军;工人开展增产节约竞赛,保证了国民经济的恢复和发展,及时供应前线物资;农民开展爱国增产运动,全国农业生产得以迅速发展,保障了前线的粮食需要。抗美援朝战争鼓舞了全国人民的革命热情和生产积极性,迅速恢复和发展了国民经济。

思考讨论

1. 结合捐献武器运动、爱国主义生产劳动竞赛、增产节约运动,分析抗美援朝战争取得胜利的关键因素。

2. 搜集更多有关全国人民支援抗美援朝战争的材料,谈谈你的感想。

案例3　英勇善战的志愿军英雄

为了表彰中国人民志愿军的伟大历史功绩,1953 年 7 月 31 日,朝鲜最高人民会议常务会举行授勋典礼,授予中国人民志愿军司令员彭德怀“朝鲜民主主义人民共和国英雄”称号及一级国旗勋章、金星勋章。同时,对于长期战斗在朝鲜半岛上的志愿军军事、政治、后勤各方面人员分别授勋,给予了崇高的荣誉。授给志愿军谈判代表团有功人员的勋章,是朝鲜最高人民会议常务会派要员由平壤专程来到开城代表团驻地授予的。

8 月 11 日上午 9 时,彭德怀乘坐的专列徐徐开进北京前门火车站,站台上悬挂着“欢迎中国人民志愿军彭德怀司令员胜利归国大会”的红色大字横幅。党和国家领导人邓小平、林伯渠、郭沫若及北京各界数千人在站台迎接。欢迎大会由抗美援朝总会主席郭沫若主持,他代表全国人民高度赞扬志愿军赴朝作战两年零九个月在抗美援朝斗争中为祖国、为人民争得了荣誉,为世界和平做出了不朽的贡献。

9 月 12 日,中央人民政府委员会在中南海怀仁堂举行扩大的第 24 次会议,听取志愿军司令员彭德怀作《关于中国人民志愿军抗美援朝工作报告》,会议由毛泽东主席主持。彭德怀详细叙述了中国人民志愿军英勇作战的过程,为保卫和平反抗侵略取得的伟大胜利。

在抗美援朝战争中,涌现了特级英雄杨根思、黄继光,一级英雄许家朋、倪祥明、曹庆功、王学凤、刘维汉、吴志洲、李凤林、高成山、孔庆三、曹玉海、孙殿英、邱少云、杨宝山、周厚刚、王德明、陈德忠、李家发、伍先华、杨春增、负宝山、孙生禄、孙占元、杨连弟等,一级爱民模范罗盛教等。志愿军荣立三等功以上人员 30724 人;荣立集体功的单位有 14 个团、51 个营、648 个连、849 个排、4391 个班;荣获英雄、模范称号有 494 人(含特等功 80 人)。

在志愿军中,有一个人有着特殊的身份,他就是毛泽东主席的长子毛岸英,彭德怀称他为“第一个志愿兵”。毛岸英首批随志愿军司令部踏上朝鲜国土,任司令部办公室俄文翻译、机要秘书、作战处参谋,参加抗美援朝第一次战役。1950 年

11 月 25 日,不幸牺牲。毛岸英牺牲后,同另一位烈士高瑞欣一起安葬在大榆洞的山头上。朝鲜停战后,毛岸英的忠骨被迁葬到桧仓"中国人民志愿军烈士陵园"。烈士墓前的大理石上,镌刻着郭沫若题写的"毛岸英同志之墓"7 个大字,墓碑的背面是中国人民抗美援朝总会刻下的一段碑文:"毛岸英同志原籍湖南省湘潭韶山冲,是中国人民领袖毛泽东同志的长子,一九五〇年十一月二十五日在抗美援朝战争中英勇牺牲。毛岸英同志的爱国主义和国际主义的精神将永远教育和鼓舞着青年一代。毛岸英烈士永垂不朽!"

——摘自林蕴晖:《共和国年轮.1953》,河北人民出版社 2001 年版,第 267—268 页;姜廷玉:《解读抗美援朝战争》,解放军出版社 2010 年版,第 60 页,第 114—115 页,第 148—150 页。

案例分析

中国人民志愿军在抗美援朝战争中发扬"一不怕苦、二不怕死"的革命精神,以落后的装备战胜具有现代化装备的"联合国军",涌现出大批英雄模范人物。在战斗中手持炸药包同美军同归于尽的"战斗英雄"杨根思;为保证战斗胜利,在美军阵地潜伏中被美军发射的燃烧弹活活烧死而一声不吭的邱少云;用自己的胸膛堵住了正在喷吐着火舌的枪眼的黄继光;为抢救掉入结冰河流冰窟窿中的朝鲜少年而光荣献身的"国际共产主义战士"罗盛教……他们舍生取义为国捐躯的壮举,极大地鼓舞了部队的斗志和士气。他们身上,体现了志愿军战士的革命英雄主义精神,体现了中华民族不畏强敌的风骨。他们是一面面鲜红的旗帜,是一座座永恒的丰碑!

思考讨论

1. 郭沫若在欢迎大会上高呼"光荣属于爱国主义与国际主义的高度实践者!""光荣属于英勇善战的志愿军的英雄们!"对此,你如何理解?

2. 如果让你给毛岸英等烈士写封书信,你会写下哪些内容?

案例 4　抗美援朝终胜利

1953 年 7 月 27 日,朝中方面首席代表南日大将、美方首席代表哈利逊中将参加在板门店举行的签字仪式,并在协定上签字。28 日,金日成元帅和联合国军总司令克拉克分别在协定上签字。28 日,志愿军司令员彭德怀在协定上签字。29

日,交战双方交换经双方司令官签署的停战协定。协定以北纬 38 度为军事分界线,双方各由此线后退 2 公里成立非军事区。同时成立军事停战委员会负责监督协定的执行和处理违约的事件。历时三年一个月的伟大的抗美援朝战争以中朝人民的胜利载入史册。

在抗美援朝战争中,志愿军以劣势装备同拥有世界上最先进装备的敌军作战,以相对较小的代价取得了辉煌的战果。朝中方面联合发布战绩公报:自 1950 年 6 月 25 日至 1953 年 7 月 27 日,朝中部队共毙伤俘敌军 1093839 名,其中美军 39 万余名。击落击伤和缴获敌机 12224 架,击毁击伤和缴获敌坦克 3064 辆,击沉击伤敌舰队 257 艘。中国人民志愿军先后轮流参战 130 万人。

志愿军在战争中的人员损失情况是:阵亡(包括事故亡)11.4 万人,医院共接受伤员 38.3 万人次,失踪 2.9 万人。入院的伤员有些是第二次、第三次负伤,在统计上造成重复,伤员又有一部分是非战斗负伤(事故伤、冻伤等),最后确定的战斗减员总数是 36.6 万人。志愿军除了阵亡外,在医院中因伤致死者还有 2.16 万人,病死 1.3 万人,总计已明确判定死亡者为 14.84 万人。另外,志愿军失踪人员中,除了被美方证实已成为战俘的 2.1 万人(其中有 7100 人得到遣返,1.4 万人被美方送往台湾)外,还有 8000 余人下落不明,估计多已在战地或在被俘后死亡。

从朝鲜战争中使用的武器和消耗的弹药物资看,战争的激烈程度同以往的战争相比,仅次于两次世界大战。美国在战争中使用了除原子弹以外的各种新式武器,共消耗了 2300 万吨战争物资,其中包括 330 万吨弹药,相当于第二次世界大战中美国弹药总消耗量的一半。战争期间,中国方面共消耗各种物资约 560 万吨,其中包括弹药 25 万吨。这一弹药消耗量同历次中国国内战争相比,已属空前规模。中国经历了这样一场火力强度空前、并有着当时世界最先进技术水平的战争,对于国防现代化事业无疑起到了很大的促进作用。

抗美援朝战争取得的重大胜利,极大地提高了中国的国际地位以及中国共产党在全国人民中的政治威信,保证了新中国成立后的国家安定。战争中虽直接耗资 62 亿元人民币,但由于全国人民的努力,战争期间成功地完成了恢复国民经济的工作,使工农业生产均超过了历史最好水平,并在朝鲜停战前开始了国民经济第一个五年计划的建设。

——摘自旷晨:《我们的五十年代》,中国友谊出版公司 2005 年版,第 55—56 页;林蕴晖:《共和国年轮 1953》,河北人民出版社 2001 年版,第 268—270 页。

案例分析

抗美援朝战争中，中朝军队共毙伤俘敌军109.3万余人，其中美军39万余人。据美方供认，这是美国历史上第一次真正的失败，是一次流血最多代价最高的战争。在抗美援朝战争中，中国人民也付出了重大的牺牲。中国人民志愿军先后投入的兵力达130万余人，伤亡的志愿军人数达36万余人。全国人民在人力、物力和财力上进行了全力支援，付出巨大。这场意志与钢铁较量下的战争，以中朝人民的胜利结束，但我们不能忘记战争背后的惨痛代价。牢记历史，珍爱和平，努力进行现代化建设，不断提高综合国力和国际影响力，争取早日实现“两个一百年”奋斗目标，实现伟大复兴的中国梦是我们当前最大的任务。

思考讨论

1. 抗美援朝战争胜利有哪些意义？
2. 如何评价中国在抗美援朝战争胜利中所起的作用？

专题四

新制度奠基中国梦

本专题概述

1956 年底我国对农业、手工业和资本主义工商业的社会主义改造基本完成,标志着中国历史上长达数千年的阶级剥削制度的结束,实现了由新民主主义向社会主义的转变,社会主义基本制度初步确立,社会主义公有制成为我国的经济基础。

我国确立了中国共产党领导的人民民主专政的社会主义基本政治制度。人民民主专政实质上是无产阶级专政,人民代表大会制度、中国共产党领导的多党合作和政治协商制度、民族区域自治制度已经确立。特别是第一届全国人民代表大会的召开和第一部《中华人民共和国宪法》的制定,为各族人民参与国家政治生活提供了条件和保证。

2016 年 7 月 1 日,国家主席习近平在庆祝中国共产党成立 95 周年大会上的讲话中指出,我国完成了中华民族有史以来最为广泛而深刻的社会变革,为当代中国一切发展进步奠定了根本政治前提和制度基础,为中国发展富强、中国人民生活富裕奠定了坚实基础,实现了中华民族由不断衰落到根本扭转命运、持续走向繁荣富强的伟大飞跃。社会主义制度在中国的确立,为社会主义现代化建设开辟了道路,为实现中国梦奠定了制度基础。

案例 1　“红色资本家”成为自食其力的劳动者

当 1956 年到来的时候,上海申新棉纺织印染厂总经理荣毅仁一家突然变得异常忙碌。1 月 20 日,参加上海公私合营大会的他面对新华社记者的采访,讲述了一家人昨天一天的活动:

“昨天,我的家庭全都出动了。我的爱人出席了全市工商界家属代表会议,她参加这次会议的筹备工作，已经忙碌好多天了；我的弟弟出席了工商界青年代表会议，他还要去北京参加全国工商界青年积极分子大会；我的三个在中学念书的孩子出席了工商界子女大会。他们都在上万人的大会上讲了话，拥护共产党，感谢毛主席，不仅喜欢社会主义，还盼望早点实现共产主义。”

时年40岁的荣毅仁在全国8座城市拥有24家纺织、印染、面粉和机械工厂。早在1954年，荣毅仁就将上海的各家荣氏工厂重新组合，率先提出公私合营的申请。到本年初，随着社会主义工商业改造高潮的到来，所有荣氏企业已完成公私合营的改造，荣毅仁更是四处现身说法，宣传政策，“红色资本家”的名号不胫而走。

仅在1956年的头十天中，上海市平均每天就有1300多家私营工商业户申请实行公私合营。1月21日，数十万人走上街头集会，敲锣打鼓，载歌载舞，庆祝这座中国最大的工商业城市完成了社会主义改造。大会在诵读完写给毛主席的报喜信后，人群立即欢腾起来。无数旗帜在人们头顶上方挥舞，宛如五彩缤纷的海涛。鞭炮的青烟在蒙蒙细雨中凝结成一片片云雾，久久挥之不去。人群中最惹人注目的，是由西装革履的工商界人士组成的队伍，诸多年老的资本家一边扭着秧歌，一边向周围的群众欢呼招手。从这一刻起，他们及其家属将“放弃剥削，学会本领，争取成为自食其力的劳动者”。荣毅仁的话也许正代表着这个正在消失的阶级的心声：

“对于我，失去的是我个人的一些剥削所得，得到的却是一个人人富裕、繁荣强盛的社会主义国家。对于我，失去的是剥削阶级与人的尔虞我诈、互不信任，得到的是作为劳动人民的人与人之间的友爱和信任，这是金钱所买不到的。”

就在6天前，北京已经举行过类似规模的集会，宣布完成了社会主义改造，进入社会主义。紧随着北京、上海的步伐，天津、广州、武汉等大中城市也一个接一个地宣布完成了资本主义工商业的社会主义改造。

——摘自孟云剑、杨东晓、胡腾：《共和国记忆60年·编年纪事》，中信出版社2009年版，第42—43页。

案例分析

对资本主义工商业实行社会主义改造，就是要把资本主义私人所有制改造成为社会主义公有制，主要是经过国家资本主义的多种形式逐步实现的。毛泽东曾强调，实行国家资本主义，不但要根据需要和可能，而且要出于资本家自愿，因为这是合作的事业，既是合作就不能强迫。我们把民族资产阶级作为朋友，在团结他们的同时,逐步地对他们进行改造,并且把对资本主义企业的改造和对资本家个人的改造结合起来,把资本家从剥削者改造成为自食其力的劳动者。动之以情,晓之以理,给予充分的物质保障,企业还能更好发展,资本家没有理由不拥护和支持党的政策。对资本主义工商业社会主义改造的胜利,标志着我国已经基本上消灭了资本主义剥削制度和资产阶级,为生产力的发展开辟了广阔的前景,为中国梦的探索营造了大好经济环境。

思考讨论

为什么"红色资本家"荣毅仁四处现身说法,宣传党的政策?

国家能成功对资本主义工商业进行社会主义改造的因素有哪些?

案例2　选举法的颁布开创人民民主政治新阶段

选举制度是指关于选举国家代表机关代表与国家公职人员的原则、程序与具体方法的各项制度的总称。选举制度的具体内容由选举法规定。通常选举制度的概念可分为广义与狭义两种。广义选举制度的概念包括选举代表机关代表与特定公职人员的选举,选举主体的范围比较广泛。狭义选举制度概念是指选民依据《选举法》的规定选举代表机关代表的制度。我国选举法调整的对象限于全国人大代表与地方人大代表的选举,采用狭义选举制度概念。

1953 年 3 月 1 日,新中国第一部《中华人民共和国全国人民代表大会及地方各级人民代表大会选举法》颁布了,对全国与地方人大代表的选举程序与原则作了具体的规定。邓小平指出,选举法的通过和公布,在我国的政治生活中,是一件具有重大历史意义的事件。如果说我们国家正开始的第一个五年建设计划标志着我国经济、文化发展的新阶段,那么,选举法的颁布正标志着我国人民民主政治发展的新阶段。

在基层选举工作中,各地首先进行了人口调查登记工作。根据中央人口调查登记办公室的初步统计,1953 年 6 月 30 日 24 时的全国人口总数是 6. 01912371 亿人。其中 5. 7387667 亿人为直接调查的数字,0. 08708169 亿人为没有进行基层选举的少数民族的间接调查的数字,700 余万人为台湾的估计数字;其余为国外华侨的数字。这是我国有史以来第一次经过全面的普查所得到的准确的人口数字。通过这次调查,不仅为选举工作的进行打下基础,而且也为国家的计划建设提供了可靠根据。

和人口调查工作进行的同时,各地进行了选民登记的工作,按照选举法的规定，正确处理了选民资格的问题。根据中央选举委员会的统计，在全国进行基层选举的地区，选民资格审查的结果，登记选民总数为3.23809684亿人，占进行选举地区18周岁以上人口总数的97.18%。全国依法被剥夺选举权利的人加上精神病患者，只占进行选举地区人口总数的1.64%，占进行选举地区18周岁以上人口总数的2.82%。

除少数暂不进行基层选举的地区外，按照选举法的规定，全国进行基层选举的单位共为21.4798万个，进行基层选举地区的人口共为5.71434511亿人。全国各地共选出566.9144万名基层人民代表大会的代表，其中妇女代表占17.31%。

1954年6月19日，邓小平在中央人民政府委员会第32次会议上报告了基层选举工作完成的情况。他说，这次普选是一个规模巨大的民主运动。全国基层选举的胜利完成，大大推动了我国人民民主制度的发展，并为县以上各级人民代表大会奠定了基础。在此基础上，我国的第一次全国代表大会将能够集中全国人民的意志，实现其庄严的使命。

1979年7月，第五届全国人大第二次会议对1953年《选举法》进行了重大修改，反映了社会主义民主与法制建设的新要求。1982年《宪法》颁布实施以后，根据国家政治生活的变化，曾对《选举法》进行了数次修改。

——摘自徐宪江：《百年中国实录：1911—2009》，中共党史出版社2010年版，第226—227页；林蕴晖、范守信、张弓：《凯歌行进的时期》，人民出版社2009年版，第325—326页。

案例分析

1953年，我国在经济上开始实行有计划的大规模建设的同时，在人民民主政治建设和法制建设方面，也开始了新的起步，这就是选举法的颁布、全国基层普选工作的完成和地方各级人民代表大会的先后召开。邓小平指出，选举法贯穿一个总的精神，就是根据我国当前的具体情况，规定一个真正民主的选举制度，这主要表现在选举权的普遍性和平等性方面。到1953年，大陆上的军事行动已经结束，土地改革已经完成，各界人民已经组织起来，进行全国选举的条件已经成熟。毛泽东曾说，“来一次全国普选，对发扬民主，对政权组织，特别是县、乡两级，很有必要”，选举法的出台，使选举工作有法可依，为各级人大的召开奠定了基础。

思考讨论

1. 选举法颁布的历史背景是什么?

2. 为什么说“选举法的颁布标志着我国人民民主政治发展的新阶段”?

案例3　中国共产党第八次全国代表大会召开

1956年9月15日下午2时,中共第八次代表大会在北京新落成的全国政协礼堂隆重开幕。出席会议的代表1021人、候补代表86人,代表1073万名党员(是中共“七大”的9倍)。苏联、南斯拉夫、法国、意大利等50多个国家的共产党、工人党等代表应邀参加。各民主党派等代表应邀列席。在“八大”会场上,除“中国共产党第八次全国代表大会”这一横幅外,没有挂像,没有照相,也没有安排游览。所有的文件和报告(包括预备会上的报告)全都公开发表。

毛泽东致开幕词,开幕词不到3000字,赢得掌声32次。刘少奇作政治报告,邓小平作《关于修改党的章程的报告》,周恩来作《关于发展国民经济的第二个五年计划的建议的报告》,朱德、陈云、董必武等在大会上作重要发言。

大会通过的中共党章,第一次写入实现“四个现代化”的内容,写了“各尽所能,按需分配”的原则,第一次明确规定共青团是党的助手。根据毛泽东的建议,八大通过的党章,增加了一条规定:“中央委员会认为有必要的时候,可以设立中央委员会名誉主席一人。”

大会提出:社会主义制度在我国已经基本建立起来;国内主要矛盾已经不再是工人阶级和资产阶级的矛盾,而是人民对于经济文化迅速发展的需要同当前经济文化不能满足人民需要的状况之间的矛盾,全国人民的主要任务是集中力量发展社会主义生产力。

大会坚持了既反保守又反冒进,即在综合平衡中稳步前进的经济建设方针。

大会强调要坚持民主集中制和集体领导制度,反对个人崇拜,发扬党内民主和人民民主,加强党和群众的联系。大会的文件中没有使用“毛泽东思想”这一提法。

1956年9月26日下午2时,毛泽东出席中共八大全体会议。会议选举中央委员,通过《中国共产党章程》。

9月27日下午,中国共产党第八次全国代表大会召开闭幕会议。会议选举中央候补委员;通过《中国共产党第八次全国代表会议关于政治报告的决议》,批准刘少奇代表中共第七届中央委员会所作的政治报告;通过《中国共产党第八次全国代表大会关于发展国民经济第二个五年计划的建议》。大会以无记名投票的方式选举出党的第八届中央委员97名、候补中央委员73名。陈云致闭幕词。

——摘自贾章旺:《毛泽东领导下的新中国十七年》,中国文史出版社2014年版,第288—290页。

案例分析

中共八大明确提出了中国社会主要矛盾的变化,明确规定党的主要任务,为我们后来的社会主义建设奠定了一个很好的开端,为社会发展和党的建设指明了方向。大会指出,全国人民的主要任务是集中发展社会生产力,实现国家工业化,满足人民的经济文化需要,根本任务是在新的生产关系下面保护和发展生产力。大会根据毛泽东《论十大关系》的精神,制定了一系列重要的经济政策。大会着重提出了执政党的建设问题,强调要坚持民主集中制和集体领导制度,反对个人崇拜,发展党内民主。八大制定了正确的路线,提出了许多新的方针。当然,由于理论上和思想上还不是很成熟,这些新的观念和方针未能在实践中坚持下来。但八大对建设社会主义道路的探索毕竟取得了初步成果,这些成果对于党的事业的长远发展具有重要意义。

思考讨论

1. 中共八大的主要内容有哪些?
2. 怎样全面理解中共八大的历史意义?

案例4　一花独放不是春

中国科学院院长和中国文学艺术界联合会主席郭沫若先生,要我来讲讲中国共产党对文艺工作和科学工作的政策。中国共产党对文艺工作主张百花齐放,对科学工作主张百家争鸣,这已经由毛主席在最高国务会议上宣布过了。执行这个政策,我们已经有了部分的经验,但是我们的经验还是很少的。我今天所要讲的,是个人对这个政策的认识。今天到会的都是自然科学家、社会科学家、医学家、文学家和艺术家,有共产党员,也有各民主党派的和无党无派的朋友。你们当然能够了解,这个政策对于我国文学艺术和科学研究工作的开展,对于你们所从事的工作,有何等重要的意义。我的了解如有不对的地方,希望大家不吝指正,使我们的共同事业能够顺利发展。

我国要富强,除了必须巩固人民的政权,必须发展经济,发展教育事业,加强国防以外,还必须使文学艺术和科学工作得到繁荣的发展,缺少这一条是不行的。

要使文学艺术和科学工作得到繁荣的发展,必须采取“百花齐放,百家争鸣”的政策。文艺工作,如果“一花独放”,无论那朵花怎么好,也是不会繁荣的。拿眼前的例子来说,就是戏剧。几年以前,还有人反对京戏。那时,党决定在戏剧方面实行“百花齐放,推陈出新”的政策。现在大家都看到,这个政策是正确的,收到了巨大的效果。由于有了各剧种之间的自由竞赛和相互观摩,戏剧的进步就很快。在科学工作方面,我国也有历史经验。我国在两千年前的春秋战国时代,学术方面曾经出现过“百家争鸣”的局面,这成了我国过去历史上学术发展的黄金时代。我国的历史证明,如果没有对独立思考的鼓励,没有自由讨论,那么,学术的发展就会停滞。反过来说,有了对独立思考的鼓励,有了自由讨论,学术就能迅速发展。春秋战国时代同现在的情况是大不相同的。当时,社会是动乱的,学术方面的“百家争鸣”是自发的而没有意识的统一领导的。现在,却是人民自己打出了自由的天地,人民民主专政已经建立起来而且巩固起来了,人民要求科学工作的迅速发展,因而自觉地对科学工作进行全盘的规划,并采取“百家争鸣”的政策来促进学术工作的开展。

我们所主张的“百花齐放,百家争鸣”是提倡在文学艺术工作和科学研究工作中有独立思考的自由,有辩论的自由,有创作和批评的自由,有发表自己的意见、坚持自己的意见和保留自己的意见的自由。

——摘自陆定一:《百花齐放,百家争鸣——一九五六年五月二十六日在怀仁堂的讲话》,《人民日报》1956 年 6 月 13 日第 2 版。

案例分析

1956 年 5 月 26 日,中宣部部长陆定一应中国科学院院长、中国文学艺术界联合会主席郭沫若的邀请,在中南海怀仁堂对 1000 余名自然科学家、社会科学家、医学家、文化家和艺术家作《百花齐放,百家争鸣》的报告。他对“双百”方针作了系统、详尽的阐述,指出它是繁荣和发展社会主义科学工作和文化艺术事业的基本方针,引起了热烈的讨论。6 月 13 日,《人民日报》予以发表。“双百”方针的基本点是:艺术问题上百花齐放,学术问题上百家争鸣。即在马克思主义指导下,发扬社会主义的学术民主和艺术民主,艺术上不同的形式、风格、流派可以自由发挥,科学上的不同学派可以自由讨论,使社会主义的科学、文化、艺术事业迅速而健康地发展。

思考讨论

1. 你怎样看待“双百”方针的提出？

2. 陆定一在讲话中提到：“百花齐放，百家争鸣”，既是为了动员一切积极因素，所以又是一个加强团结的政策。请结合讲话原文思考这种提法的原因。

专题五

海外游子归国筑梦

本专题概述

新中国建立后,为改变我国科技落后的状况,中国科学院成立。党和政府采取团结科学家的政策,大力培养新生力量,努力建立以中国科学院为中心,包括高等学校和各生产部门科研机构在内的全国科学研究工作体系。

为充分发挥广大知识分子的作用,1956 年 1 月,全国知识分子问题会议召开。周恩来在会上作了《关于知识分子问题的报告》,指出在社会主义时代,比以往任何时代都更加需要充分地发展科学和利用科学知识。我国知识分子的绝大多数"已经成为国家工作人员,已经为社会主义服务,已经成为工人阶级的一部分",这是中国共产党关于知识分子观点的重大发展。

党对知识分子给予了高度重视,广大知识分子克服旧思想,树立为人民服务的思想,纷纷投入到新中国的建设事业中。以李四光、钱学森为代表的一大批在海外的爱国知识分子,毅然放弃优越的生活待遇和良好的工作条件,克服重重困难和阻挠,辗转回国,投身新中国建设,在科学文化事业中发挥了骨干作用,为筑造中国梦添砖加瓦,做出了突出贡献。

案例 1　钱学森:五年归国路　悠悠赤子情

被美国政府非法软禁了五年,在祖国人民和政府的关怀和支持下,终于回到祖国怀抱的我国著名科学家钱学森博士,已经在(一九五五年)十月二十八日来到了北京。

钱学森博士是一九三四年在上海交通大学毕业后,一九三五年到美国去研究航空工程和空气动力学的。他曾先后在美国马萨诸塞州理工学院、加利福尼亚州理工学院学习和研究,获得了博士学位,并历任这两个学校的教授和讲座。从一九四九年的下半年开始,他便担任加利福尼亚州理工学院的"古根罕喷气推进研究所"的负责人,领导研究生的研究和教学工作。这位今年仅四十三岁的科学家,已被公认为是力学界和应用数学界的权威学者之一。他的工作对工程科学起着积极的作用。

钱学森博士是一位热爱祖国的科学家。五年前,他就怀着参加祖国建设事业的热烈愿望准备回国。但是当他还没有离开美国国境的时候,他就被美国政府非法扣留起来。在这整整五年长的时间里,他过着不自由和受折磨的非常痛苦的生活。直到今年八月四日,他才接到美国移民局的通知,说他被允许离开美国。九月十七日,他和他的妻子蒋英,带着他们的两个孩子,同二十几个中国留学生一起离开美国,乘"克利夫兰总统号"邮船经香港回到祖国。就在这次回国前,也还遭到了美国移民局和联邦调查局的无理搜查和监视。

怀着激愤,钱学森博士向我们述说了他五年来由于要求回国所受到的美国政府的迫害。

一九五〇年八月,钱学森博士准备搭乘加拿大太平洋公司的飞机离开美国,他把他的许多科学书籍和自己在研究工作中做的笔记都装好箱,交由美国搬运公司一起运回国。但是他突然接到了美国移民局的通知,说他被禁止出境;他的全部科学书籍和研究笔记都被美国联邦调查局的特务非法打开进行了检查,并全部被美国海关扣留。在这种无理的迫害下,他只好把飞机票退了。这年九月初,他又接到美国移民局的通知,说他是共产党,企图运输机密的科学文件回国,因此,要把他驱逐出境。这时他被非法逮捕送到移民局拘留所内。

钱学森博士在美国移民局拘留所内被当作一个囚犯整整拘禁了十五天,受到了非法的审讯。最后因为他所在的加利福尼亚州理工学院的师生以及来自各方面的抗议,才被允许由这个学校出面交了一万五千元美金保释出来。

十月八日他到达广州以后,立刻受到祖国人民和祖国科学家的热烈欢迎。他踏上了祖国的土地,呼吸着祖国的空气,他是多么感到自由和愉快啊!这是他五年来无时无刻不在盼望的一天。

钱学森博士看到祖国的各种新气象,对比着他在美国所看到的那些事实,格外使他感到祖国有无限美好的前途。

钱学森博士谦虚地表示,自己刚刚回国,许多东西都还要学习,他愿意把自己二十年来从事科学研究工作的成果完全贡献出来,并为祖国培养年青的科学研究人才。能为祖国服务他感到光荣和骄傲。现在他已经接受了中国科学院的聘请,准备主持和领导中国科学院力学方面的研究工作。

——摘自本报记者柏生:《热爱祖国的科学家钱学森》,《人民日报》1955 年 11 月 3 日第 3 版。

案例分析

钱学森是中国杰出的爱国科学家,是航空领域、空气动力学学科的第三代擎旗人,是工程控制论的创始人。新中国成立后,钱学森夫妇就商议着如何早日回国服务,但由于政治上的原因,美国将他扣押,他们不愿意看到一个极具军事价值的世界一流火箭专家回到"红色"的新中国。在长达五年被扣留的时间里,钱学森过着非常痛苦的生活。经过中国政府的多方交涉,1955 年 9 月,钱学森终于启程回国,踏上了祖国的故土。钱学森的一生之中,有三次激动,也有过三次喜悦。第一次就是在 1955 年 10 月 8 日这一天,他经过五年的坚持与斗争,终于从美国回到祖国母亲温暖的怀抱,过度的喜悦使他热泪盈眶。归国后,钱学森奋力工作,为中国导弹制造与火箭发射做出了卓越贡献。钱学森身上爱国、创新、奉献的精神值得我们每一个人学习。

思考讨论

1. 设想在钱学森回国时,你作为一名记者,会问他哪些问题?
2. 钱学森身上有哪些宝贵品质值得我们学习?

案例 2　叶笃正:祖国的召唤大于一切

1949 年 10 月 1 日,中华人民共和国成立了,消息传到了大洋彼岸,无数海外学子为之振奋不已。此时,叶笃正收到了来自祖国的邀请信。这是时任政务院下属的中央气象局局长,也是叶笃正在浙江大学时的研究生导师涂长望先生受中国科学院院长郭沫若的委托,欢迎学有所成的叶笃正等海外学子回国效力的邀请信。

信中,涂长望先生满含深情地诉说了新中国成立伊始百废待兴、人才短缺的局面,"为了气象事业壮大发展,盼你们尽快回国"。真诚的话语、殷切的希望,深深地打动了叶笃正的心。他感到报效祖国的时候到了,少年时代就立下的科学报国、科学兴国的理想就要实现了。

由于叶笃正的学术成果已在当时引起了美国乃至世界气象界的注目,许多科研机构都想以高薪聘请他。可是,想到刚刚成立的新中国,正是最需要他的时候,叶笃正都一一拒绝了。他的耳边仿佛听到了祖国的召唤。他心中只有一个想法,回到祖国去,回去建设新中国,用学到的科学知识报效祖国。

一天,美国气象局的一位工作人员敲开了叶笃正的房门。来人不失诚恳地对叶笃正说:“我们真心希望叶博士能够到华盛顿去工作,那里已经为您准备好了最好的工作室。”

“不,我不会去华盛顿,因为我打算回国了,我的祖国在等我回去!”叶笃正一口回绝了这个要求。

那位工作人员没有料到叶笃正会拒绝,但他也没有就此放弃。“要知道,我们为您提供的研究室是现今世界上最尖端的。那里才是您的舞台,您将在那里创造出更多的辉煌。”

“不,先生,您错了,我的舞台在中国,那里是我的祖国。”

“可是,中国不能给您最好的研究室,不能给您最优厚的待遇,而这些,我们都能够给您。”那位工作人员依旧不肯死心。他打量着叶笃正狭小的公寓说,“如果您愿意留在我们气象局,您还将能得到比您现在更高的工资待遇。您还可以拥有您的私人汽车,比这里宽阔得多的公寓。叶博士,我们需要您,而您需要的一切我们也都能满足您。”

“不,我的祖国更需要我。”叶笃正坚定地说。

尽管那位工作人费尽口舌,但见叶笃正依旧如此坚决,他只好万分失望地离开了。

其实,当时叶笃正在美国的年薪已经高达 4300 美元,而那时美国一家小型大学的教授年薪也不过 5000 美元。不难想象,那位美国气象局的工作人员所说的“更高的工资待遇”意味着什么。而叶笃正也很清楚,对于一个科学家来说,稳定的物质生活、先进的科研设备所具有的重要性。然而,此时没有什么比祖国的召唤更让叶笃正为之心动了。

——摘自王舒:《风云人生:叶笃正传》,江苏人民出版社 2009 年版,第 47—49 页。

案例分析

叶笃正是中国现代气象学主要奠基人之一、中国大气物理学创始人、全球气候变化研究的开拓者。早年留学美国的叶笃正,学成后最担心的就是报国无门。他曾说,“是新中国的成立召唤我回到祖国,使我有了为国家和人民服务的舞台”。

“国家的需要,科学的前沿成为我科学探索的指南”,这成为他多年治学的基本准则之一。在“问天”的路上,他将生命融入科学,作为中国气象学泰斗,他带领中国大气科学研究事业追赶世界尖端水平,“笑揽风云动,睥睨大国轻”。想国家之所想,及国家之所及,看准国家的需求,并使用世界上最先进的研究方法,他对科学和国家发展的贡献得到了国内外的一致承认……

思考讨论

1. 叶笃正为什么在优厚的薪金待遇面前不动心?
2. 是什么让叶笃正坚定地要回国?

案例3　李四光:“努力向学,蔚为国用”

李四光(1889 年 10 月 26 日—1971 年 4 月 29 日),字仲拱,原名李仲揆,湖北黄冈人,地质学家、教育家、音乐家和社会活动家,是中国地质力学的创立者,中国现代地球科学和地质工作的主要领导人和奠基人之一,新中国成立后第一批杰出的科学家和为新中国发展做出卓越贡献的元勋,2009 年当选为 100 位新中国成立以来感动中国人物之一。

李四光创立了地质力学,并为中国石油工业的发展作出了重要贡献。提出了中国东部第四纪冰川的存在,建立了新的边缘学科“地质力学”和“构造体系”概念,创建了地质力学学派,开创了活动构造研究与地应力观测相结合的预报地震途径。

1949 年,新中国成立了!早已盼望回国的李四光,心情格外振奋,决定马上起程回国。但是,有一天,他突然接到友人的电话说,据悉国民党当局给驻英国大使郑天锡一份电报,密令郑天锡立即找到李四光,要他向全世界发表一个公开声明,否认中华人民共和国,并拒绝接受中国人民政治协商会议给他的全国委员的任命。否则,就扣留在国外。

李四光本来已下了决心以最快的速度回国,并事先预定好了从伦敦到香港的船票,这件突如其来的消息,加快了他回国的进程。他当夜即离开妻子,只身乘船渡过英吉利海峡,经过法国巴黎,到了瑞士的边城巴塞尔住下,通知他的爱人许淑彬前来会合,一起回国。就在李四光出走以后约两个小时,国民党的驻英大使派来的秘书以重金收买、以台湾来电要挟,要求李四光留在英国,但均遭到许淑彬的反对。两天后,许淑彬遵嘱寄出了李四光给留下给郑天锡的信,信中临别赠言,劝郑天锡脱离祸国殃民的国民党政府,重新做人,早日回到光明祖国的温暖怀抱……

李四光几经周折,终于在意大利热那亚登上了一条驶往香港的法国货轮。在货轮上,他思潮汹涌,展望未来,写下了一篇光辉的学术论文——《受了歪曲的亚洲大陆》,公开宣布:"随着地球旋转加快,亚洲站住了,东非西欧破裂了,美洲落伍了!"这真是一语双关的惊人的科学预见!

"你到底回来了,这里竟还有人说你不会回来了。我说你是一定会回来的。你一定遇到了什么困难。果然,那些情况我都已经知道了。你看,是我要提名你当全国政协委员的,不想这给你添了许多麻烦了。好啊,你不是回来了吗?"这是1950年5月7日下午4时,在李四光回到北京的第二天,周恩来总理去北京饭店看望李四光时所说的话。

身居海外、心向祖国的李四光终于冲破重重困难,返回了祖国,实现了他"努力向学,蔚为国用"的愿望,把全部精力投入祖国的社会主义建设事业。

——摘自景才瑞:《学习李四光》,福建人民出版社2004年版,第27—28页。

案例分析

李四光是一个热烈的爱国主义者,早年在日本留学时,加入了同盟会,进行革命活动。在孙中山先生亲笔赠他的"努力向学,蔚为国用"的鼓励下,立志改造祖国、振兴中华。可是国民党腐败无能,未能如愿。新中国成立后,他立即从英国回到祖国,在党的领导下,把自己的科学研究完全和国家之需、人民之急结合起来,做出了很大的贡献。20世纪50年代,国家急需石油,他就研究我国的石油资源,而且一有进展,他就满怀喜悦向党汇报。石油的勘探与开发,不仅解决了国家的燃眉之急,而且给中华民族争了气。周恩来总理曾高兴地说:"第二个五年计划建设起来的大庆油田,是根据我国地质专家独创的石油地质理论进行勘探而发现的。"李四光为科学技术界树立了一面又红又专的旗帜,他是具有创造性与卓越贡献的世界上第一流的科学家,是我们学习的光辉榜样。

思考讨论

1. 怎样理解李四光的"努力向学,蔚为国用"?
2. 搜集李四光的更多资料,感受他在地质研究方面做出的伟大贡献。

案例4 王大珩:我要回国,迎接新中国的到来!

离伯明翰不远有一个叫斯塔福德的地方,那是英国文艺复兴时期伟大的戏剧大师莎士比亚的故乡。1947年春天,在莎翁故乡那个碧波荡漾的河面上,出现了一条小船。船上,两位中国青年一边随意地荡着双桨,一边热烈地交谈着。这两位青年人就是王大珩和钱三强。

许多年不见了,钱三强依旧还像当年在清华时一样的热情奔放。当时,法国是中国共产党在欧洲组织中最为活跃的一个国家,钱三强在法国已经与共产党有了很深的接触,受到了极大的影响。钱三强以压抑不住的热情,给王大珩介绍了许多国内情况。

钱三强说:"共产党是真正的进步组织,你不知道,共产党现在可不比从前了,已经在国内发展壮大,成了气候了!"

钱三强给王大珩讲了许多共产党的事情,讲了共产党的纲领、奋斗目标,讲了共产党为老百姓做过的种种好事,讲了共产党现在的发展状况。钱三强说:"有了中国共产党就有希望了。"他又举出一个很有说服力的例子,他说:"大珩,你都想象不到共产党有多能干。咱们还不知道吗,陕北那个地方有多穷呀,可自从共产党在那建立根据地以后就全变了。告诉你,现在连陕北那个穷地方都能吃上肉了!"

这下子,王大珩可是大大地惊讶了一回。连陕北那个地方都能吃上肉了,这在王大珩想来几乎是不可思议的事情!

钱三强还告诉王大珩,国民党现在非常腐败,在国内的威信极低。国民党统治下的国统区通货膨胀,物价飞涨,搞得民不聊生。

那一天,钱三强与王大珩谈了很多很多。王大珩向钱三强讲了自己的苦恼。身在异国他乡,王大珩始终十分关注祖国的情况,但许多年来,王大珩只能通过一些间接渠道断断续续得到一点消息。在王大珩的印象中,祖国一直处于水深火热的战乱之中。日本侵略者在中国的大地上烧杀劫掠无恶不作,霸道了整整八年,好不容易盼到了抗战的胜利。起初,王大珩和许多在国外飘零的人一样,也曾真心地为祖国从日寇的铁蹄下解放出来而欢呼庆贺过。他们满怀信心地做好了回国的准备,但他们怎么也没想到,国民党很快就挑起了内战,人民立刻又陷入了无休无止的战乱之中。

听了王大珩的话,钱三强沉吟了好一会儿才说:"从目前国内的情况来看,国民党注定是要灭亡的。我想,我们不妨早点回国,亲眼看看国民党的腐败,亲眼看看国民党是怎样灭亡的。我们可以设身处地地受到一次反面教育,可以一起迎接新中国的到来!"

"对! 我们回国,一起迎接新中国的到来!"王大珩激动地说。两双手一下子紧紧地握到了一起,他们约定分手后就立刻开始分头准备,争取及早动身,一起回到祖国。

钱三强还兴奋地对王大珩说:"我最近看了一篇非常好的文章,叫《新民主主义论》,是毛泽东写的。"钱三强热情地向王大珩介绍了《新民主主义论》的主要观点。

半年以后,王大珩如约踏上了归国的航程。

——摘自马晓丽:《光魂》,解放军出版社 1998 年版,第 97—100 页。

案例分析

王大珩是"中国光学之父",应用光学家,中国光学事业奠基人之一,"两弹一星功勋奖章"获得者,中国科协副主席,中国科学院、中国工程院院士。回国后为国防现代化研制各种大型光学观测设备,对中国的仪器仪表事业及计量科学的发展起了重要作用。

王大珩主持制成了中国第一台激光器,第一台大型光测装备和许多国防光学工程仪器。七十年代主持制定了全国第一个遥感科学规划,领导了综合性的航空遥感试验。1986 年 3 月和陈芳允、杨嘉墀、王淦昌等 4 名科学家向中央提出"发展中国的战略性高技术"的建议,得到邓小平同志批准,由此国务院发出了"高技术发展计划纲要"的通知,这一"纲要"被称为"863 计划"。1992 年与其他五位学部委员倡议并促成中国工程院的成立。

思考讨论

1. 在英国听到钱三强对国内情况的介绍时,王大珩有怎样的心情?
2. 结合案例思考王大珩是怀着一种怎样的信念回到祖国的?

专题六

社会旧貌换新颜

本专题概述

1949年中国共产党领导人民取得新民主主义革命的伟大胜利,建立了新中国。这次历史性的巨变不仅为中国政治、经济的发展打开一个新的局面,同时也使人们的思想观念、社会生活等各方面发生巨大转变。随着新中国的成立,旧社会遗留下来的一些社会风气明显成为陈规陋习,就像一个个巨大的社会毒瘤,无情地吞噬着社会肌体,恶毒的残害着人的身躯,它不但污染社会,也败坏民风,阻碍新的精神文明建设。为此,中国共产党和人民政府对社会进行大规模的改造和强有力的整合,一方面,坚决荡涤旧社会的一切污泥浊水,在全社会开展取缔卖淫嫖娼、禁止贩毒吸毒以及废除封建婚姻制度的斗争,基本清除了封建社会遗毒,净化了社会风气。另一方面通过颁布政策、法规、法令和自身的身体力行,大力倡导新风尚,使之在良好的社会环境下蓬勃地发展。在中国共产党的领导下,曾在旧中国屡禁不绝,被视为不治之症的娼、赌、毒等社会顽疾基本禁绝。扫除旧社会顽疾的民主改革运动,改善了社会风气,净化了社会环境,巩固了人民政权,振奋了民族精神,取得了举世瞩目的成绩。广大人民群众和社会各界人士正是从这一系列民主改革给中国的社会面貌、社会风尚和社会生活带来的巨大变化中,切身感受到党和人民政府荡涤旧社会污泥浊水的决心、胆识和魄力,更加努力的投身社会主义建设新国家、新社会、新生活的伟大斗争中。这为中华民族儿女“筑梦”中国奠定了坚实社会基础。

案例1　“扫清屋子做主人”

新中国成立后,时局并未稳定,许多寄居在黑暗中的“病菌”,继续蚕食着头顶的庞大躯壳,一些尚未铲除的“毒瘤”,依旧喷着黑红的汁液,进行着彻夜不息的狂欢,当时,在被视为冒险家乐园的上海,其赌场、按摩院之多位居全国之冠,而把官商贾弄得五迷三倒的妓院,更是多得不计其数。曾有人做过统计,从四马路(今福州路)到爱多亚路(今延安路),就是遇见揽客的妓女有七百六十四个之多!

上海的流氓、大多与青、洪帮暗地有些瓜葛。新中国成立后,这些人依然横行上海滩,聚赌抽头、拐卖人口、贩卖毒品、偷盗绑票等,司空见惯;昔日的"码头霸"、"扒窃霸"、"菜场霸"等依旧招摇过市,他们来自社会的最底层,然后回咬一口,自顾自地吸噬起"手足"的血汗。

为此,当时的市长陈毅亲自派干部找到留居上海的黄金荣(上海青帮头子)。"要他按政府法令办事,并管束门徒,不得再为非作歹。八十岁的黄金荣唯命是从,并将手下所有大小头目的花名册交给军管会。后来,一批罪恶深重、民愤极大而又继续作恶的流氓恶霸如'江北大亨'、'码头春宝'等被先后正法,刑场上几千群众放鞭炮庆贺。不出两年,盘踞上海半世纪以上的黑社会势力,便基本肃清。"

上海完胜后,毛泽东找来当时任北京市委书记的彭真。公安部长罗瑞卿,一同商议起查封妓院、烟馆、黑社会这三大毒瘤的对策。毛泽东把陈毅在上海查封妓院、上街"钩"暗娼等方面的经验讲了一遍,然后指示道"我请你们二位来的目的有二:一是立即搞出一个查禁妓院、清除暗娼的行动方案,二是搞出一套改造妓女的经验来,然后再向全国各大中小城市推广。"

之后,彭真和罗瑞卿亲自坐镇,民政局在公安部门的配合下,通过一个星期的调查研究,在十二个小时之内就查封了二百二十四家妓院,收容妓女一千二百八十人。这些妓女被集中起来学习,"启发她们的思想觉悟,控诉旧社会的罪恶和老板对他们的虐待及种种折磨,帮助她们改造思想。"他们还请来医术高明的大夫,为她们进行全面检查,而且不惜动用外汇,去进口特效药青霉素,力争把她们的性病彻底的根治。

1950 年 1 月起,天津市也开始严格管理并限制妓院的活动范围。政府帮助妓女转业,并防止她们流为暗娼。到 3 月,二百多名妓女改业,妓院原址也改成工厂、旅馆、民宅,全市妓女由新中国成立前夕的近两百万减为八百余人。1951 年底,残留的妓院全部封闭、妓女被集中收容。

——摘自旷晨、潘良:《我们的 1950 年代》,中国友谊出版社 2006 年版,第 266—267 页。

案例分析

新中国成立初期,中国共产党实行的废除取缔娼妓制度,严格管理妓院的措施,不仅对维护社会稳定,净化社会风气,振兴民族精神有重要意义,而且也使昔日的妇女获得做人的尊严和自由,过上正常人的生活。这一运动的成功,体现了中国共产党妇女解放的一贯主张,体现了社会主义制度的优越性,体现了党和政府驾驭社会局势和解决社会问题的能力。

思考问题

1. 废除娼妓制度对妇女有什么影响?
2. 娼妓制度的废除对改变改变社会有什么影响?

案例2 实现妇女解放

妇女解放是人类文明和社会进步的重要标志。在中国历史上的大多数劳动妇女世世代代都在政权、族权、神权和夫权的束缚下,处于社会的最底层,遭受残酷的剥削和压迫。

在民主革命时期,中国共产党就致力于妇女解放事业,为实现男女平等、提高妇女的社会地位进行不懈努力。新中国的成立,为实现这个目标创造了根本的条件。《共同纲领》规定:“中华人民共和国废除束缚妇女的封建制度。妇女在政治上、经济上、文化教育等方面,均有与男子平等的权利。”1950 年 5 月 1 日,中央人民政治府颁布《中华人民共和国婚姻法》。这是新中国颁布的第一部法律,其中明确规定:废除包办强迫、男尊女卑、漠视子女利益的封建主义婚姻制度。实行男女婚姻自由、一夫一妻、男女权利平等、保护妇女和子女合法权益的新民主主义婚姻制度。禁止重婚、纳妾、禁止童养媳。禁止干涉寡妇婚姻自由。禁止任何人借婚姻关系索取财物。

贯彻《婚姻法》的过程,也是一个移风易俗的过程。广大人民群众特别是妇女群众对宣传、贯彻《婚姻法》表现出了极大的社会热情。新凤霞表演的反映抗日战争时期陕甘宁边区争取自由的评剧《刘巧儿》,赵树理 1943 年发表的反映抗日民主根据地青年男女在民主政权支持下争取婚姻自由的小说《小二黑结婚》等,受到群众的欢迎,有力地促进了《婚姻法》的贯彻实施,婚姻再有蔚然成风。据内务部 1955 年对 27 个省市的统计,全国符合《婚姻法》登记的已占申请结婚人数的 95% 。全国出现的许多互敬互爱、民主团结的家庭,成为新社会的基本细胞,为社会的安定奠定了基础;同时也为妇女参加政治生活、经济活动和其他社会活动创造了条件;有效推进妇女解放事业。

在农村,妇女享有”平分土地”的权利,成为土地和生产资料的所有者,从而获得了经济、政治和文化教育同男子一样的平等权利。在城市,越来越多的妇女走出家门,步入社会。全国女职工人数已从1949年的60万人上升到1952年的184.8万人。妇女在工农生产中做出突出贡献。1950年3月8日,由东北铁路局大连机务段女司机田桂英、王宝鸿、毕桂英驾驶“三八”号机车开始行使在由大连到旅顺的铁路线上。6月3日,黑龙江省德都萌芽乡村师范学校成立第一支由10人组成的女拖拉机队,中国第一个女拖拉机手梁军任队长。她们是新中国妇女的优秀代表。

政府不仅鼓励妇女走上工作岗位、为社会多做贡献,而且通过一系列法律法规,提高妇女的社会地位,保障广大妇女的各项权益。1950年9月14日,全国总工会发布《关于加强女工工作的决定》和《女工委员会组织条例》。1951年2月26日,政务院公布的《中华人民共和国劳动保险条例》规定,在实行劳动保险的企业内,男女职工待遇相同。此外,女职工生育有产假,假期工资照发。1953年3月11日,中央人民政府公布实施的《中华人民共和国全国人民代表大会地方各级人民代表大会选举法》规定,妇女有与男子同等的选举权和被选举权。1954年9月,第一届全国人民代表大会第一次全体会议通过了《中华人民共和国宪法》,重申了妇女在政治、经济、文化、社会和家庭等方面享有同男子平等的权利。

获得解放的广大妇女迸发出巨大的政治热情,她们在各项社会改革中发挥重要作用。如1950年上半年禁赌运动中很多地方的妇女自发的组织成监督男人赌博的团体,到处是妻劝夫、女劝父的场面。在很短的时间内,赌博现象在中国大地上绝迹。

——摘自当代中国研究所:《中华人民共和国史稿》(第一卷),人民出版社2012年版,第116—118页。

案例分析

《中华人民共和国婚姻法》是新中国成立之后颁行的第一个具有基本法性质的法律。这部法律全文分为8章,包括原则、结婚、夫妻间的权利和义务、父母子女间的关系、离婚、离婚后子女的抚养和教育、离婚后的财产和生活及附则,共27条。内容以调整婚姻关系为主,同时涉及家庭关系方面的各种重要问题。它的颁布,是婚姻制度层面具有历史性开创意义的伟大变革。婚姻法“废除包办强迫、男尊女卑、漠视子女利益的封建主义婚姻制度。实行男女婚姻自由、一夫一妻、男女权利平等,保护妇女和子女合法利益的新民主主义婚姻制度”,使中国妇女地位发生了前所未有的变化。广大妇女在党和政府的领导下,走上了争取婚姻自由的道路,初步完成了在婚姻家庭中地位角色的转化,在中华民族"追梦"的道路上发挥着积极作用。

思考问题

1.《婚姻法》作为中国第一部法律,对国家发展和社会解放有什么积极作用?

2. 伴随着《婚姻法》的颁布,离婚率也逐步提高,这是为什么?

案例3 树立新型社会风尚

改善生活环境,培养卫生习惯是新中国成立后革除陋习、树立新风的又一项重要工作。新中国成立后,各地发动了大规模的清洁扫除运动。1950年,全国各个城市清除垃圾175吨。沈阳市1949年春秋两季及1950年春季共清除伪满以来积存的垃圾55万多吨。上海市在新中国成立后的五个月,集中清理垃圾、修整地下水道,同时进行疏通苏州河工程。太原市用三个月的时间,全市共清理垃圾6万多车,修复室内排水沟4700米,市容大为改观。西南区在全市各大城市均进行了清洁卫生运动,仅昆明一地,在六天内就清除垃圾1200多吨。全国各地还利用水道清淤及清除垃圾、粪便等适时开展积肥活动,既清洁了环境又促进了农业生产。从1952年开始,一场全民性爱国卫生运动在全国范围内开展起来。从中央到地方,从军队到学校都先后建立了爱国卫生运动委员会,宣传卫生科学知识、破除封建迷信,动员一切社会力量,人人动手,讲究卫生,改善环境,创造了中外公共卫生史上的奇迹。

人民政权在全国的建立和兼中国剥削制度的彻底消灭,从根本上结束了劳动人民被欺压、被奴役的历史。时代贫穷,社会地位低下,忍辱负重的被压迫阶级获得了做人的权利。移风易俗、破旧立新的伟大变革,进一步使新中国相互平等、相互尊重的人际关系得以巩固,诚实待人。勤奋工作的道德风尚得以兴起。党的干部和人民军队,继续保持谦虚谨慎、艰苦奋斗的本色和作风,以为人民服务为宗旨,甘做人民群众的公仆。这种作风受到人民群众的欢迎和称颂,被全社会效仿和推广,形成良好的社会风气。

旧中国把人分为三六九等,很多职业被看成是下贱和卑微的。很多体力劳动者,如剃头和修脚的工匠、奴仆、甚至艺人等被称为"下九流",备受凌辱和歧视。新社会提倡只有从是职业的不同,没有尊卑贵贱之分。人民当家做主的人民民主国家,无论哪个社会阶层,无论从事什么职业,无论是男是女,人与人之间一律平等。那些在旧中国带有封建等级色彩的称呼,如"大人"、"老爷"、"老妈子"、"下人”,已被新型的称呼“同志”所代替。对比新旧社会的变化,侯宝林等从旧社会走过来的艺术家纷纷撰文,表达了新中国成立后被尊称为“人民文艺工作者”的喜悦心情。

1956年4月27日,在中央工作会议上,参加会议的党和国家的高级干部签名倡导身后实行火葬,只留骨灰,不保留遗体,并且不建坟墓。这一签名活动,为中华民族冲破几千年的土葬习俗,实行殡葬改革拉开序幕。殡葬方式既是传承文化的载体,又是封建迷信、陈规陋习赖以生存的土壤。通过改革,大力倡导文明治丧,有利于破除千年旧俗,树一代新风。推行殡葬改革,还有利于节约资源,保护环境,同时又减轻人民群众负担,对中国的移风易俗和社会主义精神文明建设产生了深远影响,利国利民,泽及子孙。

——摘自当代中国研究所《中华人民共和国史稿》(第一卷),人民出版社2012年版,第119—121页。

案例分析:

新中国成立初期,以毛泽东为主的新一届领导人充分认识到社会风气的重要性、把社会风气问题看作是关系到社会主义事业成败的大问题,从战略性、全局性的高度把移风易俗作为社会主义建设的一个重要任务和内容。中国共产党和人民政府通过开展移风易俗活动,废除旧社会的等级制度和陈规陋习,积极倡导勤俭节约、艰苦奋斗的新风尚,为社会主义建设营造了一个干净整齐、充满生机和活力的环境。这也是新中国在短时期内恢复经济、各项事业获得发展的重要动因之一。

思考问题:

1. 新中国成立之初,国家和政府从哪些方面着手废除旧社会陋习?
2. 社会新风尚的树立,对国民经济的恢复和发展有什么意义?

案例4 选举日

6月10日(1953年)是一个明朗的下午,山东省昆嵛县七里乡第三选区——夼北村的人们,吃过了午饭,有的穿上新衣,每个人手中都拿着一张被认为是“光荣证”的盖有红印的选民证,走出家门,匆匆地朝着一个方向挂着五星红旗和毛主席像的地方聚齐。立时,十字街当中的一棵大树底下聚满了人。

老人们热烈地谈论着"家常话",青年们的笑声显得格外响亮。人们这样高兴是有理由的,盼望了三十天的选举日来到了。人们知道自己是国家的主人,应当选举出自己最满意和最必要的人,代表自己的见解,去管理这些管理国家大事。为了这个目的,为了行使自己的选举权,他们聚拢到这里。五十四岁的丛树保老大爷生了病,已经一天没有吃饭了,但想起开选举大会,暂时忘记了肚痛。张秀芝为了参加选举大会,安慰自己得病的妈妈,跑回婆家来。由于人们对自己庄严权利的尊重,都按照前几天的通知,准时到会了。因此,在会议记录上清楚地记下:"全村三十九户,共有一百四十七人,有选民权利者八十人,实到会者七十五人。"

乡选举委员会派来的代表郑仁良同志出现在一张方桌的后面,马上数十双眼睛一齐朝向他,说笑声便立刻停顿下来。接着高仁良宣布选举开始。选出的主席团坐在凳子上,记录的人也伏在桌子上,钢笔蠕动起来。主席说明了选举方法后。会议正式进入选举。主席公布代表候选人了:"同意丛茂生为代表的,请举手!"人群里立刻丛林般竖起了许多长满茧子的右手;计票员在一旁喊着:"一、二……十五……六十……放下手!"当算盘珠随着最后一颗响声站下的时候,主席宣布:"丛茂生六十八票,当选!"人群里立刻发出一阵愉快的叽喳声。主席又公布了第二个代表候选人李长凤的名字,结果她以七十票被选为代表。

约半个钟头过去了,大会进行到自由演讲的议程。年轻的农民丛树松站起来,他几乎是大声地喊着:"我们的大会胜利了!我真高兴!选出的代表我更满意,今后咱们有什么事多向他们提。"农民丛树信在发言中谈到过去伪乡、保长的恶毒统治,人民过着毫无民主的生活,现在有了毛主席的领导,才获得这样的选举权利。为了以实际行动庆祝选举的胜利,他在会上代表他们的互助组宣布了生产计划。他说:"……我们互助组计划在麦收前把包来地锄上三遍,地瓜、花生也锄一遍,小麦保证做到普遍选种……"当选的代表李长凤老大娘站了起来。她走到会场当中,激动地要求说话,但又不知道要说什么。"哦……哦……"她终于笑着说话了,"我说话很难……可心里真喜欢。旧社会妇女在街上说话都不行,哪有妇女的选举权。过去我不能在会上说话,多亏了咱毛主席,今天咱们才有自由选举的权利。今后,大家有什么建议告诉我,我一定给大家带上去。我做得不够的地方大家也要多提。"

在太阳偏西的时候,槐树的阴影渐渐退出挂有红旗河毛主席的墙壁,太阳光直射在红旗上和毛主席像的慈祥脸上。选举大会胜利结束了。大家轻快地退出会场,投入各种生产阵地中去。

——摘自《选举日》,《人民日报》1953 年 6 月 24 日第 3 版。

案例分析

1953 年 2 月，中央人民政府委员会颁发的《中华人民共和国全国人民代表大会及地方各级人民代表大会选举法》是我国历史上第一部比较完备的社会主义类型的选举法，它与之前的选举法相比，更具有普遍性和平等性。选举法颁布后，全国开展了中华民族有史以来的第一次普选活动，这次大规模的民主运动，大大推动了我国人民民主制度的发展，保障了人民当家做主的利益，使人民有强烈的主人翁意识和高度的建设国家热情。广大人民群众开始广泛地参加社会活动和生产劳动，在各行各业发挥自己的聪明才智，为实现“中国梦”贡献自己的一份力量。

思考问题

1. 新中国颁布的《选举法》有什么特点？
2.《选举法》的颁布为广大妇女带来哪些福利？

专题七

工业梦的设想和初步实现

本专题概述

早在20世纪30年代至50年代，毛泽东就深刻指出："中国民族和人民要彻底解放，必须实现国家工业化。"实现国家工业化，使祖国走向繁荣富强，是中国人民百年来的夙愿，是中国共产党为之奋斗的目标和历史任务，也是铸就"中国梦"的必然要求。新中国成立后，在以毛泽东为代表的中国共产党领导下，在"一穷二白"的基础上，在国外敌对势力封锁包围的险恶国际环境下，中国共产党和中央政府带领中国人民进行了社会主义工业化的伟大实践，顺利完成"一五"计划。在五年期间，我国以苏联帮助兴建的156个项目为中心，先后施工的工业项目有一万多个，以鞍山钢铁公司为中心的东北工为基地形成了，沿海地区原有的工业基地得以了加强，华北和西北也建立了一批新的工业基地，建立了相对独立的和比较完整的工业体系，奠定了新中国工业化的初步基础，并在实践中形成了系统的毛泽东工业化思想。从此，我国开始改变工业落后面貌，向社会主义工业化迈进。这对整个国民经济的发展起到了重要的推动作用，成为我国进行经济建设的里程碑，为中华民族儿女"筑梦"中国奠定了坚实经济基础。

案例1　大庆石油勘探会战

大庆是我国工业战线的一面光辉旗帜。几十年来，大庆在十分困难的条件下和十分艰苦的环境中，自力更生，艰苦奋斗，创造出一个又一个奇迹。1960年初开始的大庆石油勘探大会战，是中国独立自主完成开发建设大油田、加快石油工业发展的转折点。

1960年2月，石油工业部党组织给中共中央写了报告。报告说：大庆地区从1959年9月26日打的第一口探井出油以后，又连续打了22口探井，已探明了一块200平方公里储油面积的大油田，初步估算，可采储量在1亿吨以上。从地质资料上看，整个大庆地区是一个很大的适合储油的构造地带，面积达到2000余平方公里，其远景是相当可观的。为了用最快的速度在大庆地区探明更大的油田面积和更多的新油田，为了在已探明的储量内迅速打出一批生产试验井，石油部提出：在大庆地区“集中石油系统一切可以集中的力量，用打歼灭的办法，来一个声势浩大的大会战。”3月20日，中共中央批准了石油工业部党组的报告，决定集中力量在大庆地区进行石油勘探开发大战，并决定从中国人民解放军当中的退伍军人中，动员3万人参加开发大庆石油的工作。3月，国务院即召开有关部门和东北协作地区参加的会议，部署支援会战工作。按照集中力量歼灭的原则，国务院各部委中，除地质部抽调队伍积极参加会站外，农垦、机械、冶金、电力、建工、铁道、林业、商业等部门都对会战给予大力支持。为此，还陆续从玉门、新疆、青海、四川等石油管理局和37个石油厂矿、院校，抽调了几十个优秀的钻井队，几千名科技人员和上完名职工参加大会战。

会战期间，全国有500多家工厂为大庆生产机电产品和设备，有200多个科研、设计单位和企业也在技术上予以支援，总计有4万多人的队伍到达会战地区。会战第一年，在北部的高产地带打了一场规模很大、条件十分艰苦的勘探仗。50多部钻井机齐上阵，打井339口，证实了大庆长垣个构造地带连片大面积含油，中心高产区面积在500平方公里以上，基本探明了全部石油面积并大体计算出储油量。同时，开辟了生产实验区，当年就生产石油97万吨。在1960年开发的基础上，1961年解决了一大批重大的科学技术问题，1962年和1963年扩大了油田开发面积，基本建成了这个大油田。到1963年底，大庆油田已累计打井1178口，建成年产600万吨原油的生产能力，当年生产原油439.3万吨，占全国原油产量的67.3%。

大庆油田的初步开发建设，对中国实现石油基本自给起了决定性的作用。经过三年的努力，到1963年全国原油总产量已达648万吨，占国内石油消费的哦71.5%，实现了我国石油的基本自给。同年12月，第二届全国人民代表大会第四次会议结束之际，新华社奉命庄严宣告：“中国人民使用‘洋油’的时代，即将一去不复返了。”

——摘自贺耀敏、武力：《五十年国事纪要·经济卷》，湖南人民出版社1999年版，第225—227页。

案例分析

会战历时3年,全体工人以高度的主人翁责任感和“有条件要上、没有条件创造条件也要上”的革命精神,攻克了生产、生活上的重重难关,开辟了生产试验区,建设起中国最大的石油生产基地。大庆油田不仅为国家创造了巨大的物质财富,摘掉了我国“贫油”的帽子,而且形成了一整套非均质大型砂岩油田地质开发理论及工程技术系列,油田勘探开发等重大成果载入了中国科技发展史册;培育了以“爱国、创业、求实、奉献”为主要内容的大庆精神、铁人精神,以及“三老四严”等优良传统,形成了独具特色的企业文化,创出了享誉中外的大庆品牌;涌现出以铁人王进喜、新时期铁人王启民为代表的英雄群体,成为我国工业战线上的一面旗帜;建成了功能配套、环境优美的新型矿区,促进了大庆地区物质文明、政治文明、精神文明、社会文明的共同进步、协调发展。

思考问题

1. 为支持大庆油田会战,国家做了哪些努力?

2. 毛泽东曾提出“工业学大庆”,大庆油田在会战过程中有哪些方面值得我们学习和借鉴?

案例2　以156项工程为重点的工业化建设

以“156项”。建设为中心进行的工业化建设的提法,虽然是在“一五”计划中提出的,但是由于这批项目是从1950年陆续确定下来的,因此第一批项目实在1950年就开工了。

武汉钢铁公司于1955年8月开始施工。武钢的建设得到全国人民的支援,先后有18个省(自治区)、48个城市、1000多家工厂为武钢制造设备和配件。铁道部专门改造车皮,为武钢运输直径为4.8米的高炉炉顶大钟。人民解放军也给予支援,总参谋长粟裕亲自下令,派13架军用运输机为武钢运输建设用物资。

作为“156项”之一的长春第一汽车制造厂,是中国第一家现代化汽车制造厂。1953年6月,中共中央为此发出力争3年建成长春汽车厂的指示,毛主席还为开工写了点击题词。7月15日,建设工程破土动工,建设者经过3年的奋斗,终于将一座宏伟壮丽的汽车厂矗立在长春大地上。在630公顷的土地上,工人们建造了37万多平方米的厂房,22万平方米的宿舍,安装了设备近万台,铺设铁路30多万平方公里,管道8万多米。1956年7月12日,从总装配线上开出了国产第一辆解放牌汽车,从此结束了中国不能制造汽车的历史。同样,作为我国第一个拖拉机制造厂的洛阳拖拉机制造厂也是经过4年的建设,于1959年11月建成投产,结束了我国不能生产拖拉机的历史。与拖拉机厂同时处在一个城市的洛阳滚珠轴承厂,设计规模为总投资10700万元,年产量即为国家生产轴承1100多万套、300多种型号,提前2年到达设计水平,其产量在1959年约占全国轴承总产量的四分之一以上。

在化学工业建设方面,1954年我国最大的医药联合企业华北制药厂开始施工(1958年建成投产)。该企业建成后,基本上满足了当时国内对青霉素的需要,从根本上改变了过去青霉素主要依靠进口的状况。

"156项"中唯一的轻工业项目"佳木斯造纸厂"。于1954年8月开工建设,1957年建成投产。三年中完成了40万立方米土方工程,7万立方米钢筋混凝土工程,近8万立方米的砌砖砌石工程和4万米长的地上地下管道的铺设工程,比预定计划提前8个月完成了这座综合制浆造纸厂的建设任务,该厂年产6万平方米的铜网生产系统,建设时间仅为25个月,从质量上来看,土建和设备安装工程的质量都是"优良"。佳木斯造纸厂投产后一年,生产就达到了设计水平。他生产的产品,填补了我国造纸工业的空白,大大减少了我国工业技术用纸和造纸用无端铜网进口的数量,供应了28个省、市、自治区、直辖市的近千家工商企业。从1960年开始,机制纸、造纸用铜网、造纸副产品粗木素塔尔石油开始出口,为国家提供新的外汇来源。

——摘自郭德宏、王海光、韩钢《中华人民共和国专题史稿(1949—1956)》,四川人民出版社2004年版,第413—415页。

案例分析

156项工程是1949年底毛主席首次率团访苏期间,要求苏联对华的政治经济援助的产物。在当时十分艰难困苦的条件下,党中央带领人民抢时间,争速度,使多项工程建设都提前完成。156项工程是50年代苏联援助中国项目的数目,也成为这批工程项目的简称,中国在这个基础上,建立了世界上第三个完善的独立自主工业体系。以"156项"为中心的50年代的工业建设,是中国近代以来引进规模最大、效果最好、作用最大的工业化浪潮,使我国的工业化生产能力和技术水平前进了一大步,给我们提供门类齐全的工业产业链。为后来的工业化在人力资源和技术资源的进步奠定基础,促进工业化大规模的发展。

思考问题

1. 在苏联的帮助下,156 项工程取得哪些辉煌成绩?

2. 156 项工程对国家工业化建设有何意义?

案例 3　武汉长江大桥建成通车

武汉长江大桥是我国第一个五年计划的重点工程,是一个规模巨大,技术复杂的桥梁工程。大桥位于武汉桥市,横跨在武昌蛇山和汉阳龟山之间,是我国在长江上修建的第一座铁路,公路两用桥。除包括一座长达近 1700 米的铁路、公路双层长江大桥外,还包括各 300 多米的汉水铁路桥和公路桥以及 10 座跨线桥。

万里滔滔、滚滚东去的长江自古以来被称为"天堑",阻隔了大江南北的交通往来。过去,长江、汉水将武汉分割为三镇,人们只能用木船和小轮船渡江,使武汉市民的生活、工作极为不便。新中国成立后,武汉市加快了建设步伐,迫切希望建成一座长江大桥改善长江两岸交通不便的状况。

1950 年,我国有关部门组织大批工程技术人员开始了测量钻探工作,讲过三次桥梁专家的研究探讨,于 1953 年 5 月完成了大桥的初步设计工作。1954 年 5 月到 1955 年 1 月,又反复进行了地质勘探工作,确定了以管柱钻孔法修建基础的方案,并进行了半年的实验工作,完成了技术设计。1955 年 9 月,大桥正式开工建设,经过两年零一个月的时间,1957 年 9 月 25 日,大桥全部工程完工。

在武汉长江大桥的设计和施工过程中,苏联专家给予我们极大的帮助,我国的桥梁工程技术人员和筑桥工人,付出了辛勤的劳动。工人们在施工过程中,不断改善施工组织,改进操作方法,大大提高劳动效率,特别值得一提的是,我国专家和工人共同创造了"大型管柱钻孔法",这种世界上最新的桥梁建筑技术。由于采用了这种新的施工法,解决了使用旧的"压气沉箱法"所不能解决的在长江深水建筑桥墩的严重困难,不仅避免了施工过程中的危险性,并且大大提高了工作效率,节省了建设资金,在我国桥梁建筑史上揭开了新的一页。

武汉长江大桥落成通车,使武汉名副其实地成为我国内地交通枢纽。纵贯南北,全长 2300 多公里的京汉、粤汉铁路干线在武汉连接,火车可以从北京直达广州;湘桂,浙赣等铁路和正在修建的湖南、四川、贵州和贯穿于江西、福建两省的铁路,都可直接通过武汉长江大桥和北方个铁路干线连接起来。从此,"一桥飞架南北,天堑变通途"。武汉市真正成了"九省通衢"。

武汉长江大桥将武汉三镇连为一体,极大地促进了武汉的发展。同时,大桥连接起中国南北的大动脉，串起被长江分隔的京汉铁路和粤汉铁路，形成完整的京广铁路，对促进南北经济的发展、国民经济建设起到了重要的作用。毛泽东于1956年6月首次在武汉畅游长江后（当时武汉长江大桥正在建设）所作的诗词《水调歌头·游泳》中，“一桥飞架南北，天堑变通途”一句，正是描写武汉长江大桥对沟通中国南北交通的重要作用。

大桥像一道飞架的彩虹，在长江天堑上铺成了一条坦途。平汉铁路和粤汉铁路由此实现了连接（两线也因此而改称为京广线），南北交通发生了根本性的变化，大大促进了武汉市铁路枢纽建设进程，使素有“九省通衢”之称的武汉市成为全国重要的铁路枢纽。

——摘自郭德宏、王海光、韩钢《中华人民共和国专题史稿（1949—1956）》，四川人民出版社2004年版，第418—419页。

案例分析

武汉长江大桥位于武汉市汉阳龟山和武昌蛇山之间，是新中国成立后在“天堑”长江上修建的第一座大桥，也是古往今来，长江上的第一座大桥，是我国第一座复线铁路、公路两用桥。全国交通运输的发展是中华民族追梦的道路上的一条纽带。武汉长江大桥，不仅凝聚着我国桥梁工作者的机智和精湛的工艺，而且成为连接我国南北的大动脉，对促进南北经济的发展起到了重要的作用。大桥通车后，社会经济效益十分巨大，仅通车的头5年，通过的运输量就达8000多万吨，缩短火车运输时间约2400万车小时，节约的货运费超过了整个工程造价。随着国民经济的不断发展，大桥的通过量也不断增加，直接间接的经济效益更难以计数，在国民经济建设中发挥了无可替代的重大作用。

思考问题

1. 武汉长江大桥的通车是如何促进南北方经济的沟通和发展？
2. 在今天，武汉长江大桥为何还能发挥其积极作用？

案例4　第一汽车制造厂：共和国的车轮

具有55年历史的长春一汽的厂区面积和人口数量都能达到它所在的绿色区的一半。1949年12月16日，毛泽东出访苏联。不像他的一些同僚，比如周恩来和邓小平，毛泽东从没有在他国访问或者生活的经历。此刻，他以一个大国的最高领袖的身份到访苏联,目的是希望苏联“老大哥”对刚刚诞生的中华人民共和国施以援手,帮助中国建设一些重工业项目。

苏联人安排了毛泽东参观斯大林汽车厂。从没有目睹过汽车生产制造的过程,仍然乘坐着苏联提供的轿车的毛泽东,看着流水线上一脸一辆下线的汽车,对身边的陪同者说:“我们也要有这样的汽车厂。”

1953年7月15日,长春第一汽车制造厂奠基。一年前,毛泽东亲自签发了《中共中央关于力争三年建设长春汽车厂的指示》,写得一手好字的毛泽东还为这个汽车厂题写“第一汽车制造厂奠基纪念”的大字。

来自全国的技术人才都被调集到长春,他们面对的是一片片空旷的黑土地。当抽调到长春的技术专业人员付金岭问接待他的人,我们的工厂在哪里时,接待者指着前方空旷的土地说,那就是。他接着说:“我们什么时候开始建设?”接待者说“我们已经开始了!”

一汽所占据的土地面积几乎是整个长春市的一半。来自四面八方的人聚集于此。一汽的厂长饶斌因而被长春戏称为“绕半天”。

饶半天的第一个任务是,在苏联技术专家的帮助下,生产中国自己的汽车。3年之后,1956年7月13日,长春第一汽车制造厂的第一批汽车试制成功。它被毛泽东命名为“解放”。这是一批载重量为4吨的通用型载重汽车,装备90匹马力六缸汽油发动机,最大时速为65公里/小时,满载时经济时速为33—35公里/小时。在一汽的鼎盛时期,在中国公路上行驶的汽车中,每两辆就有一辆是“解放”。

接下来,在1958年,一汽生产出中国第一辆小轿车,按照毛泽东在论断国际形势时著名话语“东风压倒西风”,这辆小轿车被命名为“东风”。

5月22日,当这辆流线型车身,上部银灰色、下部紫红色的6座轿车被送往北京后,毛泽东坐着这辆车在后花园转了两圈,他开玩笑说,自己还从来没有坐过这么高速的轿车——第一辆东风的最高时速可以达到128公里。

第二天,国务院总理周恩来也来看这辆车。周恩来让司机打开发动机盖,看了一眼,见多识广的周恩来说,这是抄奔驰的。周恩来说,抄是可以的,但应该抄得有技巧,关键技术抄,非关键技术要改得让人看不出来。

尽管如此,这辆车在北京依然受到英雄般的待遇,汽车开过之处,围观这掌声雷动。三个月之后,一汽又仿照克莱斯勒,造出了著名的“红旗”轿车。

共和国工业长子的命运和它代表的计划经济模式一样,随时时间的推移由盛转衰,继而重新找到自己新的增长点。著名的“解放”和“红旗”都一度停产。真正让一汽再度成为中国汽车佼佼者的,是一汽和德国大众、日本丰田成立的合资公司。合资公司生产的奥迪、一汽丰田、马自达和一汽原先的车型解放、红旗一样，奔驰在中国大陆各大城市与乡村的公路上。

——摘自李翔：《共和国记忆 60 年 · 成长地标》，中信出版社 2009 年版，第 39—41 页。

案例分析

1953 年开始建设的第一汽车制造厂是当之无愧的共和国工业长子。一汽工业园作为 60 年的一个地标出现，是因为它反映着中华人民共和国建国初期在工业上的强烈渴求。这座 1953 年动工兴建的工厂，3 年之后生产出了中国第一辆国产“解放”牌卡车，1958 年又试制出我国第一辆“东风”牌小轿车和“红旗”牌高级轿车。一汽的建设，只用了三年的时间，其速度之快，工程质量之好，被人们称之为奇迹。在建厂时期，全国各地为一汽输送了优秀的干部和技术工人，培训了大批的青工；每天都有大量物资源源不断运到汽车厂；以建筑五师、机电安装公司为代表的两万多名建设队伍，成为一汽建设工地的主力军。第一汽车制造厂的建成凝结着全国人民的心血和汗水，开创了中国汽车工业的历史，为中国工业化的发展起到积极作用。

思考问题

1. 为什么新中国成立初期，中国的重工业基地都在东北？
2. 第一汽车制造厂的建立在当时有什么重大影响？

专题八

铸就中国梦的核盾牌

本专题概述

20 世纪 50 年代,刚刚建立的新中国正面临着复杂多变的国际形势。美国自诩核优势,将核威胁与核遏制上升为国家战略。正是在这样一个大的国际战略背景下,中国共产党意识到,要实现中国梦,就要发展自己的核力量,制止核战争。因此,以毛泽东为核心的党和国家领导人高瞻远瞩、审时度势,毅然做出了发展核工业的战略决策。这一英明决策和核工业的顺利发展,为新中国铸就了坚实的核盾牌,增强了国防实力,从根本上改善了我国的安全环境;为维护世界和平增加了新的战略支点,对国际战略格局演变产生了深刻影响;为振奋民族精神、民族自信和民族凝聚力,牵引国家全面建设发展,发挥了重要作用,大大提升了我国的综合国力和国际地位。今天,当我们回顾核工业的艰辛历程和辉煌成就,就自然想到,为了祖国和人民的最高利益,为了打破超级大国的核讹诈和核垄断,广大科技人员以高昂的爱国主义精神、惊人的智慧才能、高超的创造活力、卓绝的艰苦奋斗,投身于核工业,取得了举世瞩目的辉煌业绩。核工业从无到有、从小到大的艰辛历程,每一步、每一程都离不开党的英明决策和正确领导,各级党组织的精心组织和全体共产党员的努力奋斗。其中,许多科学家和工程专家也都是共产党员,他们响应党的召唤,肩负国家和民族的希望,在为核工业的奋斗中,充分发挥了共产党员的先锋模范作用,奉献出科技人员的智慧力量。

案例 1　反对原子弹必先拥有原子弹

一位外国人士说,第二次世界大战末期,日本人找到一颗原子弹,苏联人受贿一颗原子弹,美国人拿着一颗原子弹。但谁都想不到,在 1964 年 10 月 16 日,中国也爆炸一颗原子弹。

以毛泽东为首的中国共产党对于原子弹的认识,经历了从战略上蔑视到战术上的重视。

1945 年 8 月 6 日,美国人在日本广岛上投下了原子弹。在几天后之后召开的干部会议上,毛泽东指出:原子弹能不能解决战争?不能!原子弹不能使日本投降,只是原子弹而没有人民的斗争,原子弹只是空的。

在 1946 年 8 月接受美国记者安娜·路易斯·斯特朗的采访时,毛泽东提出一个著名论断:原子弹是美国反动派用来吓人的一只纸老虎,看样子可怕,实际上并不可怕。

1950 年,抗美援朝战争开始后,由于无法在战争中取得胜利,美国曾多次企图对中国使用原子弹。面对美国的不断核威胁,以毛泽东为首的中国共产党人开始认识到,要想反对原子弹,自己就必须拥有原子弹。

1954 年,地质部在广西采集了中国第一块铀矿石。1955 年 1 月 15 日,毛泽东在中南海主持召开了中共中央书记处扩大会议。毛泽东明确指出:我们还要有原子弹。在今天的世界上,我们要不受人欺负,就不能没有这个东西。就是在这次会议上,作出了中国要发展核工业的战略布局。

为了加速中国核工业的发展进程,1954 年,毛泽东向来访的苏联领导人赫鲁晓夫提出,能否在制造核武器方面给中国以援助。但赫鲁晓夫每次都以搞原子弹要花费很多钱,有苏联的核保护伞就行了、中国没必要再搞为借口搪塞过去。

经过多次协商与谈判,直到 1957 年 10 月,苏联才与中国签订了国防新技术协定,其主要内容是援助中国研制原子弹。但是好景不长,由于中苏两党出现政治分歧,两国关系恶化。1959 年,赫鲁晓夫在访美前夕致信中共中央,改变了原来协议的承诺。1960 年 7 月 16 日,苏联政府正式照会中国政府,决定撤走在中国工作的全部苏联专家,而且不等中国做出反应,就于 7 月 15 日通告中国政府,在中国工作的苏联专家全部撤走,并带走全部重要的图纸资料。更为严重的是,苏联原来援助中国建设的核工厂,有的建设一半,有的还未完全建成,苏联也停止了按照合同应向中国供应的配套设备。

就在美国不断对中国进行核威胁和苏联背信弃义的同时,在国内,从 1959 年下半年开始,又出现了严重的经济困难局面,在这种困难重重的严峻形势下,对于是否继续研制原子弹,国家领导层出现了不同的意见,一种意见是上马,继续研制原子弹,另一种意见是暂时下马,等经济好转以后再继续研制。当时的中央领导人对这两种意见进行了多次讨论,周恩来、陈毅、贺龙、聂荣臻、叶剑英等人坚决主张继续上马。陈毅的话非常形象生动地表达了他们的决心;“就是当了裤子也要把原子弹搞出来。”这种意见得到毛泽东的认可。

——摘自洪向华:《复兴之路》,青岛出版社2007年版,第103—105页。

案例分析

毛泽东曾经有过一个著名论断——“原子弹是纸老虎”,可谓是对原子弹威力过大导致其使用范围有限的清醒认识。但毛泽东也认识到,一个国家的发展,没有原子弹也是不行的。毛泽东在中央政治局扩大会议上说:“我们还要有原子弹。在今天的世界上,我们要不受人欺负,就不能没有这个东西。”

思考问题

1. 为什么说反对原子弹必先拥有原子弹?
2. 第一颗原子弹爆发后,中国是如何利用这一优势维护世界和平的?

案例2　没有共产党就没有新中国的核工业

20世纪中叶,美国、苏联、英国、法国先后在核武器研制和核技术应用方面,取得了巨大突破和发展。当时在海外的中国留学生,如钱学森、郭永怀等在空气动力学和叶企孙、吴有训、赵忠尧、王淦昌、钱三强等在核物理方面,也都做出了重要的科学贡献。他们热切希望有一天能在国内开展研究工作,施展自己的才能。但是报国无门,旧中国的积弱积贫,加上国民党政府的腐败无能,使他们的希望都落空了。1945年,美国制造原子弹的《史密斯报告》发布后,蒋介石曾指示军政部筹划,派人去美国学习制造原子弹。军政部组织曾昭抡、吴大猷、华罗庚三位教授,各自选带两个学生,有朱光亚、李政道、孙本旺、王瑞先、唐敖庆、徐贤修六人,到美国学习考察。但是事与愿违,先期到达美国的曾昭抡得知,美国有关制造原子弹的科研机构和工厂,一律不许外国人进入。于是他们只能分散到几个大学进修和从事研究。与此同时,日本在二战期间,也曾致力研制原子弹,先后建造了5台回旋加速器。日本投降后,这5台加速器原准备移赠中国,中国政府派机电专家顾毓琇前去接收,以便建立原子物理实验室,临行前蒋介石还接见了他。但是这回又落空了。在顾毓琇到达日本前,日本加速器却已被美国占领军破坏沉入海底了。顾毓琇壮志未酬,于心不甘,以后又积极推动,在国防部设立了原子能委员会。但国民党政府并没有实际投入,因此也是有名无实,始终未见其有什么行动。1948年回国的钱三强很想能改变一下这种状况,把各方力量联合起来,协同做些研究工作。他为此几番奔走号召,但最终还是失望而归。以后情况发生急剧变化。1949年1月,北平和平解放,新中国成立在即。3月上旬,北平军管会主任叶剑英派人与钱三强取得了联系,负责接管文教单位的周扬、钱俊瑞会见了他,表示欢迎他参加革命队伍一起工作。随后,党组织决定派他参加中国代表团,赴巴黎出席保卫世界和平大会。这个代表团集中了一批学者名流,作为一名核科学家,钱三强希望趁这次机会,通过他老师约里奥·居里的帮助,在巴黎买些核科学仪器设备,以便回国开展核物理实验。于是,他向代表团副秘书长提出了这个想法,并说大概要20万美元。可事过三天,未见回复。当时,解放战争还在进行,经济建设百废待兴,财政还很困难,这时候,要拿出大笔外汇买科学仪器设备实属困难。可到第四天,他便接到电话,中央统战部长李维汉告诉他,中央研究过了,认为他的建议很好,清查了一下国库,还有一部分美金,可以先拨出5万美元,供他使用,并说使用时与代表团秘书长刘宁一商量办就可以了。这使钱三强心如潮涌,非常激动,热泪盈眶,感慨万千。新旧中国两重天,国民党腐败无能,一盘散沙,一事无成,而共产党高瞻远瞩,为国为民,真诚支持发展科学事业。共产党领导人虽然穿布衣、吃小米饭,看来很穷,但是为了发展科学技术,舍得大笔投入,一举之中昭然天下,让人信服,给人希望。所以我们说:没有共产党就没有新中国,没有共产党的领导也就没有新中国核工业的伟大成就。

——摘自鹰翔:《没有共产党就没有新中国的核工业》,《中国核工业》2011年第6期。

案例分析

新旧中国两重天,国民党腐败无能,一盘散沙,一事无成,而共产党高瞻远瞩,为国为民,真诚支持发展科学事业。共产党领导人虽然穿布衣、吃小米饭,看来很穷,但是为了发展科学技术,舍得大笔投入,一举之中昭然天下,让人信服,给人希望。所以我们说:没有共产党就没有新中国,没有共产党的领导也就没有新中国核工业的伟大成就,只有到了共产党领导的新中国,才能使梦想成真,实现了历史的跨越。有一首歌叫《没有共产党就没有新中国》,这首歌也唱出了核工业广大科技人员和干部职工的心声,"没有共产党就没有新中国的核工业",这就是千万从事核工业的人们在实践经历中得到的深切体会和历史结论,如今我国已成为拥有核工业强大实力的国家而挺立于世界民族。

思考问题

1. 为什么只有中国共产党才能带领中国人民发展核工业?
2. 中国共产党是如何带领广大人民发展核工业?

案例3　我国第一颗原子弹爆炸成功

一九六四年十月十六日十五时,中国爆炸了一颗原子弹,成功地进行了第一次核试验。这是中国人民在加强国防力量、反对美帝国主义核讹诈和核威胁政策的斗争中所取得的重大成就。

保护自己,是任何一个主权国家不可剥夺的权利。保卫世界和平,是一切爱好和平的国家的共同职责。面临着日益增长的美国的核威胁,中国不能坐视不动。中国进行核试验,发展核武器,是被迫而为的。

中国政府一贯主张全面禁止和彻底结毁核武器。如果这个主张能够实现,中国本来用不着发展核武器。但是,我们的这个主张遭到美帝国主义的顽强抵抗。中国政府早已指出:一九六三年一七月美英苏三国在莫斯科签署的部分禁止核试验条约,是一个愚弄世界人民的大骗局。这个条约企图巩固三个核大国的垄断地位,而把一切爱好和平的国家的手脚束缚起来;它不仅没有减少美帝国主义对中国人民和全世界人民的核威胁,反而加重了这种威胁。

大家知道,毛泽东主席有一句名言:原子弹是纸老虎。过去我们这样看,现在我们仍然这样看。中国发展核武器,不是由于中国相信核武器的万能,要使用核武器。恰恰相反,中国发展核武器,正是为了打破核大国的核垄断,要消灭核武器。中国政府忠于马克思列宁主义,忠于无产阶级国际主义。我们相信人民,决定战争胜负的是人,而不是任何武器。中国的命运决定于中国人民,世界的命运决定于一世界各国人民,而不决定于核武器。中国发展核武器,是为了防御,为了保卫中国人民免受美国发动核战争的威胁。

中国政府郑重宣布,中国在任何时候、任何情况下,都不会首先使用核武器。

中国人民坚决支持全世界一切被压迫民族和被压迫人民的解放斗争。我们深信,各国人民依靠自己的斗争,加上互相支援,是一定可以取得胜利的。中国掌握了核武器,对于斗争中的各国革命人民,是一个很大的鼓舞,对于保卫世界和平事业,是一个很大的贡献。在核武器问题上,中国既不会犯冒险主义的错误,也不会犯投降主义的错误。中国人民是可以信赖的。

中国政府将一如既往,尽一切努力,争取通过国际协商,促进全面禁业和彻底钻毁核武器的崇高目标的实现。在这一天没有到来之前,中国政府和中国人民将坚定不移地走自己的路,加强国防,保卫祖国,保卫世界和平。

中国政府完全理解爱好和平的国家和人民要求停业一切核试验的善良愿望。但是,越来越多的国家懂得,核武器越是为美帝国主义及其合伙者所垄断,核战争的危险就越大。他们有,你们没有,他们神气得很。一旦反对他俩的人也有了,他们就不那么神气了,核试验和核威胁的政策就不那么灵了,全面禁止和彻底结毁核武器的可能性也就增长了。我们衷心希望,核战争将永远不会发生。我们深信,只要全世界一切爱好和平的国家和人民共同努力,坚持斗争,核战争是可以防止的。

我们深信,核武器是人制造的,人一定能消灭核武器。

——摘自《我国第一颗原子弹爆炸成功》,《人民日报》1964 年 10 月 16 日。

案例分析

中国第一颗原子弹爆炸成功是中国人民在加强国防力量、反对美帝国主义核讹诈和核威胁政策的斗争中取得的重大成就。中国发展核武器,是为了打破核垄断,防卫和保护中国人民免受美国发动核战争的威胁。中国政府郑重宣布,中国在任何情况下,都不会擅自使用核武器。中国梦不仅属于中国人,也属于全世界。保卫世界和平,维护当前和平局面是中国一贯的态度。

思考问题

1. 第一颗原子弹的爆发对中国有什么重大意义?
2. 中国原子弹的爆发为何会引起全世界的轰动?

案例 4　第一颗氢弹:世界上研发时间最短的核武器

1967 年 6 月 17 日上午 8 时 20 分,我国西部地区新疆罗布泊上空,我国第一颗氢弹爆炸试验获得完全的成功,其爆炸威力,相当于美国当年投到日本广岛那颗原子弹的 150 多倍。震惊世界的蘑菇云异常炫目耀眼。氢弹的爆炸成功,是中国核武器发展的又一个飞跃,标志着中国核武器的发展进入了一个新的阶段。

当今世界,原子弹、氢弹在各国都属于国家绝对机密,再友好的国家,对此也是守口如瓶。20 世纪 50 年代前期,我们当时称为“老大哥”的苏联,对此也是滴水不漏。

美国人于1954年2月8日,在比基尼岛试验场爆炸了地面上的实验性氢弹装置,直到1956年5月20日,才首次由B-52型轰炸机运载,在比基尼岛上空空投下一颗氢弹。

1966年初,中共中央针对国际形势的发展,提出了加快氢弹研制步伐的要求。毛泽东在一份报告上批示:"敌人有的,我们要有,敌人没有的,我们也要有。原子弹要有,氢弹也要快。管他什么国,管他什么弹,原子弹、氢弹,我们都要超过。"5月9日,在西北试验基地进行了一次含有热核材料的原子弹空爆试验。这是中国进行的第三次核试验。试验为氢弹设计取得了重要数据。12月28日,进行了按新的理论方案设计的氢弹原理试验。中央专委根据这次试验结果,决定集中力量直接进行全当量的氢弹试验。

1967年初,国务院有关部门得到一个信息:法国有可能在7月份试验氢弹。听到这个消息,中国科学家的第一个反应是:我们的氢弹试验必须提前,中国一定要赶在法国前面试验成功全威力氢弹。1967年2月,国防科委决定把首次氢弹试验提前到1967年第二季度进行。不久,28个参试单位的几千人进驻核试验基地,试验准备工作全面展开。

氢弹的研制基地在青海,最后组装和爆炸试验在新疆,研制好的各种元件、器件、部件、弹体等,要从青海运到新疆。这些材料的特殊安全性,不能用飞机运输,也不能用汽车运输,只有用火车运输。而这种火车是一种特殊的专列,从外面看上去,是一列普通旅客列车,但它比一般旅客列车每节车厢多了四个轮子,这是为了增加列车的稳定性和安全性,这和国家领导人的专列车厢是同等水平。这一特殊专列从青海出发后,铁路沿线就加强了警戒,沿线的铁路部门都被命令以高级领导人的标准对待此列车,却不知道上面载的这位高级"乘客"就是这颗氢弹。

1967年6月17日8点整,驾驶726号轰-6飞机的徐克江机组,携带着中国的第一枚氢弹飞到罗布泊试验场的靶标上空投弹。飞上天后,由于驾驶员的心情过于紧张,忘记了按自动投掷器按钮,致使氢弹没能在预定时间准时投下。这时,周恩来通过耳机命令机组人员:千万要镇定、果断,再来一次。8点20分,第二次飞行投弹顺利完成。氢弹降落到预定的高度,在空中成功起爆!随着刺眼的闪光和雷霆般的轰鸣,东方地平线上出现一个巨大的火球。从原子弹到氢弹的试验成功,美国用了7年零4个月,苏联用了4年,而中国只用了两年零8个月。对此,毛泽东在一次会见外宾时曾幽默地说:这是赫鲁晓夫帮忙的结果,撤走专家逼我们走自己的路,要感谢赫鲁晓夫呢,应该给他发个1吨重的大勋章!

——摘自徐春茂:《第一颗氢弹:世界上研发时间最短的核武器》,《中国地名》2009 年 11 期。

案例分析

从原子弹到氢弹的飞跃不是一件简单的事。美国走了 7 年,苏联走了 4 年,英国走了将近 5 年,法国走了 8 年多,而中国只走了两年零八个月。这标志着中国的原子能科学家的水平已居世界前列。正如后来邓小平所说:“如果 60 年代以来中国没有原子弹、氢弹,没有发射卫星,中国就不能叫有重要影响的大国,就没有现在这样的国际地位。这些东西反映一个民族的能力,也是一个民族、一个国家兴旺发达的标志。”氢弹的爆发进一步加强我国的国防力量,使中国更加坚定地站在国际舞台上,发挥着自己独特的作用,为维护世界和平做出自己的贡献。

思考问题

1. 中国第一颗氢弹的爆发对世界各国有何影响?
2. 中国第一颗氢弹的爆发对当今核事业的发展有何借鉴经验?

专题九

走向国际舞台

本专题概述

新中国成立初期,正值世界民族解放运动高涨,美苏两大阵营逐渐形成并走向对峙。为彻底摧毁帝国主义对华控制,恢复国家的独立和主权,在独立自主和平外交政策这一总原则指导下,毛泽东在建国前夕就陆续提出了“另起炉灶”、“打扫干净屋子再请客”和“一边倒”的基本外交方针。为此,首先同以苏联为首的社会主义国家建立了外交关系。同时积极争取同周边独立国家建立和发展友好合作关系,并参加了著名的日内瓦会议和亚非会议。在这一过程中,中国提出并确立了处理国与国关系和国际事务的基本准则,即和平共处五项原则,它成为中国对外关系不断发展的主要保证。五十年代末期到六十年代末,面对两个超级大国的压力,以毛泽东为首的领导人把50年代的“一边倒”调整为“反帝反修”,大力支持亚非拉人民争取和维护民族独立的正义事业,加强与他们的政治、经济合作,同时,不断发展同周边国家的睦邻友好关系。六十年代末到七十年代末期,国际形势发生巨大变化,毛泽东因此提出了“一条线”、“一大片”的外交政策,并提出了划分“三个世界”的战略思想。不断加强同第三世界国家的团结与合作,同时大力发展同发达国家的关系,随着外交政策的调整,中国对外关系出现了第三次建交高潮:1971年恢复了在联合国的合法席位;1972年中日建交;1979年中美正式建交等。整个70年代,中国先后同近70个国家建立了外交关系。从此,中国的外交走向一个崭新的局面。

案例1 冲破外交封锁走向世界

1953年10月1日,光怪陆离的华盛顿,总统椭圆形办公室。美国总统艾森豪威尔、国务卿杜勒斯对是否让中国参加日内瓦会议,面临极其困难的抉择。

苏联政府1953年9月28日照会美英法三国政府,提议召开有中华人民共和国参加的五大国外长会议,讨论解决朝鲜和印支问题,审查缓和国际紧张局势的措施。由于美国侵朝战争的严重受挫使艾森豪威尔、杜勒斯丢尽了面子,他们对新中国和毛泽东、周恩来恨之入骨,反对苏联的建议。但是根据朝鲜停战协定的规定,协定生效后三个月内,要召开双方高一级的政治会议,协商从朝鲜撤退一切外国军队及和平解决朝鲜问题等事项。美国只得与中朝代表在1953年10月26日至12月2日和1954年1月14日至26日举行两次会议,协商召开解决朝鲜问题的政治会议。但由于美国企图以"大规模报复"战略为威慑手段,维持其在朝鲜和台湾地区造成的僵局,使中国、朝鲜分裂永久化以牟取侵略利益,致使协商未取得任何成果。

美国的顽固态度遭到世界舆论的强烈谴责,考虑到在朝鲜无限期地拖下去也会给美国带来许多实际问题,美不得不寻求解决朝鲜问题的办法,但要讨论朝鲜问题,没有中国参加是解决不了任何问题的。

再看越南战争,表面上是法国与越共抗争,但法国装备的70%以上是美国支援的,中国则以人力物力支援越南人民的抗法斗争,因此法国和越南背后实际上是中国与美国的对峙。新上台的艾森豪威尔认为"中国比苏联更具有威胁性",根据他的"多米诺骨牌理论",越南反法战争的胜利,将导致东南亚一片红,美国决不能把东南亚拱手让给苏联和中国。但话又说回来,离开中国一样解决不了印支问题。

毛泽东、周恩来早看到了这一点,鉴于抗美援朝的胜利,援朝抗法斗争的深入发展,新中国已经取得在亚洲重大问题上的发言权,新中国已经成为维护亚洲和世界和平的一支重要力量。1953年10月8日,周恩来总理发表声明,表示完全赞成苏联政府的建议,指出在第二次世界大战之后美英法苏和中华人民共和国等五大国,对解决世界和平与安全的重大问题,负有特别重要的责任。

1954年1月9日,周恩来再次发表声明,认为亚洲方面有一些迫切的国际问题,已经到了必须由有关大国举行协商,加以审查和解决的阶段。中国认为,由即将在柏林召开的四国外长会议,进而召开有中华人民共和国参加的五大国会议,以促进迫切的国际问题的解决,将会有利于国际紧张局势的缓和及保障国际的和平与安全。

中国的合理主张与积极态度受到苏联和世界舆论的广泛欢迎,为维护美国利益,美国当局不得不让新中国参加国际会议,将美国对新中国的外交封锁撕开一个口子。

——摘自王俊彦:《开国外交》,时事出版社1999年版,第339—341页。

案例分析

1954 年 4 月,中国作为五大国之一出席了日内瓦会议。这是新中国成立以来参加的第一次重要的国际会议。中国以打破美国的封锁禁运、扩军备战的政策,促进国际紧张局势的缓和,尽一切努力达成某些协议,以利于打开经过大国协商解决国际争端的大门为主要目标。经过讨论,会议通过了印支三国完全停火的原则并通过了《日内瓦会议最后宣言》。日内瓦会议期间,中国人民为国际安全、世界和平做出了不懈的努力,显示了刚刚登上国际舞台的中华人民共和国已经成为维护世界和平的一支重要力量。日内瓦会议对于新中国来说既是一个机遇,也是一次挑战。

思考问题

1. 新中国成立初期,中国是如何一步步冲破外交封锁,最终走向世界的?
2. 日内瓦会议对中国外交有何影响?

案例 2　重返联合国

自从 1949 年新中国成立后,由于美国的阻挠,中国在联合国的合法席位被台湾的蒋介石所占据。60 年代以后,非洲民族解放运动风起云涌,大批非洲国家独立,而且加入联合国,他们和中国互相支持,共同为发展中国谋求利益,这样中国重归联合国的专辑才逐渐清晰起来。

1971 年 7 月 9 日,基辛格秘密抵达北京,开始他的首次访华之旅,基辛格向中方表示保证美国政府将在尼克松第二个任期的年头内实现对华关系的正常化,并郑重承诺不会直接或间接地支持任何“台独”运动。双方达成共识,周恩来基本也默认了基辛格关于美国联合国政策的提议,即美国将在联合国欢迎新中国,并提出变相的“重要问题”案(驱逐台湾需要联合国 2/3 赞同)。而随着基辛格 10 月第二次飞赴北京,他和周恩来的合影刊登在《人民日报》头版醒目的位置,向全世界传递着中美关系正在发生着巨大变化的信息,而基辛格访华的日程正好与联合国关于中国问题的辩论时间重合。许多国家现在看到美国都在谋求与中国关系正常化,而害怕自己落后,因而很想改善他们自己同北京的关系,从而不愿意支持美国的“重要问题”案,即中国在联合国的代表权问题,同联合国宪章第十八条第二款所涉及的“新会员加入联合国之准许”等规定捆绑在一起,是得相关提案必须获得 2/3 以上会员国的同意才能通过。

1971 年 10 月 25 日第 26 届联合国大会上，首先变相的“重要问题”案如愿以偿地以 61 票赞成对 53 票反对（15 票弃权）赢得了优先表决权；但随后交付表决时，以 55 票赞成、59 票反对、15 票弃权的 4 票的之差距而败北。后来据美国国务院分析，至少 5 个国家在最后一刻改变了他们原先的立场。布什设计的几个后备措施都没有成功。台湾代表赶在“阿尔巴尼亚”案以 76 票赞成、35 票反对、17 票弃权的较大优势获得通过，成为联合国大会第 2758 号决议。而“双重代表权”案未经过表决而成为废案。美国政府要保住台湾席位的政策失败了。并最终丧失了对联合国中国代表问题的主导权。

1971 年 11 月 2 日，中国出席第 26 届联合国会议的代表团正式组成。外交部副部长乔冠华任团长，黄华任副团长，成员有代表符浩、陈楚，副代表唐明照、王海容、张永宽等。9 日，代表团启程前往纽约，周恩来、叶剑英等到机场欢送。11 月 15 日，以乔冠华为团长的中华人民共和国代表团正式出席第二十六届联大会议，受到极其热烈的欢迎。在大会主席马利克致欢迎词后，先后 57 个国家的代表致辞欢迎中国代表团。乔冠华随后登上联合国大会讲台，发表了重要讲话。我国在联合国和安理会的合法席位得到恢复，是超级大国敌视、孤立和封锁新中国政策的破产，是我国在外交战线上取得的一个重大胜利。

——摘自刘树勇、程东：《1949—2009 中国表情》，青岛出版社 2009 年版，第 132—134 页。

案例分析

恢复中国在联合国的合法席位，是我们为中华民族的伟大复兴长期奋斗所取得的一个伟大的外交上的胜利。这个胜利使占世界 1/4 的人口在全世界范围内有了发言权；同时为大多数发展中国家提供了坚强的后盾，使全世界发展中国家联合起来；更为维护世界和平加强了一支重要力量，促使全世界向有利于和平的方向发展，向有利于大多数发展中国家的方向发展。这个胜利使超级大国敌视、孤立和封锁新中国的政策破产，使中国外交步入了一个新阶段，为后来中国实行改革开放创造了良好的国际环境。

思考问题

1. 中国重返联合国有什么重大意义？
2. 美国为何阻止中国重返联合国？

案例3　中美乒乓外交

20世纪60年代末,美国总统尼克松入主白宫之后,便试图通过改善中美关系,开展"均势外交",以增强美国对付苏联的力量,并调整其亚洲政策,多次做出寻求"与中共改善关系"的姿态。70年代初,毛泽东主席和周恩来总理从调整中、美、苏三角关系的外交战略需要出发,通过请美国作家斯诺传话、邀请美国乒乓队访华等形式,发出愿与美方接触、争取打开中美关系僵持局面的关系。

但真正让双方正式决定相互接触的契机却来自政治层面之外,1971年在日本名古屋举行的第31届世界乒乓球锦标赛。比赛开始第一天,中国队乘巴士从住地去体育馆时,美国运动员科恩上来搭车,于是中国运动员庄则栋主动和他握手、对话。并送他一块中国杭州织锦留作纪念。这个细节被在场记者抓住,成为爆炸性的新闻。4月3日中国外交部以及国家体委就是否邀请美国乒乓队访华问题向中央请示。经过3天的反复考虑,毛泽东在比赛闭幕前夕决定邀请美国队访华。次日,美国国务院接到驻日本大使馆《关于中国邀请美国乒乓球队访华的报告》,立即向白宫报告。尼克松在深夜得知这个消息后,立即发电报给美国驻日大使,同意中方的邀请。事后,尼克松在深夜得知这个消息后,立即发电报给美国驻日大使,同意中方的邀请。事后,尼克松说:"我从未聊到对中国的主动行动会以乒乓队访问北京的形式得到实现。"

1971年4月10日早晨,美国乒乓球队到达深圳。在13日下午于北京西郊举行了一场中美乒乓球友谊赛。14日下午,周恩来总理在人民大会堂会见美国乒乓球代表团全体成员并做了欢迎致辞。在周恩来接见美国乒乓球队的同时,美国白宫也在密切注视着这一重要活动。周恩来讲话不到几小时,白宫就宣布了旨在缩小两国间鸿沟的一系列开禁措施。被称为转动小球带动大球的乒乓外交取得了成功。从此,结束了中美两国20多年来人员交往隔绝的局面,使中美和解随即取得历史性突破。

在乒乓外交取得成功后,基辛格顺势访华,并恢复了我国在联合国的合法席位和台湾问题等方面进行了协调、进而为尼克松访华制造了良好的铺垫。在经过一系列准备之后,1972年2月21日,尼克松踏上中国大陆的土地,开始了一次他称为"谋求和平的旅行"。经过双方的反复协商、谈判,1972年2月28日,中美双方在上海发表《中美联合公报》,《中美联合公报》的发表标志着中美两国关系正常化的开始,为以后中美关系的进一步改善和发展打下基础。正如尼克松在离开中国前的宴会上祝酒时所说的,他对中国的7天访问是"改变世界的一周”。

——摘自刘树勇、程东:《1949—2009 中国表情》,青岛出版社 2009 年版,第 134—135 页。

案例分析

“乒乓外交”开创了一个以人民之间的友谊促动国家之间的交流与和解的成功模式,而这种外交模式的载体正是跨越国界和意识形态障碍的国际体育交流,这种方式能够在外交格局中实现求同存异,为矛盾双方创造建立沟通的结合点。因此,尽管美国乒乓球应邀访华在表面上看似毛泽东一夜之间做出的决策,但它的确不是仓促和偶然的举动,而是中美双方为各自争取外交主动而谋求交流与合作的必然努力。“乒乓外交”结束了中美两国 20 多年来人员交往隔绝的局面,使中美和解随即取得历史性突破。1972 年 2 月 21 日,尼克松访华,中美关系终于走向了正常化的道路。

思考问题

1. “乒乓外交”对中美建交有什么影响?
2. 20 世纪 70 年代,美国为什么选择和中国建交?

案例 4　中日邦交正常化

1972 年 9 月 25 日日本田中角荣总理大臣应周恩来总理的邀请前来我国进行访问。毛主席会见了田中总理大臣,进行了认真、友好的谈话并取得了圆满的成功。双方于 9 月 29 日发表两国政府联合声明,宣布结束中日两国之间迄今存在的不正常状态,建立外交关系,尽快互换大使。中日之间战争状态的结束,邦交正常化的实现,揭开了两国关系史上的新篇章

中日两国终于实现了邦交正常化,这是中国人民和日本人民长期共同努力的结果。中华人民共和国政府本着争取同一切愿意和我们和平相处的国家在互相尊重领土主权和平等互利基础上建立正常外交关系的原则,多年来一直坚持不渝地致力于改善中日关系,争取实现中日邦交正常化。我们提出了中日邦交正常化三原则,这就是:中华人民共和国政府是代表中国的唯一合法政府;台湾是中华人民共和国领土不可分割的一部分;日台“条约”是非法的、无效的,应予废除。这三原则在日本国内得到了越来越广泛的同情和支持。

田中内阁成立后,就宣布把实现中日邦交正常化作为自己的首要任务,表示“充分理解”中国方面提出的邦交正常化三原则,并果断地为谋求解决两国关系问题采取了许多实际步骤。

在两国政府的联合声明中,我国政府重申:台湾是中华人民共和国领土不可分割的一部分。日本政府表示充分理解和尊重中国政府的这一立场,并坚持遵循波茨坦公告第八条的立场。这样,第二次世界大战后台湾已经归还中国的事实,就进一步得到了确认。这对那些鼓吹“两个中国”或“一中一台”谬论的人,不啻是当头一棒。

中日两国的和平友好相处,不仅符合我们两国人民的利益,也符合亚洲和太平洋地区各国人民的利益。中日邦交正常化不是针对第三国的。中日两国政府在联合声明中郑重宣布,两国任何一方不应在亚洲和太平洋地区谋求霸权,每一方都反对任何其他国家或国家集团建立这种霸权的努力。毫无疑问,中日两国睦邻友好关系的建立和发展,将大大有利于和缓亚洲紧张局势和维护世界和平。

中国人民的伟大领袖毛主席说:“日本人民同中国人民是好朋友。”中日两国有着2000年交往历史,尽管在半个世纪中经历过多次战争的灾难和祸害,但是,中日两国人民在漫长的岁月中结成了深厚的友谊。时代在发展,历史在前进。瞻望未来,我们深信中日友好有着广阔的发展前途,中日两国伟大的人民一定能够排除各种障碍,世世代代友好下去。我们决心同日本人民一道,为继续发展中日友好关系而共同奋斗。

——摘自田桓:《战后中日关系文献集1971—1995》,中国社科出版社1997年版,第115—116页。

案例分析

中日的建交符合两国人民的根本利益,使两国建立了和平友好的外交关系,消释了一些民族矛盾,中日两国的民族关系得到了极大的改善。有利于20世纪70年代世界各国与中国建交热潮的出现,提升了中国国际地位,为我国经济建设创造了良好国际环境;有利于缓和当时世界紧张局势,促进亚太地区和世界的和平、稳定、繁荣促使世界政治格局多极化趋势的发展。在今天,我们也应该以宽广深邃的战略目光、以互利共赢的时代思维来审视和处理中日关系。

思考问题

1. 新中国成立以来,中国共产党之所以能不断开拓外交新局面的原因是什么?

2. 在当今的国际交往中,我们应如何继承和发展以毛泽东为首的党中央领导集体的外交方针和策略?

专题十

集体主义和英雄主义的赞歌

本专题概述

新中国的成立,标志着中国已经从半殖民地半封建社会进入了新民主主义社会,并开始了向社会主义社会的过渡,中国历史由此开辟了一个新纪元。新中国成立初期,百废待兴,百业待举,全国人民出于对社会主义信念的坚定,对共产党和毛主席的无限感激和崇敬之情,对劳苦大众当家做主的社会主义的拥护和爱戴,都投身于社会主义建设。尽管他们没有过人的本领,没有经天纬地的成就,但在平常的工作中,在平凡的岗位上,兢兢业业,勤勤恳恳,忠于职守,并为自己能够履行职责而倍感骄傲自豪。他们为工作奉献一生,全心全意为人民服务,具有强烈的奉献精神,在人格形象上的核心是坚持伦理道德的崇高和高尚,在行为的选择取向上是坚持"团体取向""集体主义"。因此,在这一时期,涌现出许多先进典型人物,工业战线上有了王崇伦、郝建秀、王进喜、耿长锁等普通工人阶级先进典型;农业上有了李顺达、陈永贵等农民群众先进典型。60 年代先进人物典型的树立迈向了建国后的第一个辉煌期,"毛泽东的好战士——雷峰"、"县委书记的好榜样——焦裕禄"以及"种粮模范吴吉昌"、"舍身救火的向秀丽"等先进人物典型如雨后春笋般脱颖而出,他们的可贵精神影响着一代又一代后来者,为实现民族复兴的中国梦提供精神支柱。

案例 1 "铁人"王进喜

如果说,铁人王进喜从新中国成立前为谋生而投身石油行业,到新中国成立后他知恩图报献身石油事业,是朴素阶级感情的一次飞跃的话,那么,群英会上遇到的两件事情,就使他朴素的阶级感情升华为民族意识和爱国热忱。

第一件事是看到了一个怪现象,一进城,王进喜发现来往奔驰的公共汽车都背着一个鼓鼓的煤气包。他深为自己是石油工人却眼睁睁地看着国家缺油作难而感到羞愧、内疚。第二件是听到了一个好消息。会议期间,传来了我国东北地区发现大庆油田的喜讯。铁人一扫愁容,逢人就说"谁说中国'贫油'? 我们非打出一个大油田给他们看看。"

回到玉门,王进喜兴奋无比,再三请战,要求带队出征。他满怀深情地说:"过去,我只知道好好工作,报答党和毛主席,不清楚工人阶级肩负的担子有多重。北京汽车上的煤气包把我压醒了,真真切切地感到国家的压力、民族的压力,'呼'地一下子都落在自己的肩上。"让国家缺油作难,是石油工人的奇耻大辱,为国家分忧是石油工人的神圣职责。这就是铁人的民族魂,就是老一辈石油工人的民族魂。怀着这种为国争光、为民族争气的崇高精神,王进喜率先东进,投入到他日夜向往的大庆会战战场。

大庆会战是在困难的时期、困难的地方、困难的条件下开始的。面对重重困难,王进喜带领1205钻井队创造了大庆会战史上一个又一个奇迹;靠人拉肩扛,60吨重的钻机等设备,呗撬杠、扁担、绳子连拖带拉,安装就位;奋战3天3夜,38米高、22吨重的井架迎着寒风矗立荒原;50多吨打井用水,凭水桶、脸盆端进井场。铁人5天5夜不下"火线",带领全队打成了大庆会战开始后的第一口油井。这口井只用6天多时间,质量达到全优。

1966年,王进喜指挥他的钻井队突破年进尺10万米的大关,攀上了当时世界钻井年进尺的巅峰,把美国王牌钻井队和苏联功勋钻井队远远地抛在后面,再一次为中华民族争了光、争了气。

铁人王进喜把发展祖国的石油工业视为自己生命的全部,又把全部生命奉献给了他所挚爱的石油事业。他征戈壁,战荒原,创纪录,攀高峰,生命不息,奋斗不止。

王进喜是大会战中涌现出来的第一个英雄,他的出现远非一个单纯的劳动模范的意义,他不仅是树立了一个样板,更是树立了一种信心。在当时那样艰苦的条件下,他带头扛起攻坚克难的大旗,提振整个大会战乃至一个国家工业建设的士气。王进喜就是那个群情激昂的大时代里筚路蓝缕的英雄,他不仅是一个时代的标识,更在伟大的创业实践中挺立了整个国家和民族的精神脊梁。

——摘自全国政协文史和学习委员会:《工业学大庆记事》,中国文史出版社2009年版,第167—168页。

案例分析

王进喜26岁走上为国家打井拿油的艰难道路,在玉门奋斗10年,成为全国闻名的"钻井闯将";36岁,参加全国群英会,在北京街头"泪洒沙滩",从此把自己的身家性命与祖国的命运更加紧密地联系在一起,立下了要甩掉贫油落后帽子的雄心大志;在大庆大会战中,他立下"宁肯少活20年,拼命也要拿下大油田"的誓言,为开发建设大庆立了大功,成为叫响世界的"铁人"。在《大庆日报》的一篇文章里,铁人对《战报》记者说过这样一番话:"人活着就要为国家、为人民干点事,哪怕少活他20年、30年。国家的事不干、人民的事不干,这样的人没用,活多少年有什么用?"这是王进喜对人生价值、生命价值最好的诠释。铁人将他生命中的一切都无私地献给了祖国的石油事业,他在自己用生命铸就的辉煌中找到了永恒。"铁人"已经不仅仅是一个人的称号,而是我们一个民族共同的记忆,他是一个国家的骄傲,也是我们这个民族的骄傲!

思考问题

1. 铁人王进喜在大庆油田勘探过程中做出了哪些贡献?
2. 为什么王进喜能够始终心系国家,全身心的投入社会主义建设?

案例2 县委书记的榜样焦裕禄

1962年冬天,正是豫东兰考县遭受内涝、风沙、盐碱三害最严重的时刻。这一年,春天风沙打毁了20万亩麦子,秋天淹坏了30多万亩庄稼,盐碱地上有10万亩禾苗碱死,全县的粮食产量下降到了历史的最低水平。就是在这样的关口,党派焦裕禄来到了兰考。展现在焦裕禄面前的兰考大地,横贯全境的两条黄河故道,是一眼看不到边的黄沙;片片内涝的洼窝里,结着青色的冰凌;白茫茫的盐碱地上,枯草在寒风中抖动。

焦裕禄深深地了解,理想和规划并不等于现实,这涝、沙、碱三害,自古以来害了兰考人民多少年呵!今天,要制服"三害",要把它们从兰考土地上像送瘟神一样驱走,必须进行大量艰苦细致的工作,付出高昂的代价。

他下决心要把兰考县1800平方公里土地上的自然情况摸透,亲自去掂一掂兰考的"三害"究竟有多大分量。

根据这一想法,县委先后抽调了120个干部、老农和技术员,组成一支三结合的"三害"调查队,在全县展开了大规模的追洪水、查风口、控流沙的调查研究工作。焦裕禄和县委其他领导干部,都参加了这次调查。那时候,焦裕禄正患着慢性的肝病,许多同志担心他在大风大雨中奔波,会加剧病情的发展,劝他不要参加,但他毫不犹豫地拒绝了同志们的劝告,他说:“吃别人嚼过的馍没味道。”他不愿意坐在办公室里依靠别人的汇报来进行工作,说完就背着干粮拿着雨伞,和大家一起出发了。

每当风沙最大的时候,也就是他带头下去查风口、探流沙的时候;雨最大的时候,也就是他带头下去冒雨涉水,观看洪水流势和变化的时候。他认为这是掌握风沙、水害规律最有利的时机。为了弄清一个大风口,一条主干河道的来龙去脉,他经常不辞劳苦地跟着调查队,追寻风沙和洪水的去向,从黄河故道开始,越过县界、省界,一直追到沙落尘埃,水入河道,方肯罢休。在这场艰苦的调查中,焦裕禄简直变成一个满身泥水的农村“脱坯人”了。他和调查队的同志们经常在截腰深的水里吃干粮,蹲在泥泞里歇息……

送走了风沙滚滚的春天,又送走了暴雨连连的夏季,调查队在风里、雨里、沙窝里、激流里度过了一个月又一个月,方圆跋涉了5000余里,终于使县委抓到了兰考“三害”的第一手资料。全县有大小风口84个,经调查队一个个查清,编了号、绘了图;全县的千河万流,淤塞的河渠,阻水的路基、涵闸……也调查得清清楚楚,绘成了详细的排涝泄洪图。

这种大规模的调查研究,使县委基本上掌握了水、沙、碱发生、发展的规律。几个月的辛苦奔波,换来了一整套又具体又详细的资料,把全县抗灾斗争的战斗部署,放在一个更科学更扎实的基础之上。大家都觉得方向明,信心足,无形中增添了不少的力量。

——摘自《县委书记的榜样—焦裕禄》,《人民日报》1960年2月7日。

案例分析

有些人死了,却永远活在人民心中。焦裕禄就是这样的人。对当代中国人来说,焦裕禄已经化为一座丰碑,代表着一个时代、一种风范和信仰。“他心里装着全体人民,唯独没有他自己。”“党的好干部,人民的好儿子,县委书记的好榜样,人民群众的贴心人。”这就是历史对焦裕禄的评价!焦裕禄的一生,是为党的事业、为人民利益鞠躬尽瘁的一生。在社会主义现代化建设的今天,我们应该像焦裕禄那样密切联系群众,一切为了群众,事事相信和依靠群众;应该像焦裕禄那样坚持党的实事求是的思想路线,一切从实际出发,讲真话,办实事,大胆开拓,创造性地工作;应该像焦裕禄那样不怕困难,不畏艰险,顽强拼搏,艰苦创业;应该像焦裕禄那样廉洁奉公,勤政为民,全心全意为人民服务。

思考问题

1. 在兰考,焦裕禄如何带领人民治理内涝、风沙和盐碱这三害的?
2. 如何理解焦裕禄所说的"吃别人嚼过的馍没味道?

案例3 弘扬红旗渠精神,当好红旗渠传人

中原大地纵卧着巨龙一般巍峨的太行山。处于太行山南端的林县(1994年改称林州),是一个土薄石厚、水源奇缺的贫困山区。由于缺水,林县人民长期以来过着苦不堪言的生活。新中国成立之初,林县全境共有98.5万亩耕地,但水浇地却只有1.24万亩,其他耕地全都是靠天种植。遇上大旱颗粒无收,遇上小旱就薄收,小麦种植面积很小,产量也很低,亩产仅有七八十斤,秋粮也不过百把斤,老百姓仍然过着糠菜半年粮的穷苦生活。于是,千方百计找水、肩挑背驮拉水也就成了林县人祖祖辈辈生命中最沉重的记忆。为了摆脱因缺水造成的生存困境,从1960年2月到1969年7月,林县人民在党的领导下,在国家困难时期,宁愿苦干,不愿苦熬,在极其艰难的施工条件下,以"誓把河山重安排"的英雄气概,坚持和发扬"解放思想、实事求是、自力更生、艰苦奋斗、自强不息、开拓创新、团结实干、无私奉献"的精神,耗费了整整10年的心血与精力,日日夜夜奋战于太行山悬崖绝壁上、险滩峡谷中,逢山凿洞,遇沟架桥,凭借一锤一钎,削平了1250座山头,凿通了211个隧洞,架设渡槽152座,兴建水库48座、塘堰364座,修建各类设施12408座,总投工日3963.85万个,投资7154.7万元,建成了总干渠长达70.6公里,干渠、分干渠、支渠、斗渠共1500多公里的大型水利灌溉工程——人工天河红旗渠。

红旗渠工程动工于1960年2月,当时,全国正处于严重自然灾害时期,国家根本不可能投入多少资金和技术人员,林县人民的生活也极端困难。没有任何机械设备,粮食蔬菜供应也很少,参加修渠的干部民工每人每天只有0.5公斤原粮、1.5公斤蔬菜。但就是在这极其险恶的环境条件下,林州人民凭着自力更生的精神、坚韧不拔的意志和集思广益的智慧完成了一项创世纪的伟大工程。没有资金自己筹,没有物料自己找,没有工具自己造,没有水泥自己制,没有抬筐自己编,没有参考资料,土专家们就亲自勘测、精心设计,没有技术指导就在干中学。粮食、蔬菜不够吃,民工们就上山采树叶、下河捞河草,吃的是糠菜团,喝的是野菜汤,营养缺乏,劳动强度大,许多人得了浮肿病。没有房子住,民工们就住山崖、石庵、石洞,打土窑、搭席棚。但为了早日将漳河水引入林县,建

渠干部群众提出“宁愿苦战,不愿苦熬”,仍坚持战斗在工地,以愚公移山的精神,终日挖山不止。

青年洞就是在这样艰难困苦的条件下开凿的。青年洞是红旗渠总干渠的咽喉工程之一,是引进漳河水的必经之路,也是红旗渠最艰险的工程,从地势险恶、石质坚硬的太行山腰穿过。青年洞开凿时,缺粮少菜,大家忍着饥饿苦干,青年们把豪言壮语写在太行山石壁上:“苦不苦,想想长征两万五;累不累,想想革命老前辈”;“为了后辈不受苦,我们就得先受苦”。青年洞于 1960 年 2 月 10 日动工,1961 年 7 月 15 日竣工。在青年洞的修建中,320 名青年组成突击队,凭借集体的智慧创造了“连环炮”、“三角炮”、“瓦缸炮”等爆破方法,使挖山速度从每日 0.3 米提高到 2 米多。经过 17 个月的艰苦卓绝的苦战,大家用蚂蚁啃骨头的精神,终于从坚硬的岩石上凿通了一条高 5 米、宽 6.2 米、长 616 米的输水洞,完成了红旗渠建设的关键工程。为了纪念青年们的丰功伟绩,这条输水洞后来被正式命名为“青年洞”。1973 年全国人大常委会副委员长郭沫若为此工程亲笔题名。拦河大坝也是在这样艰难困苦的条件下垒起的。天寒地冻,河水冰凉,机械、材料一无所有,有的就是一副肩膀两只手。80 个修渠民工顶着刺骨的寒风,在漫天飞舞的大雪中,仅靠布满冻痕的双手,争分夺秒地锻出了 3 万块料石。人们把一块块料石投进水里,但很快就被大水冲走了。这时候,几百名林县硬汉毫不犹豫地跳进冰冷的河水中,臂挽着臂,肩挨着肩,架起一道道人墙,硬是靠着血肉身躯抗拒着激流。当岸上的民工急步流星地抬石头、背沙袋,在人墙下用一块块巨石垒起 70 米长的拦河大坝时,河水里的硬汉们个个嘴唇被冻紫了,四肢也被冻僵了……

——摘自王挺芳:《“天河”引来幸福水——红旗渠建设岁月追忆》,《党史文汇》2007 年第 4 期。

案例分析

红旗渠的建成,彻底改变了林县干旱缺水的历史,把“光岭秃山头,水缺贵如油”的贫瘠山沟,变成了“旱涝都不怕,年年保丰收”的江南水乡。红旗渠的修建,不仅解决了当时林县 56 万人口严重缺水的生存危机,还带动和促进了林县各行各业的发展,使林县面貌发生了巨大变化。红旗渠的故事历久弥新、令人难忘,不仅仅由于其故事本身的辉煌与悲壮,更是因为它强烈的象征性意义。40 多年来,被誉为“人工天河”的红旗渠一直以一种精神象征被人们传颂着,红旗渠精神以独立自主为立足点,以艰苦创业、无私奉献为核心,以团结协作的集体主义精神为导向,既继承和发展了中华民族勤劳坚韧的优良传统,又体现了当代中国人的理想信念和不懈追求。是中华民族在社会主义建设时期拥有的独具特色的一笔精神财富,是中华民族繁衍、生存和进一步发展的民族魂的体现。

思考问题

1. 林县人有哪些精神值得我们学习?
2. 在今天,我们应如何弘扬红旗渠精神,争做红旗渠的传人?

案例4　中国“两弹一星”元勋邓稼先

如果不是为了保密的需要,邓稼先可能是这一年最受媒体关注的人物。试想,全国上下都在“大跃进”、大放各种稀奇古怪的“卫星”,但有哪一个“卫星”能像原子弹那样给中国人提气?“研制原子弹“无疑是这一年最大的“卫星”,而邓稼先正是研制原子弹的“主攻手”。

邓稼先 1948 年入美国普渡大学攻读核物理专业研究生。1950 年 8 月获博士学位时,他年方 26 岁。老一辈科学家都称他为“娃娃博士”。受命研制原子弹后,他告诉妻子许鹿希:“鹿希,往后家里的事我就不能管了,我的生命就献给未来的工作了,做好了这件事,我这一生就过得很有意义,就是为它死了也值得。”

从此,邓稼先“消失”,连妻子也不知道他的去向,只知道他在执行一项异常重要的任务。1964 年 10 月,我国第一颗原子弹爆炸成功,举国为之欢腾。他的岳父许德所老人曾兴奋地问著名科学家严济慈:“咱们中国能自己造出原子弹来,不知谁有这么大的本事?”知道内情的严济慈笑着回答:“去问你的女婿吧。”

邓稼先带领他的科研队伍,以国家大局为重,排除各种干扰,在科学的殿堂里执着而艰难地跋涉着。他始终遵照周总理“严肃认真、周到细致、稳妥可靠、万无一失”的指示对待每一项工作,绝不放过每一个疑点。他身先士卒、任劳任怨、埋头苦干,“一不为名、二不为利,但工作目标要奔世界先进水平”。从核装置的理论设计、加工、组装、实验测试到定型生产,他总是尽力到现场把关。遇到重大技术问题,他无不亲到第一线指挥处理。艰苦的荒漠生活,长期的脑力劳动,使他的鬓发变白了,体力也日感衰竭了。有许多次他都突然昏倒在试验场地。在一次核试验中,工作人员见他实在是太累了,都纷纷劝他回去休息。可是,邓稼先却严肃而坚定地说“我不能走,这里就是战场啊!”

“就是为它死了也值得。”邓稼先确实将生命献给了中国的核事业。不只是原子弹,还有氢弹,还有一枚枚中程导弹、中远程导弹和远程导弹,中国国防的核力量无不浸透了他的心血。

1986 年 6 月 25 日，这一天是邓稼先 62 岁生日，《解放军报》头版头条刊出了通讯伊两弹”元勋——邓稼先》，他的事迹才为世人所知，但此时他的生命已走到了最后一个月。

7 月 29 日，因癌症医治无效，邓稼先这颗科学巨星陨落。他的终生挚友、诺贝尔物理学奖得主杨振宁给许鹿希发来唁电说：“他的无私精神与巨大贡献，是你的也是我的永恒的骄傲。”其实，邓稼先和他所做的一切，更是全国人民的骄傲。

——摘自彭明榜：《百年青春》，南开大学出版社 2003 年版，第 111 页。

案例分析

邓稼先是一位具有中国农民朴实气质的人，一位鲜为人知的科学家，一位身为先卒，不怕牺牲的英雄。为了祖国，他默默无闻，隐姓埋名 31 年，他踏遍戈壁草原，努力奋战自当先。他常常在关键时刻，不顾个人安危，出现在最危险的岗位上。他创造而不占有，成功而不自居，视名利如粪土，把自己的一生献给祖国。邓稼先带领堪称中国最优秀的团队，在最短的时间内，创造了“两弹一星”的奇迹，开拓了中华民族核武器事业，让中华民族摆脱了任人宰割的危机。二十八年兢兢业业的工作，他把自己的利益永远放得比国家轻；他把自己的生命永远看得比科学小。在科学的第一线上邓稼先带领中国人用原子弹的威力征服世界，成为我国国防事业上一座不朽的丰碑。

思考问题

1. 从邓稼先身上我们学到了什么？
2. 在当今社会，我们应该如何将集体主义和英雄主义精神贯穿到生活中？

专题十一

实现"四个现代化"的梦想

本专题概述

建国伊始，党提出的中国发展战略目标是实现工业化，即由一个落后的农业国变成一个富强的工业国。1952 年底，国民经济恢复任务胜利完成，中国经济战略发展目标开始逐步由单一的工业化向四个现代化转变。1954 年 9 月第一届全国人民代表大会召开，周恩来在政府工作报告中提出："如果我们不建设起强大的现代化的工业、现代化的农业、现代化的交通运输业和现代化的国防，我们就不能摆脱落后和贫困。"这是党最早提出的"四个现代化"的概念。1959 年 12 月至 1960 年 2 月，毛泽东亲自组织了一个读书小组，认真研读苏联《政治经济学(教科书)》。基于对当时国防形势的判断分析，毛泽东在读书时提出，建设社会主义，原来要求是工业现代化、农业现代化、科学文化现代化，现在还要加上国防现代化。这样，毛泽东第一次比较完整地提出了"四个现代化"的概念。1963 年 1 月 28 日，周恩来在上海市委召开的各界民主人士春节座谈会上提出："我们要为实现我国的农业现代化、工业现代化、国防现代化和科学技术现代化的目标而奋斗。"同年 12 月闭幕的二届人大四次会议，号召全国人民为把中国建设成为一个具有现代农业、现代工业、现代国防和现代科学技术的强大的社会主义国家而奋斗。1964 年 12 月 21 日，周恩来在三届人大一次会议上作《政府工作报告》时，正式向全国人民宣布中国今后的战略目标是："要在不太长的历史时期内，把我国建设成为一个具有现代农业、现代工业、现代国防和现代科学技术的社会主义强国。"从此，四个现代化成为中国社会主义建设的战略目标，成为全国人民自觉行动的口号。

案例 1　"四个现代化"的提出

新中国成立后，党和毛泽东提出建立伟大的社会主义国家的总任务，但在开始,对于具体任务和具体目标并不是十分明确和清楚的,只是随着对社会主义建设的认识不断深化,毛泽东对建设社会主义国家的具体内容也逐步有了清晰的认识,经历了由"工业化"到"四个现代化"的转变。

国民经济得到恢复后,党和毛泽东及时提出了党在过渡时期的总路线:"从中华人民共和国成立,到社会主义改造基本完成,这是一个过渡时期。党在这个过渡时期的总路线和总任务,是要在相当长的一个时期内,逐步完成对农业、对手工业和对资本主义工商业的社会主义改造。"完成这个任务,"中国就可以基本上建设成为一个伟大的社会主义国家。"工业化与三大改造同时并举,"工业化"是主,"三大改造"是次,后者是为前者服务的。"在新民主主义的政治条件获得之后,中国人民及其政府必须采取切实的步骤,在若干年内逐步地建立重工业和轻工业,使中国由农业国变为工业国。"革命胜利后集中一切力量实现国家工业化,把中国由一个落后的农业国变成先进的工业国,这正是共产党人民主革命时期未来理想的继续。

周恩来在一届人大第一次会议上曾提出过"四个现代化"。中共八大党章的总纲部分也提出过使中国具有现代化的工业、现代化的农业、现代化的交通运输业、现代化的国防等这"四个"现代化,但严格来说,这还不算是我们今天所说的"四个现代化",它们所体现的还只是物质方面的要求,这正反映了当时党内对迅速发展国民经济的迫切性的认识。

1955 年 3 月,毛泽东在党的全国代表大会上重申了这一思想,但是也有新的发展。一是对建成社会主义工业化国家所需的时间做了调整。他认为,"我们可能经过三个五年计划建成社会主义社会,但要建设成为一个强大的高度社会主义工业化的国家,就需要有几十年的艰苦努力,比如说,要有五十年的时间,即本世纪的整个下半个世纪。"二是对现代化建设的内容有了新的认识。"我们进入了这样一个时期,就是我们现在所从事的、所思考的、所钻研的,是钻社会主义工业化,钻社会主义改造,钻现代化的国防,并且开始要钻原子能这样的历史的新时期。"在这里,毛泽东把现代化的内容不仅由工业现代化扩展到国防现代化,而且还扩展向原子能这一崭新的科学技术领域。此后的几年时间里,毛泽东对现代化的内容进行了探讨,社会主义现代化的具体目标更加清晰。1957 年和 1958 年先后三次谈及要把我国建设成为具有现代化工业、现代化农业和现代化科学文化的社会主义国家的问题。到 1959 年 12 月,毛泽东读苏联政治经济学教科书时候谈到,"建设社会主义,原来要求是工业现代化,农业现代化,科学现代化,现在要加上国防现代化。"这样,毛泽东就形成了比较完整的"四个现代化"的思想。

根据毛泽东的这一思想,周恩来在三届人大一次会议上提出,"今后发展国民经济的任务,总的来说,就是要在不太长的历史时期内,把我国建设成为一个具有现代农业、现代工业、现代国防和现代科学技术的社会主义强国,赶上和超过世界先进水平。"从此,"四个现代化"就成为一个家喻户晓的名词,实现四个现代化就成为全党和全国各族人民在新的历史时期的奋斗目标。

——摘自郭根山:《毛泽东与中国现代化道路——以世界现代化进程为视点》,中央文献出版社2006年版,第135—137页。

案例分析

新中国成立后,为把我国建设成为一个伟大的社会主义强国,以毛泽东为代表的党中央首先提出要使中国"由落后的农业国变成先进的工业国";同时,毛泽东提出,"我国是一个六亿人口的大国,要实现社会主义工业化,要实现农业的社会主义化,机械化。";基于当时的国际环境和中国实际状况,党中央还指出要使中国在世界之林立于不败之地,必须加强国防和科技建设,因此,针对性地提出"四个现代化"。从此,四个现代化成为我国社会主义建设的战略目标,成为全国人民自觉行动的口号。

思考问题

1. 从"工业化"到"现代化",中国共产党是如何转变观念的?
2. 国家和政府为实现"四个现代化"做了哪些努力和贡献?

案例2 建设国防现代化的总构想

新中国成立后,中国共产党成为执政党,党的工作重心由过去的以发动革命、进行革命战争为主转变成以发展经济、促进国家全面建设为主。随之,党的军事工作的中心任务也发生了历史性变化,由过去的以夺取政权为主,转变成为以维护国家安全和领土主权不受侵犯、巩固人民民主专政的社会主义制度、保障社会主义建设所需要的和平环境为主。

旧中国有目无防,国门洞开,受到了帝国主义列强的欺凌。革命胜利后,毛泽东对于如何加强新中国的国防事业,建设强大国防,结束被人欺凌的历史,进行了深入的思考和全面科学的规划。

1949年9月21日,毛泽东在中国人民政治协商会议第一届全体会议上,向全党、全军相全国人民发出了建设强大国防的号召。他告诫说,帝国主义和国内反动派决不甘心于他们的失败,他们还会以各种方式从事破坏和捣乱,他们将每日每时企图在我国复辟这是必然的,毫无疑义我们务必不要松懈自己的警惕性。他强调:“我们的国防将获得巩固、不允许帝国主义者再来侵略我们的国土。在英勇的经过了考验的人民解放军的基础上,我们的人民武装力量必须保存和发展起来。我们将不但要有一个强大的陆军,而且要有一个强大的空军和强大的海军。”毛泽东的这段话,是新中国国防建设的宣言,不仅强烈表达了中国人民要求建设强大国防的愿望,而且对如何建设新中国的国防事业提出要求。1950 年,在中国人民政治协商会议全国委员会为建国一周年举行的庆祝大会,周恩来进一步阐述了毛泽东的上述思想,胜利了的中国人民不可能没有强大的国防力量来保护自己。我们必须及时地加强我们的国防建设,并且随时警惕地注视着帝国主义敌人扩大侵略战争的阴谋。我们必须建立强大的人民空军和人民海军,才能够击退从空中和海上袭来的武装盗匪,保护我们的领空领海不受侵犯。我们的人民陆军必须陆续加以强化,使它足以战胜任何侵略者。”

从上述认识出发,特别是新中国从诞生的那一天起,就面临着国内外敌对势力的严重挑战。所以,新中国各项建设一起步,中共中央、毛泽东就提出了要一手抓经济,一手抓国防的方针。1950 年明,毛泽东在致全国战斗英雄代表会议和全国工农兵劳动模范代表会议的祝词中说:“中国必须建立强大的国防军,必须建立强大的经济力量,这是两件大事。”突出表明了国防建设在建国初期国家总体建设中的重要地位。

关于新中国的国防政策和建设国防的目标。国防政策是国家政策的一个组成部分,是指导国防建设的一个重要依据。由毛泽东起草的中国人民政治协商会议第一届全体会议宣言,阐明了新中国的国防政策,即“加强人民的陆海空军,巩固国防,保卫领土主权完整反对任何帝国主义国家的侵略。”“联合一切爱好和平自由的国家、民族和人民……共同反对帝国主义挑拨战争的阴谋,争取世界的持久和平。”这种以反对侵略、维护和平为核心的国防政策,体现了我国的社会政治性质,成为我国长期的基本国策之一。依据这样一种政策,党中央和毛泽东进一步确定了我国国防建设的基本目标即保卫国家领土主权不受侵犯,为国家的正常建设和人民的生活安宁创造良好的环境。

关于国防建设的目标和措施。在毛泽东关于建设社会主义现代化中国的战略构想中,国防现代化从一开始就是他极为关注的一个重要方面。“富国强兵”也一直是多少代中国人的逻辑思路和梦想。特别是朝鲜战争爆发后,毛泽东更加重视加速推进国防现代化。1953 年 8 月 26 口,他在给军事工程学院的训词中,明确提出了现代化国防的概念。他指出:“为了建设现代化的国际我们的陆军、空军和海军都必须有充分的机械化的装备和设备”。根据毛泽东的建说党在过渡时期的总路线把实现国防现代化规定为国家建设的重要内容。“我国国防的现代化正是党在过渡时期总路线的重要组成部分。”

把实现国防现代化作为总目标，在这一总目标下，努力建设强大的现代化正规化革命军队，加强后备力量建设，完善国防动员体制；大力发展国防工业，建设比较完整的、具有一定现代化水平的国防工业体系。这就是新中国成立后党中央和毛泽东同志为我国国防事业绘制的基本发展蓝图和总体构想。

——摘自李德福：《博大精深的兵学宝库——毛泽东的军事观》，中国政法大学出版社1993年版，第268—272页。

案例分析

中华人民共和国成立后，国际国内客观形势发生了极大变化。中国共产党成为执政党，党领导的人民解放军同时成为国家的武装力量。人民解放军的根本任务由夺取政权转变为巩固国防，抵抗侵略，保卫人民的和平劳动，为国家建设创造一个安全的环境。在筹备成立新中国的中国人民政治协商会议第一次全体会议上，毛泽东指出，在人民解放军的基础上，我们的人民武装力量必须保存和发展起来。我们将不仅有一个强大的陆军，而且有一个强大的空军和一个强大的海军，以巩固国防。这实际上就提出了我军今后的发展目标，提出了建设一支强大的现代化军队的思想。毛泽东指出，我们只有实现国防的现代化，才能更加有效地抵御帝国主义可能发动的侵略，捍卫已经争得的民族独立和人民解放，维护国家的主权和安全，才能争得和平的国际环境，保卫人民的和平劳动，建设社会主义的现代化强国。要实现国防现代化，首先要有一支强大的现代化国防军。这是建设现代化国防最核心的任务。只有使军队的战斗力符合战争、国防的需要，国家安全才有保障。因此，毛泽东在国防现代化建设方面，首先关心的是军队现代化建设，即提高军队战斗力的问题。以毛泽东为代表的党中央在指导国防现代化建设的过程中做了多方面的开拓性探索，为建立现代化的国防做出很大贡献。

思考问题

1. 为什么国家提出要建设国防现代化？
2. 建设国防现代化的最终目的是什么？

案例3 中国共产党对农业现代化的探索

走向现代化是人类历史发展的必然趋势，也是先进的中国共产党人基于国家、民族利益的不懈追求。早在1945年，毛泽东在党的七大上所作的《论联合政府》政治报告中就明确指出：抗日结束以后，可以预断，中国工人阶级的努力和贡献将会是更大的。中国工人阶级的任务，不但是为着建立新民主主义的国家而斗争，而且是为着中国的工业化和农业近代化而斗争。这里毛泽东向全党提出了我国现代化的方向和目标，但由于历史条件的限制，对于农业的现代化，毛泽东主要是从工业化的角度来理解的，而且将土地改革作为实现农业现代化的前提条件。正是基于这种深刻的认识，以毛泽东为代表的中国共产党人在新中国成立初期进行了土地改革。

土地改革的顺利完成，使中国农业现代化开始了它艰辛探索与发展的历程。

刚刚摆脱半殖民地半封建社会的落后的中国的农业怎样走向现代化，毛泽东选择了农业合作化的途径。在进行农业合作化的过程中，毛泽东直接提出了农业自身的现代化的问题。1954年9月，一届人大政府工作报告中提出要在中国建设起现代化的工业、现代化的农业、现代化的交通运输业和现代化的国防，在此首次具体提出了农业现代化的目标。此后，毛泽东和党中央进一步丰富农业现代化的内容，把实现电气化和机械化、水利化、化肥化看作实现农业现代化的主要标志，认为农业现代化应是“农业劳动实现半机械化和机械化，凡有条件的农村基本上实现电气化；农作物大量使用化学肥料和农药；百分之九十以上的耕地实现水利化”。1956年底，我国农业的社会主义改造基本完成，尽管农业合作化后期犯了步骤过急、工作过粗和改变过快的错误，但我国通过农业合作化的途径、沿着社会主义方向走上农业现代化的道路是正确的选择，由此起步的农业现代化的实践对我国后来农业的发展起到了重要的推动作用。

毛泽东将实现农业的机械化、水利化看作为实现农业现代化的重要标志。为了推进农业现代化的进程，1957年9月，中共中央、国务院发出了《关于今冬明春大规模地开展兴修农田水利和积肥运动的决定》，要求各地“首先要反对保守思想”，在这年冬季，集中力量开展一个大规模的农田水利建设运动和积肥的运动，使之“成为随着目前农村社会主义教育高潮而来的生产高潮的主要组成部分”。10月，毛泽东在中共八届三中全会上，作了题为《做革命的促进派》的讲话，对1956年的“反冒进”进行了公开的批评，提出“我们总的方针，总是要促进的。”八届三中全会通过了《1956年到1967年全国农业发展纲要（修正草案）》（简称四十条或农业发展纲要)，《人民日报》为此配发的社论指出，许多人惯于根据小农经济的生产条件来看合作化以后的新情况，对于过去没有见过的事情，常常是不敢想、不敢做，信心不足，顾虑重重。“为了克服各种各样的保守思想，最有效的方法，就是在农村中以四十条纲要为中心，进行一次生产建设问题的大鸣、大放、大争。”八届三中全会以后，各地随即落实农业发展纲要四十条，部署农田水利建设和积肥运动。投入水利建设的劳动力，当年的10月份有二三千万人，11月份达到六七千万人，12月份达到8000万人，1958年1月达到了1亿人。使我国农村社会经济体制发生了深刻的变革，为农业水利化、机械化提供了便利的条件，一定程度上推动了农业现代化的实现。

——摘自张纯、马金雪：《新中国成立后毛泽东对实现农业现代化的探索》，《黑龙江教育学院学报》2011年第3期。

案例分析

实现农业现代化是以毛泽东为核心的党的第一代领导集体确立的社会主义现代化建设战略目标之一，也是实现“四个现代化”的基础和关键。新中国成立后，毛泽东通过发动与领导土地改革、农业合作化和人民公社。这三大运动对农业现代化的历程进行了探索，其探索历程艰辛而又曲折。对农业现代化的的不断发展有重要意义。

思考问题

1. 毛泽东对农业现代化的探索对当今农业发展有何借鉴意义？
2. 为什么把“农业现代化”作为“四个现代化”的基础？

案例4　建国初期毛泽东科技现代化建设的基本思想

建国初期，毛泽东在科技发展方面提出了许多独到的见解，制定了一系列正确的方针政策，提出了科技现代化的宏伟目标。

毛泽东在领导中国革命和建设的漫长历程中，一直重视科技对社会发展的作用。1963年，他在《人的正确思想是从哪里来的?》一文中，提出科学实验是人类三大社会实践活动之一的论点。同年12月，在听取中央科学小组汇报时，他强调：“科学技术这一仗，一定要打，而且必须打好。”毛泽东说：“过去我们打的是上层建筑的仗，是建立人民政权、人民军队。建立这些上层建筑干什么呢？就是要搞生产。搞上层建筑、搞生产关系的目的就是解放生产力。现在生产关系改变了,就要提高生产力。不搞科学技术,生产力无法提高。旧中国经济技术落后状况,只有用先进的技术设备去改造,才能使社会经济面貌全部改观。新中国成立后,毛泽东提出:"我们的根本任务已经由解放生产力变为在新的生产关系下面保护和发展生产力。"1957 年 3 月,他向全党发出号召:"我们一定要建设一个具有现代工业、现代农业和现代科学文化的社会主义国家。至此,毛泽东正式使用"现代科学文化"的表述,并把它同现代工业和现代农业并列。

毛泽东十分重视加强国家高层的决策和领导,发展尖端技术。50 年代,毛泽东亲自领导科技工作,曾邀集几百位科技专家,瞄准当代世界的新兴科学和技术,共同制定了我国第一个科技发展 12 年规划。规划采取"重点发展,迎头赶上"的方针,提出重要科研任务 57 项,研究课题 600 多个。在这个基础上,又确定了 12 个重点项目,其中有原子能的和平利用、半导体和计算机、喷气技术、自动化和精密仪器、石油勘探等尖端和急需的重大项目。这一战略措施,使我国科技的某些重要和急需的部门赶上或接近世界领先水平,对我国科技、经济、国防现代化的建设,产生了重大影响。到 1963 年,绝大多数科研项目都已完成,基本解决了第二和第三个五年计划期间国家经济建设和国防建设迫切需要克服的一批科技问题,填补了我国科学研究的一些重要空白,发展了原子能、电子学、半导体、自动化、计算技术、喷气和火箭技术等新兴科学技术,特别是我国在原子能、火箭技术等方面取得了重大的突破性成就。1964 年 10 月 16 日,我国爆炸了第一颗原子弹;1966 年 10 月 27 日,我国自己设计制造的导弹发射成功;1967 年 6 月 17 日,我国的氢弹试验成功;1968 年春,完成了发射人造地球卫星的一切准备,1970 年发射成功。在毛泽东的科技现代化思想的指引下,我国迅速掌握了这些尖端技术,从而巩固了新生共和国的独立主权。

发展科学技术的关键是造就一大批科技人才,重点是加强科技工作领导队伍的建设。他指出:"过去我们有本领,会打仗,会搞土改,现在仅仅有这些本领就不够了,要学新本领,要真正懂得业务,懂得科学和技术,不然就不可能领导好。"因此,毛泽东要求:"所有的共产党员都应该学习经济工作,其中许多人应该学习工业技术。"在党的八大预备会上,毛泽东进一步指出:现在中央委员会是一个政治中央,还不是科学中央,将来它的科学成分是会变的;我们的中央委员会应该有许多工程师,有许多科学家。对于领导班子建设来说,这是一个很有战略眼光的观点。

——摘自吴太胜:《试析建国初期毛泽东科技现代化建设的基本思想》,《党史文苑》2005 年第 6 期。

案例分析

建国初期,毛泽东为我国科技现代化建设制定了一系列正确的方针路线,确立了科技在经济社会发展中的战略地位;明确了对待中外一切科技成果的应有态度;提出了加强科技队伍建设的基本思想;要求把党的工作重点放到技术革命上去。研究毛泽东的科技现代化建设思想,对新时期全面理解和贯彻党的科教兴国战略,具有重要的理论和实践意义。

思考问题

1. 新中国成立后,党和国家为什么要提出建立科技现代化?
2. 今天,我们应如何进一步加强科技现代化的建设?

专题十二

急于求成的代价与中国梦的曲折

本专题概述

在社会主义改造与第一个五年计划取得伟大胜利的情况下，为了尽快地改变我国经济文化落后的状况，1958 年 5 月中共八大二次会议正式通过了"鼓足干劲、力争上游、多快好省地建设社会主义"的社会主义建设总路线。会议号召全党和全国人民认真贯彻执行这条总路线，争取在 15 年或者更短的时间内在主要工业产品的产量方面赶上和超过英国。但由于对社会主义经济发展规律和中国经济的基本情况认识不够，进行社会主义建设经验不足，加之毛泽东等人在胜利面前滋长了骄傲自满情绪，急于求成，夸大主观意志和主观努力的作用，因而在社会主义建设总路线提出之后，没经过认真的调查研究，就轻率地发动了"大跃进"运动。同时，毛泽东号召大家要破除迷信，解放思想，发扬敢想敢说敢干的精神，在八大二次会议之后，全国各条战线掀起了"大跃进"的高潮。8 月，中共中央政治局北戴河会议，确定了一批工农业生产的高指标，提出 1958 年钢产量翻番，作为实现"大跃进"的重要步骤，达到 1070 万吨。从此，全国形成了全民大炼钢铁和人民公社化的高潮。运动以"高指标、瞎指挥、浮夸风、共产风"为主要特征，使"左"倾错误严重泛滥开来，严重影响党内民主生活，并造成国民经济的巨大损失。因此，"大跃进"运动提醒我们在社会主义建设过程中，要坚持实事求是，一切从实际出发，使客观实际与主观意志相结合，只有这样，才能促进经济的持续发展。

案例 1　力争高速度

在党的社会主义建设总路线的光辉照耀下，目前我国的工业、农业和整个建设事业都在以高速度前进。

用最高的速度来发展我国的社会生产力,实现国家工业化和农业现代化,是总路线的基本精神。像一根红线,贯穿在总路线的各个方面。如果不要求高速度,当然没有什么多快好省的问题;那样,也就不需要鼓足干劲,也就无所谓力争上游了。因此可以说,速度是总路线的灵魂。

加快建设速度的条件是客观的存在,问题是我们自己究竟想不想快,要不要快。人民的主观能动性有非常伟大的作用,但是要有一把钥匙去开动它。鼓足干劲、力争上游、多快好省地建设社会主义的总路线,就是这把能够开动人民的主观能动性的钥匙。要求快,这本身就是一种强大的动力。当前的形势不就是最好的证明吗?当大家都想快、要快、力争快的时候,事情的进展果然就快了。今年5月份的工业生产比去年同期增加了46%;夏收粮食预计将比去年夏收增产三百亿斤左右,即增加二分之一左右。对于中国工农业能够高速度发展的怀疑论,在这样的事实面前不能不高速度地破产了!

"快",这是多快好省的"中心环节"快了就能够"多",这不用说。快和好省在某种条件下虽然会互相矛盾,而在根本上却也互相促进的。为了快,就必须动员起来力争上游,敢想敢干敢独创。于是,千千万万又好又省的合理化建议和发明创造就出来了,一系列又好又省的政策也就出来了。没有快的需要,它们怎么会出来呢?就是出来,又怎么会受到人们的赏识和支持呢?

政策决定于方针。有了快的方针,才会有快的政策,而这种政策必须是又多又快又好又省的政策。多快而不好省的政策,人民固然不需要,国力也不许可。比方说,我们不能安于只有几百万吨钢,我们必须在最短的时期内,把钢铁的产量提高到几千万吨。当我们的思想上有了这种武装、敢于这样设想、决心这样干以后,我们的积极性创造性就被动员起来了。我们就不得不探求既多快而又好省地发展钢铁工业的道路,因为别的道路是行不通的。因此,我们就坚决执行中央工业和地方工业同时并举,大型工业和中小型工业同时并举的政策。而这样一来,局面就发生了质的变化:"投资减一半,产量加一倍"的要求实现了;产铁二千万吨的一万多座中小型高炉,产钢一千万吨的二百座中小型转炉,在今后一年内就将陆续建成和投入生产了。

由此可见,快和慢确实会造成两种完全不同的样子,快或者慢的问题确实关系到国家的和每个人的命运,关系到全国的政治空气和每个人的精神状态。

凡此种种,都说明我们应当不断鼓足干劲、力争上游,争取在尽可能短的时间内把我国建设成一个据有现代工业、现代农业、现代科学文化的伟大的社会主义国家。

让我们统一认识,统一步伐,同心同德,对着无限光明的未来前进,高速度地前进!

——摘自《力争高速度》,《人民日报》社论1958年6月21日。

案例分析

"大跃进"运动我国探索建设社会主义道路中的一次严重失误,忽视了客观的经济发展规律,过分夸大了主观意志和主观努力的作用。它以"快"为中心,片面追求工农业生产和建设的高速度,大幅度地提高和修改计划指标。在农业上,提出"以粮为纲",不断宣传"高产卫星"、"人有多大胆,地有多大产",粮食亩产量层层拔高;在工业上,错误地确定了全年钢产量1070万吨的指标,全国几千万人掀起了"全民大炼钢铁运动",并且"以钢为纲",带动了其他行业的"大跃进"。严重打乱了国民经济秩序,浪费了大量的人力物力,造成了工农业比例严重失调。因此,我们在发展国民经济时,要遵循经济发展客观规律,从国情出发,制定与生产力发展相适应的经济计划。

思考问题

1. 在20世纪50年代中后期,国家为什么追求社会主义建设的"高速地"?
2. 力争社会主义建设之"快",给国家和社会带来哪些影响?

案例2　徐水人民公社

一亩山药一百二十万斤

漕河人民公社的漕庄,有一块二亩六分地的沼气试验场那片长方形的地里,最北头的中部是一个二分地的塔行沼气山药堆,十五层环形梯级,折合平地四分,插秧五万棵。西侧六个小堆,有三堆沼气山药,共占地一分,插秧数各为三千五、一千七和一千五百棵,另外还有三堆不带沼气的山药。南面还有一个弓圆形的沼气山药,下铺一层平均二尺厚的马粪,上面是粪土,再上面一层是好土,这个立体折合平地一亩三,插秧七十五万棵。此外,两侧的零星空地还有一些平地沼气山药,和一亩六千棵的给秧子搭了架的山药。那一亩拱形山药计划产一百二十万斤,只要每一棵上长斤半多山药,七十五万棵秧子就可以保证这个卫星数字;从眼下的生产情况来看,这一颗卫星上天应该说是毫无问题,因为一棵长一二斤山药本来就是值不得一提的低产。那二分塔堆上的五万棵秧子,看现在的情况,也可以成为亩产百万斤的卫星射上天去。一亩六千棵的搭架山药,共灌了四条狗的肉汤,也已长成了茁壮的卫星模样,看来同样会直上云霄。

一棵白菜五百斤

沼气试验场的南端和两侧,还有磨盘形的、圆瓦形的以及每条埂道上种四行或六行的白菜和萝卜。从白菜卫星来说,大寺各庄有一分菜地堆了四十个方形的立体,每个立体面积二平方尺,每个立体上要求长一棵五百斤的大白菜;漕庄试验场的平地上也有计划培育成每棵五百斤的大白菜。而漕庄试验场地的中央空地上,还有用大瓦罐和大花盆摆成"卫星"二字的一片试验作物,罐内和盆内种了四样不同的萝卜和许多白菜;有一个大花盆移栽了一棵多穗玉米,给打了5C. C. 葡萄糖;另外一个盆里是一棵山药,主秧分出十三株,又因压蔓而变成二十六株,连同主秧,共二十七处长山药;这棵山药注射了二十 C. C. 葡萄糖,要求单产一百斤。

麦亩产十二万斤

清庄也是已经电气化的村子。沼气试验场里也就有电灯设备,有夜晚亮堂堂的科学研究组的试验棚兼宿舍棚。试验场边还正在修建一个水塔,准备以后给这里作人工降雨。目前试验场边还翻了一亩准备种冬小麦,这亩小麦由想要亩产十二万斤。其方法就是先让伏天的太阳照晒翻开的土,然后深掘七尺,把地下的红土层翻上来同好土和匀;施底肥三十万斤;种子先进行人工培育,刚出芽的工夫播下,防止粪大烧芽;土地叠成堆形,利用沼气养育,人工降雨浇灌,用最多最好的化肥分批追补;播籽一千斤,每平方公分一粒;每棵长八十粒小麦,就是亩产十二万斤。

皮棉亩产五千斤

最后还该回到大寺各庄,回到那儿的七亩棉花地。那里毛主席看过的三棵棉枝都绑上了红布。每亩四千棵,平均高六尺,谁看了都说那是棉花树。每棵平均果枝二十五个,成铃四十个,花蕾四十五个;成铃最多的已达一棵一百一十个,眼前的情况就可亩产皮棉近两千斤。但人们还要叫棉棵长到八尺高,叫每棵长一百二十个棉铃,以保证每亩产五千斤皮棉。这七亩地的耕作有稀密对比和早晚对比的,还有搭起棚子,晚上在顶棚盖被单,棚下用电灯光照明的催生的一片。这里亩施底肥五万四千斤;过磷酸钙一百二十斤;追硫铵四次,共用一百七十斤;追氮肥一次,生长素和钾盐各四次,喷磷四次,除虫七次;锄八遍,浇水两次,整枝十八次。这片棉花已有中央和省的负责同志再三说过要赶快拍成电影。这片棉花将如许多人所说今年秋后农业上不知要出现多少吓人的高产怪事那样,会如卫星般地震动湖海山川。

全县粮食亩产两千斤

所有这些将要发射的高产卫星,和徐水的大面积丰产田连成一气,要把这儿的粮食亩产从去年的二百一十四斤提高到今年的两千斤。人民公社的建立和毛主席的视察,就是目前争取两千斤的足以使山倒海平的力量。试想想,一个二分地的沼气山药堆就得花去成百个人工,成本更是不可计算;这可除了几万人大的人民公社,哪一个普通农业社能够办得到!

——摘自康濯:《徐水人民公社颂》,《人民日报》1958年9月1日。

案例分析

"大跃进"时期,为追求农业发展的高速度,浮夸风遍及国,徐水县人民公社就是一个很典型的例子,这种"浮夸风"危害巨大。首先,大规模的浮夸风严重地搞乱了国民经济的统计,省委根据高估的粮食产量安排生活,使许多地方粮食紧张,不少公共食堂因缺粮而一度停伙,社员只有饿饭。其次,浮夸风的特点是下面乱吹,上面轻信,直接致一系列重大决策的失误。"吃饭不要钱"是因轻信浮夸导致的决策的失误;"深翻土地运动"也是因轻信浮夸导致的决策的失误,从而使生产力遭到极大的破坏。最后,浮夸风严重损害了党在人民心目中的形象。我们党一贯提倡实事求是的作风,提倡做老实人,说老实话,干老实事。而浮夸则是一种腐败现象,是人格低下的表现,与党的优良传统和作风格格不入。

思考问题

1. 徐水县人民公社的"浮夸风"对国家决策有什么不利影响?
2. 对于20世纪50年代末出现的'浮夸风,共产风"现象,你怎么看?

案例3　得不偿失的大炼钢铁

1958年8月,中共中央政治局在北戴河召开扩大会议,号召全党全民为生产1070万吨钢而奋斗。8月下旬,亳县开始大力宣传大炼钢铁。让"钢铁元帅"升帐。9月30日,县党委代表大会做出决定,提出要完成1380吨的大炼钢铁的任务。

10月27日,县委下达了《关于分配炼钢任务的指示》,指出"为了赶上和超过美国,实现国家工业化,加强国防建设,党中央,毛主席只指示要大炼钢铁,我们必须全党全民动手,马上掀起一个炼钢运动和土法炼钢高潮,让百吨'卫星'早日上天。"同时规定:(1)土炼炉在三天内按分配任务完成。(2)每炉16个劳力,日夜生产。(3)一切工作以钢为钢,全力支援钢铁生产。(4)全县分配土炼炉700个,参加4600人,炼钢任务1900吨,日进度147.5吨。

指示下达后,县委要求每天汇报一次任务完成进度,并几乎每天召开电话会议进行评比。大杨公社要求每一小时汇报一次炼钢情况。全县几天内建土炼炉2000多个,参加20000余人,砍伐大量树木,开炉生火炼钢。县委的土炼炉由县委第一书记亲自点火,县长亲自鼓风,搞了几天几夜,炼出的尽是废料。

正当县委急需先进典型总结推广经验的时候,11月9日,大杨公社放出了建立土炼炉201个,炼钢12万斤的大"卫星"。县委及时发贺信通报表扬,并向地委报喜。地、县准备召开现场会,派人前去总结经验。然而,经过调查,实际建土炼炉50个,炼钢1.2万斤,大部分大队数字都是空白的。原报喜数字中,公社明知有假,又多报12万斤,并让供销社给开收购新炼钢的假发票。

阜阳地委继10月份由各县出人出资在凤台县建起炼钢厂之后,又于11月份再次向各县紧急集资,再次分配给亳县集资贷款130万元,人均2万元,限期11月底完成,11月7日,县委发出集资通知,对农村规定:"资金来源:公社集资和发动群众集资,开展全民投资运动,要第一书记挂帅,做到全党动手,全民动员,发动群众自报现金及金、银、铜、铁、锡等金属及其他各种易售实物,售后由银行办理手续。"通知下达后,全县农村集资炼钢运动又掀起高潮。由于公社化初期"共产"风乱刮,各种形式集资搞过多次。致使在这次集资中许多农民已没有多少现金和金属之类的东西,他们被迫变卖各种易售物品。市场上家具用品大跌。如一对半新大门只能卖2元左右,一张半新的老式雕花双人床仅3—4元,一张坚固的粽床仅卖5—8元。

亳县的大炼钢铁运动,正如一首打油诗所云:砸锅献资千万家,大炼钢铁见火花,月夜苦守土炼炉,产品多是废炉渣。

——摘自王梦初:《"大跃进"亲历记》,人民出版社2008年版,第85页。

案例分析

"大跃进"时期,全民大炼钢铁成为一种社会运动,国家集中了全部的人力、物力、财力开展大炼钢铁运动,为了筹集足够的原材料,各个地方发动全党全民人人动手献铁,而实际上成为无偿的征收钢铁;这种行为严重侵害了人民的利益。同时,为了大规模进行大炼钢铁运动,各地最大限度地动员全民去砍伐树木,开矿、淘沙,参加炼钢运动,致使农田荒废,粮食丰产而不丰收,严重影响了粮食的产量;林地面积大规模锐减,森林覆盖率下降,古树几乎一扫而光,破坏了生态环境。不合理的大炼钢铁运动,由于国家财政的大规模支持,使工业产值增长异常飞速,而这些工业产值的增长是“以钢为纲”大办工业带来的，是高投资带来的高增长，使农业和工业发展极不平衡，最终不利于国民经济的健康发展。

思考问题

1. 大炼钢铁对国家工业化建设的积极影响和消极影响有哪些？
2. 大炼钢铁给生态环境带来什么不利影响？

案例4 “大跃进”的后果

任意追求一种理想的结果而导致如此重大的灾难性的后果，在历史上是很少有的。1958年农业收成不错，1959年气候却不太理想。想在田地里取得革命胜利的农民却收获不到多少粮食，可是各省各地来的报告来的报告加在一起，却说农业大丰收，超过产量一倍以上。结果是政府继续征收高额粮食，虽然实际上生产是在下降。这就导致了创纪录的人为饥馑。

同经济的灾难相伴而来的，是政治上发生不妙的转折。在这以前中央的政治局领导每隔几个星期或几个月总要在国内某一地点开会，讨论重大问题，做出政治决策。这种制度的好处是，不同的意见可以大胆提出，激烈争论，但一经决定，大家就跟着干。但这一次毛把彭德怀的建议列为对他本人的非法攻击。当时来说，毛是胜利了，但这是一种代价极高的胜利。它他打开了宗派斗争的大门，而封锁了关于政策的坦诚讨论，破坏了党的领导人之间的团结一致。

这次灾难的严重程度，除了没有受到领导人的承认之外，还被另一个事实所掩盖，就是城市人口的口粮照发和工业建设还在照旧进行，因此外界的人看不到农村灾难的真相。然而，到头来的事实终于逃不出人们的耳目。敲锣打鼓，举着旗子游行，加上公共食堂和家庭父女也和男子一样出工，结果都像是走进一条死胡同。实话说，中国通向社会主义的道路到了悬崖绝壁。

——摘自费正清：《伟大的中国革命》，世界知识出版社2000年版，第362—364页。

案例分析

“大跃进”运动是中国共产党在社会主义建设时期的一次严重失误，由于片面追求经济的过快发展，给农村经济和社会发展及人们生活造成了严重损失。但对于毛泽东发动的这场“大跃进”运动，我们应客观的看待。既要看到他犯严重“左倾”错误的一面,也要看到他努力纠左的一面;既要看到犯大跃进“左倾”错误的主观因素的一面,也要看到犯这一错误有其客观必然性的一面;既要看到毛泽东对大跃进左倾错误负有主要责任的一面,也要看到确有党中央乃至全党集体责任的一面。只有这样,才能做到客观评价历史事件。

思考问题

1. 中国共产党片面追求社会主义建设的速度带来哪些影响?
2. “大跃进”运动对中国特色社会主义建设有何启示?

第三章 03

改革开放：圆梦篇

（1978至今）

专题一

真理的激荡

本专题概述

从 1978 年 5 月开始,在我们全党和全国范围内,展开了一场关于真理标准问题的大讨论。这是发生在我国社会主义伟大历史转折时期的一件大事。粉碎“四人帮”后,中共中央主席华国锋提出“两个凡是”(凡是毛主席做出的决策,我们都坚决拥护,凡是毛主席的指示,我们都始终不渝地遵循),继续维护毛泽东晚年的错误,阻碍拨乱反正工作的进行。1978 年 5 月 10 日,中共中央党校的内部刊物《理论动态》发表了《实践是检验真理的唯一标准》,该文经过主持中央党校日常工作的副校长胡耀邦审定。次日《光明日报》以特约评论员的名义公开发表。新华社当日播发。12 日《人民日报》和《解放军报》同时转载。

这场讨论冲破了“两个凡是”的严重束缚,推动了全国性的马克思主义思想解放运动,为党的实事求是思想路线的重新确立及十一届三中全会的召开作了重要的思想准备,在党和国家的历史进程中产生了重大而深远的影响。

1978 年中共中央工作会议,邓小平在闭幕会上作了题为《解放思想,实事求是,团结一致向前看》的重要讲话。他指出,解放思想是当前一个重大的政治问题。民主是解放思想的必要条件。处理历史遗留问题是为了顺利实现全党工作重心的转变,是为了向前看。要善于学习,要研究新问题。这个讲话,实际上为即将召开的十一届三中全会的基本指导思想。

实现中国梦必须要实现思想解放,十一届三中全会为实现中国梦奠定了思想基础,停止使用“以阶级斗争为纲”这个口号,否定了中共十一大沿袭的“文化大革命”中的“无产阶级专政下继续革命”,以及“文化大革命”今后还要进行多次的观点。

案例1 在“纪念《实践是检验真理的唯一标准》发表35周年座谈会”上的发言

35年前,也就是1978年的5月10日,我们中央党校的内部刊物《理论动态》第60期,刊登了《实践是检验真理的唯一标准》一文,第二天,即5月11日,经胡耀邦同志批准,这篇文章在《光明日报》发表,用“本报特约评论员”的署名。

《实践是检验真理的唯一标准》这篇文章,撰写者是胡福明、孙长江两位同志,经杨西光等同志多次修改,最后,由吴江同志两次修改,经胡耀邦同志两次审阅定稿的。

一篇文章引发了一场大讨论。《实践是检验真理的唯一标准》这篇文章的发表,引发了一场真理标准问题的大讨论。这场讨论从一开始就遇到了很大的阻力。这篇文章被扣上了“砍旗”的大帽子。在邓小平等老一辈革命家的有力支持下,讨论逐步展开,到1978年的秋天,就发展为大讨论的局面。

在十一届三中全会前召开的中央工作会议上,与会者热烈讨论了真理标准问题,尖锐批评了提出和坚持“两个凡是”的一些同志,随后召开的十一届三中全会,对这场讨论作了高度评价。这标志着真理标准问题讨论取得了极大的成功。十一届三中全会以后,按照党中央的部署,胡耀邦同志主持召开了理论工作务虚会,进一步分清了两条思想路线的是非;从1979年夏天开始,在全国范围内广泛开展了真理标准问题讨论的补课。1981年6月,党的十一届六中全会做出了《关于建国以来党的若干历史问题的决议》,标志着党的指导思想的拨乱反正基本完成,也标志着真理标准问题讨论的胜利结束。

真理标准问题讨论有力地推进了全面拨乱反正,特别是有力推进了当时十分迫切的冤假错案的平反。真理标准问题讨论为十一届三中全会、为历史伟大转折作了很好的思想准备。这场大讨论是中华人民共和国历史上的一件大事,是新中国成立以来中共党史上的一件大事。这件历史大事已被各种历史著作记载,中共中央党史研究室编的《中华人民共和国大事记》、《中国共产党历史大事记》,都记载了这场大讨论。总之,真理标准问题讨论已经载入史册。

我们这些人,当年有幸在胡耀邦同志的具体指导下,办《理论动态》,参与这场大讨论,做一些具体工作,这是我们人生的幸运!

这场大讨论已经过去了整整35周年,耀邦同志,吴江同志,以及其他当年共事的一些同志,已经离开了我们。在此,我们对他们表示深切的缅怀!

35年后,真理标准问题讨论的深远意义和影响,看得更清楚了。

30 多年来,我们就是用实践标准、用“三个有利于”标准排除各种干扰,特别是“姓资姓社”争论的干扰,开拓前进,取得了改革开放的巨大成绩。

经过真理标准问题的大讨论,经过 30 多年的改革开放,不仅党内,而且在广大人民群众中,也都懂得了实践标准,许多人都会说“实践是检验真理的唯一标准”这句话,都会运用实践标准来观察世界、判断是非。

2013 年年初,习近平同志在新进中央委员会的委员、候补委员学习贯彻十八大精神研讨班上的讲话提出:“要毫不动摇地坚持和发展中国特色社会主义,坚持马克思主义的发展观点,坚持实践是检验真理的唯一标准……在实践中不断有所发现,有所创造,有所前进。”(见 2013 年 1 月 6 日《人民日报》)我国的改革已经进入攻坚期和深水区,既有思想观念的障碍,又有利益固化的藩篱。这就要求我们坚持实事求是,坚持实践是检验真理的唯一标准的唯一标准,冲破一切思想障碍,排除阻力,尊重实践,尊重创造,大胆探索,勇于开拓。

——摘自沈宝祥:《亲历拨乱反正》,山东人民出版社 2014 年版,第 339 页—341 页。

案例分析

从案例中可以看出,《实践是检验真理的唯一标准》一文,能够发表,能起重大反响,《光明日报》哲学组、理论部的重要作用不可抹杀。今天看,发表这篇文章,批判“两个凡是”,理所当然,天经地义,但是 1977 年,多年的教条主义与个人崇拜盛行,“两个凡是”统治,许多同志心有余悸,不少人还模模糊糊,这个问题还未考虑。而《光明日报》哲学组的同志已经意识到这篇文章的针对性、尖锐性,敢于支持,抓住不放,力求发表,做了大量工作。这种胆识,这种精神,是难能可贵的。真理标准问题讨论有力地推进了全面拨乱反正,特别是有力推进了当时十分迫切的冤假错案的平反。真理标准问题讨论为是中华人民共和国历史上的一件大事,是新中国成立以来中共党史上的一件大事,为十一届三中全会、为历史伟大转折作了很好的思想准备。

思考讨论

1. 为什么《实践是检验真理的唯一标准》一文遇到的阻力会如此之大?
2.《实践是检验真理的唯一标准》一文的伟大意义在何处?

案例2 进行真理标准问题讨论的补课

理论工作务虚会以后,有些人僵化半僵化的思想状态并未得到根本的克服,"左"的思想仍在顽强的表现着。有些人认为解放思想过了头,十一届三中全会以来的政策"右"了;有人把社会上出现的混乱现象错误地归结到解放思想上,认为出现混乱是解放思想、发扬民主造成的;还有人错误地认为提出四项基本原则就是要"收"了,是对十一届三中全会的纠偏,等等。思想认识上的偏差,阻碍着十一届三中全会路线的贯彻。因此,无论从理论上还是从实际工作中看,继续解放思想,进一步端正思想路线,仍然有大量工作要做。关于真理标准问题的讨论虽然取得了明显的成效,但由于各地发展不平衡,在一部分人当中,实践是检验真理的唯一标准问题并没有真正解决,这也是产生一些模糊认识的重要原因。

1978 年 12 月 31 日,新任中共中央宣传部部长的胡耀邦在全国政协礼堂召开的宣传干部大会上讲话,提出了当前宣传工作的 11 项任务,其中第一项是把十一届三中全会精神传达好,第三项就是继续讨论实践是检验真理的唯一标准问题。这个讲话,实际上是对继续深入开展真理标准问题的讨论提出了要求。

为此,在学习和贯彻十一届三中全会精神的过程中,一些地方和部门的党、政、军领导开始提出了进行真理标准讨论补课的问题。1979 年 5 月 22 日,《人民日报》在转载《解放军报》评论员文章《坚定不移地继续贯彻十一届三中全会精神》时,用了"重新学习二三中全会文件,补上真理标准问题这一课"的题目。

1979 年 5 月,中共安徽省委第一书记万里在省委工作会议上强调,为了坚定不移地、正确地贯彻十一届三中全会的方针,必须坚持一条正确的思想路线。因此,"我们要不断提高识别两条思想路线的能力,真理标准问题的讨论要继续深入,思想要继续解放,民主要继续发扬,'三不主义'一定要坚持。只有这样,三中全会和这次中央工作会议提出的各项任务才能得到很好的贯彻,我们的事业才能不断胜利前进"。

同年 6 月,在中共广东省委举行的地、市、县委书记参加的干部会议上,省委第一书记习仲勋指出,前一段时间,三中全会精神受到来自"左"的和右的两个方面错误思潮的干扰。这些错误思潮的出现,是还没有全面贯彻三中全会精神的表现。"我们还只是初步贯彻了三中全会精神,是'开头',绝不是'过头'。三中全会文件还要继续认真学习,许多地方还要补上关于真理标准问题讨论这一课,继续进行辩证唯物主义的思想路线的教育,对一些重大理论问题应当继续进行探讨。"

此时,军队中一些领导同志也相继提出了真理标准问题讨论需要补课的问题。7 月 24 日,解放军总政治部主任韦国清在一次全军性的部队工作会议上讲话指出:"全军上下尤其各级领导干部和领导机关,要加强马列主义、毛泽东思想基本理论的学习,要认真学好党的三中全会制定的路线、方针、政策,同时要继续学好实践是检验真理的唯一标准这一课。"

以邓小平为代表的中央领导对补课十分关注,并给予了及时的肯定和有力的支持。

1979 年 7 月 29 日,邓小平在青岛接见出席海军党委常委扩大会议的全体同志时,发表讲话指出:就全国范围来说,就大的方面来说,通过实践是检验真理唯一标准和"两个凡是"的争论,已经比较明确地解决了我们的思想路线问题,重新恢复和发展了毛泽东同志倡导的实事求是、理论联系实际、一切从实际出发的思想路线。真理标准问题的讨论是基本建设,不解决思想路线问题,不解放思想,正确的政治路线就制定不出来,制定了也贯彻不下去。所以,"这场争论的意义太大了,它的实质就在于是不是坚持马列主义、毛泽东思想。"

1979 年 9 月 29 日,在庆祝中华人民共和国成立 30 周年大会上,叶剑英发表讲话指出:"党内外有少数人跟不上形势,或者仍然停留在过去的位置上,或者偏离了革命的轨道,出现从'左'的或右的方面怀疑党的路线和方针政策的错误思潮,这在历史的大转变关头是毫不奇怪的。他们当中绝大多数人的问题是思想认识问题,是再学习、再教育的问题。""我们要在全国范围内,在各条战线、各个行业,从领导机关到基层,普遍深入地开展关于真理标准问题的学习和讨论,进行辩证唯物主义思想路线的教育。尤其是主要负责干部要带头解放思想,旗帜鲜明。"

——摘自大力:《改革大潮(1976—1992)》,人民出版社 2011 年版,第 36 页—第 38 页。

案例分析

从案例中可以看出,真理标准问题讨论的"补课",既是 1978 年真理标准问题讨论在新形势下的继续,又是马克思主义思想路线的一次大普及,同时也是进一步宣传和贯彻了党的十一届三中全会精神。真理标准问题讨论的"补课",实质是坚持实践是检验真理的唯一标准,继续深入开展真理标准问题的讨论。中央一些领导人,特别是邓小平对真理标准问题讨论的补课十分重视,这体现了中央领导人对"补课"的重视。在各地或各部队党委的统一领导和部署下,全国各省、市、自治区,以及人民解放军各部队也对此非常重视,相继进行了真理标准问题讨论的

“补课”。关于真理标准问题讨论的补课对于纠正“文化大革命”中的种种错误，实事求是地进行拨乱反正，起了极其重要的作用。

思考讨论

1. 为什么要进行真理标准问题讨论的“补课”？
2. 真理标准问题讨论的“补课”的意义是什么？

案例3 《河南日报》在真理标准问题讨论中的工作总结资料

从1978年5月至1981年6月，《河南日报》比较集中系统地进行了关于实践是检验真理的唯一标准的讨论。这次讨论是全国规模的，是粉碎“四人帮”以后在基本理论问题上的拨乱反正，具有重大的历史意义。讨论是从1978年5月11日《光明日报》发表的《实践是检验真理的唯一标准》这篇特约评论员文章开始的。5月12日，《河南日报》全文转载了这篇重要文章，在全省引起强烈反响。自此以后至1978年底，《河南日报》连续在显著地位刊登了新华社播发的有关重要文章、评论和消息19篇，发表了中共河南省委党校学员、河南省军区党委、中共郑州市委和各地市委等单位讨论的消息、文章和评论20度篇。1978年11月23日，一版头条刊登了中共河南省委第一书记段君毅在省委扩大会议上的讲话。他强调指出，坚持实践是检验真理的唯一标准，才能解放思想做好各项工作。他要求全省各级党委认真进行讨论，端正思想路线。这个时期，《河南日报》关于真理标准问题讨论的报道，侧重于阐明意义和思想发动。

从1979年开始，中共河南省委要求结合贯彻执行中共十一届三中全会精神，把实践是检验真理的唯一标准的讨论深入到实际工作中去，深入到基层群众中去。为了适应讨论深入的需要，帮助基层干部和群众认识讨论意义，《河南日报》约请河南省哲学社会科学所编写了题为《谈谈真理标准问题》辅导材料，分载于8月10日、12日和13日的报纸上。辅导材料共分十节：一、为什么要开展真理标准问题的讨论。二、真理和检验真理的标准。三、实践是检验真理的唯一标准。四、怎样用实践检验真理。五、革命理论也要不断接受实践检验。六、实践检验与理论指导。七、实践检验与科学预见。八、有用的不一定都是真理。九、坚持实践第一，恢复和发扬党的优良学风。十、坚持时间标准、继续解放思想。这个辅导材料受到了广大干部和群众的欢迎，对深入进行真理标准问题讨论起到了推动作用。从1978年8月25日起，《河南日报》在《学习》专刊（后改名为《理论与实践》）开辟《坚持实践标准，端正思想路线》专栏，连续发表理论联系实际文章，交流讨论的心得与意见。这个专栏一直办到 1981 年 6 月 5 日,共出刊 69 期,发表文章 78 篇和学习问答 3 篇。

——摘自沈宝祥:《真理标准问题讨论始末》,中共党史出版社 2008 年版,第 159 页—160 页。

案例分析

这个案例是刘问世同志整理的《河南日报》在关于实践是检验真理的唯一标准讨论中的工作总结资料,刘问世同志在真理标准问题讨论时任《河南日报》总编辑,中央党校毕业,他以事件经历者的角度,为我们关于实践是检验真理的唯一标准的讨论提供了一个不一样的解读视角。从案例中可以看出,从 1978 年 5 月至 1981 年 6 月,《河南日报》比较集中系统地进行了关于实践是检验真理的唯一标准的讨论。关于实践是检验真理的唯一标准的讨论,在全国各地深入开展,起到了良好的效果。全国有那么多报纸,在真理标准问题讨论中,都起了很大的作用。这种积极作用,作为党委的机关报,固然是历史的责任,责无旁贷。

思考讨论

1. 中共河南省委是怎么贯彻执行中共十一届三中全会精神的?

2. 从河南省在关于实践是检验真理的唯一标准讨论中的表现反观全国,可以看出全国进行这一讨论有什么特点?

案例 4　真理标准问题讨论取得新突破

进入 1978 年 7 月,真理标准讨论的局面已经打开。

据报纸报道,在这一个月,在北京和各省市自治区,以真理标准为主题的真理理论讨论会、座谈会,就有 6 个,8 月有 9 个,9 月就有 13 个,10 月猛增到 26 个。这说明,真理标准问题讨论已经展开。

真理标准问题讨论局面打开,发展为大讨论局面的一个重要标志,是“各路诸侯”,即地方高级领导干部的支持和积极参与。

辽宁省委书记任仲夷说:“我看到《光明日报》上的《实践是检验真理的唯一标准》文章后,极为高兴,立即着手写了《理论上根本的拨乱反正》一文,刊登在辽宁省的《理论与实践》杂志上。当时,邓小平到辽宁视察,我把这篇文章送他一份,谈了我对这个问题的看法。”

甘肃省委书记宋平，在1978年6月，就在全省理论工作座谈会上发表讲话，支持实践标准。

8月初，真理标准问题讨论有了新的突破。

8月4日，《人民日报》在头版头条位置刊登了新华社的电讯：中共黑龙江省委常委扩大会议，讨论真理标准问题。这个报道说，参加会议的同志们认识到：坚持实践是检验真理的唯一标准，就可以辨别真伪，分清是非，找出林彪、“四人帮”对马列主义、毛泽东思想的篡改、歪曲和伪造，完整地准确地掌握毛主席的思想体系；坚持实践是检验真理的唯一标准，不仅不会贬低毛主席和毛泽东思想，而恰恰是继承毛主席的革命精神，捍卫毛泽东思想，使毛主席的伟大旗帜在中国高高飘扬。重要的是，这条新闻报道了黑龙江省委对真理标准问题讨论的支持态度。这个报道还说，黑龙江省委常委扩大会议做出决定，组织全省团级以上干部，认真开展大讨论。

《人民日报》在头版头条位置刊登新华社的电讯，报道一个省委讨论真理标准问题，在当时来说，是一条影响很大的新闻，这是突破性的进展，是发展为大局讨论局面的重要标志。

从此以后，新华社和《人民日报》连续报道了新疆、福建、广东、浙江、江西、河北、青海、内蒙古、宁夏、四川等27个省、市、自治区党委书记支持和参与讨论的新闻。此外，新华社和《人民日报》还连续报道了人民解放军各大军区和各大单位负责人支持实践标准的谈话。

1978年8、9、10三个月，中国的政治形势发展出现了一个大的变化。到11月10日，十一届三中全会以前的中央工作会议召开的时候，全国绝大多数省、市、区和军队的主要负责人都发表谈话，支持实践标准，反对“两个凡是”，这个情况具有重大的政治意义。

——摘自沈宝祥：《亲历拨乱反正》，山东人民出版社2014年版，第62页—63页。

案例分析

从案例中可以看出，“两个凡是”已经孤立，这不仅说明高层领导中的大多数人的思想已经转变，更表明中国政治力量的对比发生了大变化。这不仅为实现历史伟大转折奠定了坚实的思想基础，也为这个历史伟大转折奠定了坚实的政治基础，稍后召开的中央工作会议，就充分地证明了这一点。真理标准问题的讨论，极大地促进了人们的思想解放，加快了拨乱反正步伐，为党打破“两个凡是”的思想禁锢,重新确立实事求是地指导方针,实现历史转折,作了思想和舆论上的准备。

思考讨论

1. 以真理标准为主题的真理理论讨论会、座谈会为什么越来越多?

2.《人民日报》为什么在头版头条位置刊登新华社的电讯,报道一个省委讨论真理标准问题?

专题二

现代化梦想的新起点

本专题概述

党的十一届三中全会揭开了党和国家历史的新篇章,是新中国成立以来中国共产党历史上具有深远意义的伟大转折,标志着中国共产党从根本上冲破了长期"左"倾错误的严重束缚,端正了党的指导思想,使广大党员、干部和群众从过去盛行的个人崇拜和教条主义束缚中解放出来,在思想上、政治上、组织上全面恢复和确立了马克思主义的正确路线。

党的十一届三中全会以后,我国进入了改革开放的新时期。邓小平作为新时期社会主义现代化建设的总设计师,继续坚持实现四个现代化的奋斗目标,并明确提出要"走一条中国式的现代化道路"。

1980 年新年伊始,邓小平就在中共中央召集的干部会议上分析了目前的形势和任务,指出:"我们从八十年代的第一年开始,就必须一天也不耽误,专心致志地、聚精会神地搞四个现代化建设。"此后,他又一再强调搞好四个现代化是我们当前最大的政治,并由此提出了"政治路线"的概念,指出:"我们党在现阶段的政治路线,概括地说,就是一心一意地搞四个现代化。这件事情,任何时候都不要受干扰,必须坚定不移地、一心一意地干下去。"

"小康"的目标后来在 1980 年 11 月召开的五届人大四次会议上得到确认。中共十二大根据邓小平的这一设计,首次把"翻两番"、"实现小康"作为全党、全国人民的战略目标提出来:"从一九八一年到本世纪末的二十年,我国经济建设总的奋斗目标是,在不断提高经济效益的前提下,力争全国工农业总产值翻两番","达到小康水平"。

改革开放以来的实践证明,要实现中国梦,实现中华民族的伟大复兴,邓小平提出的"三步走"经济发展战略,是一个积极而又切实的重大决策,适应了中国特色社会主义的具体实际,符合现代化建设的客观规律。

案例1　关于实现现代化的论述

邓小平充分认识到实现四个现代化的重要性。他强调指出："能否实现四个现代化，决定着我们国家的命运、民族的命运。""社会主义现代化建设是我们当前最大的政治，因为它代表着人民的最大的利益、最根本的利益。""同心同德地实现四个现代化，是今后一个相当长的时期内全国人民压倒一切的中心任务，是决定祖国命运的千秋大业。"

邓小平高瞻远瞩地预见到实现四个现代化中的困难及解决困难的方法和途径。他指出："在实现四个现代化的进程中，必然会出现许多我们不熟悉的、预想不到的新情况和新问题。尤其是生产关系和上层建筑的改革，不会是一帆风顺的，它涉及的面很广，涉及一大批人的切身利益，一定会出现各种各样的复杂情况和问题，一定会遇到重重障碍。""实现四个现代化是一场深刻的伟大的革命。在这场伟大的革命中，我们是在不断地解决新的矛盾中前进的。因此，全党同志一定要善于学习，善于重新学习。"

邓小平还认识到，实现四个现代化可以搞市场经济。他指出："说市场经济只存在于资本主义社会，只有资本主义的市场经济，这肯定是不正确的。社会主义为什么不可以搞市场经济，这个不能说是资本主义。我们是计划经济为主，也结合市场经济，但这是社会主义的市场经济。虽然方法上基本上和资本主义社会的相似，但也有不同，是全民所有制之间的关系，当然也有同集体所有制之间的关系，也有同外国资本主义的关系，但是归根到底是社会主义的，是社会主义社会的，市场经济不能说只是资本主义的。市场经济，在封建社会时期就有了萌芽。社会主义也可以搞市场经济。同样的，学习资本主义国家的某些好东西，包括经营管理办法，也不等于实行资本主义，这是社会主义利用这种方法来发展社会生产力。把这当作方法，不会影响整个社会主义，不会重新回到资本主义。"

邓小平为我们党制定了一条实现现代化应该坚持的政治路线。1980 年初，邓小平提出："八十年代我们要做的主要是三件事"，"第一件事，是在国际事务中反对霸权主义，维护世界和平。""第二件事，是台湾回归祖国，实现祖国统一。""第三件事，要加紧经济建设，就是加紧四个现代化建设。""三件事的核心是现代化建设"。邓小平还指出：实现四个现代化必须解决四个问题："第一，要有一条坚定不移的、贯彻始终的政治路线；第二，要有一个安定团结的政治局面；第三，要有一股艰苦奋斗的创业精神；第四，要有一支坚持走社会主义道路的、具有专业知识和能力的干部队伍。"他进而指出我们的政治路线是："团结全国各族人民，调动一切积极因素，同心同德，鼓足干劲，力争上游，多快好省地建设现代化的社会主义强国。”在政治局面上，他强调：“要安定团结，也要生动活泼。”

邓小平还指出：“进行社会主义现代化建设必须实行对外开放、对内搞活经济的政策。”“不管怎样开放，不管外资进来多少，它占的份额还是很小的，影响不了我们社会主义的公有制。吸收外国资金、外国技术，甚至包括外国在中国建厂，可以作为我们发展社会主义生产力的补充。”“技术问题是科学，生产管理是科学，在任何社会，对任何国家都是有用的。我们学习先进的技术、先进的科学、先进的管理来为社会主义服务，而这些东西本身并没有阶级性。”“中国的对外政策是一贯的，有三句话，第一句话是反对霸权主义，第二句话是维护世界和平，第三句话是加强同第三世界的团结和合作，或者叫联合和合作。”“对外开放政策只会变得更加开放。”他还特别重视办经济特区，指出：“我们建立经济特区，实行开放政策，有个指导思想要明确，就是不是收，而是放。”“特区是个窗口，是技术的窗口，管理的窗口，知识的窗口。也是对外开放政策的窗口。从特区可以引进技术，获得知识，学到管理，管理也是知识。特区成为开放的基地，不仅在经济方面，培养人才方面使我们得到好处，而且会扩大我国的对外影响。”

——摘自王令金：《马克思主义中国化的历史进程及其规律（修订版）》，中央编译出版社 2014 年版，第 266 页—270 页。

案例分析

从案例中可以看出，我们必须集中力量搞四个现代化，着眼于振兴中华民族。邓小平等国家领导人充分认识到了实现四个现代化的重要性。能否实现四个现代化，决定着我们国家的命运、民族的命运。没有四个现代化，中国在世界上就没有应有的地位。我们搞的四个现代化，是社会主义的四个现代化。只有社会主义，才能有凝聚力，才能解决大家的困难，才能避免两极分化，逐步实现共同富裕。而且，邓小平还认识到了实现四个现代化可以搞市场经济，但我们是计划经济为主，也结合市场经济的社会主义市场经济。进行社会主义现代化建设还必须实行对外开放、对内搞活经济的政策。社会主义要赢得与资本主义相比较的优势，就必须大胆吸收和借鉴人类社会创造的一切文明成果，吸收和借鉴当今世界各国包括资本主义发达国家的一切反应现代化生产规律的先进经营方式、管理方法。

思考讨论

1. 怎样实现“四个现代化”？

2.“四个现代化”的提出经历了个什么样的过程?

案例2 实现四化,永不称霸

粉碎“四人帮”,全国人民都高兴。现在的情况比较好,人民的积极性调动起来了。实现四个现代化,我们清醒地看到这是一件艰巨的事情,但是能够做到的。首先是我们有全党的团结,全国人民的团结。我们的人民是勤劳的人民,有着艰苦奋斗的传统。其次是我们已经建立了相当的物质基础。还有就是我们制定了明确的方针,要利用世界上一切先进技术、先进成果。在“四人帮”时期要这样做是不允许的,他们说这是洋奴哲学。科学技术本身是没有阶级性的,资本家拿来为资本主义服务,社会主义国家拿来为社会主义服务。中国古代有四大发明,世界各国后来不是也利用了嘛!现在世界上的先进技术、先进成果我们为什么就不能利用呢?我们要把世界一切先进技术、先进成果作为我们发展的起点。再加一条,那就是我们有丰富的自然资源。总起来说,人民的积极性调动起来了,又有一定的物质基础,有丰富的资源,加上利用世界的先进技术,我们实现四个现代化是有可能的。当然也不那么容易。世界上先进技术发展很快,发展速度不是用年来计算,而是用月、用日来计算的,叫作“日新月异”。我们就是实现了四个现代化,工农业产品的产量和国民收入按人口平均来算,还是比较低的。现在我们的方针政策已经明确,我们的口号是少说空话,多做工作。

我们现在还很穷,在无产阶级国际主义义务方面,还不可能做得很多,贡献还很小。到实现了四个现代化,国民经济发展了,我们对人类特别是对第三世界的贡献可能会多一点。作为一个社会主义国家,中国永远属于第三世界,永远不能称霸。这个思想现在人们可以理解,因为中国现在还很穷,是不折不扣的第三世界国家。问题是将来我们发展了,搞不搞霸权主义。朋友们,你们都比我年轻,你们是可以看到的,到那个时候,如果中国还是社会主义国家,就不能实行霸权主义,仍然属于第三世界。如果那时中国翘起尾巴来了,在世界上称王称霸,指手画脚,那就会把自己开除出第三世界的“界籍”,肯定就不再是社会主义国家了。一九七四年我在联大特别会议上作了一篇讲话,讲的就是这个内容。这是毛泽东主席、周恩来总理制定的对外政策,我们要用来教育子孙后代。

——摘自邓小平:《邓小平文选》第二卷,人民出版社 1994 年版,第 111 页—112 页。

案例分析

从这个案例中可以看出,粉碎“四人帮”后,人民的积极性调动起来了,加上又有一定的物质基础和丰富的资源,再加上利用世界的先进技术,我们实现四个现代化的步伐加快。中共中央在制定了明确的现代化建设方针后,利用世界上一切先进技术、先进成果,团结全党和全国人民,一定能实现社会主义现代化建设。当实现了四个现代化,国民经济发展了,中国对人类特别是对第三世界的贡献可能会多一点。作为一个社会主义国家,中国永远属于第三世界,永远不能也不会称霸。

思考讨论

1. 为什么中国实现四个现代化之后,永不称霸?
2. 实现四个现代化,我们的口号是什么?

案例3　为实现四化提供强大动力　显示人民征服长江英雄气概

我国最大水电站葛洲坝工程加紧施工,建成后每年平均发电一百三十八亿度,相当于一九四九年全国总发电量的三倍多。

据新华社武汉一月四日电,本社记者报道:我国万里长江上第一个规模宏大的水利枢纽工程——葛洲坝水利枢纽工程在加紧施工。它的兴建,显示了我国人民征服长江的英雄气概。这项工程建成以后,滔滔长江水将按照人们的意志发出强大的电流,为实现四个现代化提供动力。

葛洲坝水利枢纽工程是我国发展国民经济十年规划中的一百二十个重点项目之一,是我国兴建的最大的水电站。它是长江三峡枢纽工程的一个组成部分。它的兴建将为三峡工程积累技术经验和培养锻炼技术队伍。

这个工程位于长江三峡的西陵峡出口——南津关以下三公里的湖北省宜昌市境内。长江过南津关后,江面骤然由三百米增宽到二千二百米,江流由急变缓,江中有葛洲坝和西坝两个小岛,把长江分割成大江、二江和三江三条水道。葛洲坝工程就是在这里横切长江而建立。

葛洲坝水利枢纽工程是一项综合利用长江水利资源的工程,包括发电站、船闸、泄洪闸、冲砂闸等建筑物。发电总装机容量为二百七十万千瓦,每年平均发电一百三十八亿度,相当于一九四九年全国总发电量的三倍多。枢纽工程兴建后,长江水位抬高,向上回水一百多公里,这将有效地改善三峡天险航道,促进长江航运事业的发展。

葛洲坝工程的大坝全长二千五百六十一米。按照设计,将在大坝的中央兴建二十七孔泄洪水闸,每秒可宣泄十一万立方米的特大洪水;在大江、二江上各建一座水电站,共装二十一台机组;三座船闸分别设在大江和三江上。长江每年有五亿多吨泥沙从这里通过,东流入海,为了防止泥沙淤积,影响通航、发电,大坝两边将兴建十二孔冲砂闸,用来束水冲砂,解决船闸上下游引航道的淤积问题。

葛洲坝工程将分两期进行。第一期是大江通航,二江、三江施工;第二期是截断大江施工,二江、三江通航发电。目前进行的第一期工程包括:在三江上兴建两个船闸和六孔冲砂闸,在二江上兴建一座七台装机总容量为九十六万五千千瓦的发电站和一座二十七孔的泄洪水闸。这一期工程需要开挖和回填的土石方共达六千二百万立方米,需要浇筑混凝土六百二十万立方米。现在,这一期工程量已完成一半以上,其中船闸、冲砂闸已初具规模,发电站和泄洪水闸正在加紧施工。

毛主席、周总理生前对兴建葛洲坝工程十分重视。毛主席在一九七〇年十二月二十六日曾专门作了批示,赞成兴建此坝。这项工程的施工技术很复杂。一九七〇年底开工以后,由于泥沙淤积、消能防冲等几个重大技术问题事先考虑不周,使施工遇到了困难。一九七二年十一月,周总理在病中亲自主持会议、听取汇报之后,决定主体工程暂停施工,并成立了葛洲坝工程技术委员会,负责解决工程建设中的重大科学技术问题,担负勘探、水文和工程设计的长江流域规划办公室同各有关单位的科技人员,与负责施工的三三〇工程局的干部、工人、技术人员紧密协作。经过反复试验,修改设计之后,国务院在一九七四年十月决定恢复主体工程施工。粉碎"四人帮"以后,这项工程建设的进度大大加快了。在各方面的共同努力下,一九七八年这项工程的施工任务全面超额完成了。

——摘自新华社:《为实现四化提供强大动力　显示人民征服长江英雄气概》,《人民日报》1979 年 1 月 5 日第 1 版。

案例分析

葛洲坝水利枢纽工程作为我国万里长江上第一个规模宏大的水利枢纽工程,它的兴建,显示了我国人民征服长江的英雄气概。并且这项工程建成以后,滔滔长江水将按照人们的意志发出强大的电流,为实现四个现代化提供了源源不断的动力。在粉碎"四人帮"以后,葛洲坝水利枢纽工程建设的进度大大加快了。在各方面的共同努力下,一九七八年这项工程的施工任务全面超额完成了也证明我国社会主义现代化建设已经出现成效,我国社会主义现代化建设进入新阶段。

思考讨论

1. 葛洲坝水利枢纽工程为什么能够成功?
2. 葛洲坝水利枢纽工程对我国实现四个现代化有什么影响?

案例4 实现现代化梦想战略的再定位:邓小平提出“三步走”发展战略

对人类做出较大贡献的价值追求和思想观念,意志激励着中国共产党人带领人民群众不懈奋斗。邓小平把这种思想设计为“三步走”的现代化发展战略。“三步走”是一个表述中国现代化发展战略的专用术语,也是在“四个现代化”基础上形成的关于中国现代化建设新的战略目标,随着“三步走”战略目标的提出和完善,实现四个现代化的提法逐步淡出历史的舞台。“三步走”成为实现现代化梦想的形象化表述和阶梯式目标。

邓小平是“三步走”战略的总设计师。“文化大革命”结束后,随着国门打开,尤其是20世纪70年代末中国政府高级代表团访问欧洲发达国家和邓小平访问日本、美国后,党和国家领导人对现代化有了更为清晰而直观的了解。在20世纪的最后20年里,中国要实现什么样的现代化,如何实现现代化,即探索现代化的内涵、衡量现代化的标准、实现现代化的路径等成为实现现代化梦想必须深入思考和认真解答的问题。

1979年3月,邓小平在《坚持四项基本原则》的讲话中,明确提出了“实现中国式的现代化”的概念。什么是“中国式的现代化”?同年10月4日,邓小平与各省、市、自治区党委第一书记座谈时做出了解释:“我们开了个大口,本世纪末实现四个现代化。后来改了个口子,叫中国式的现代化,就是把标准放低一点。特别是国民生产总值,按人口平均来说不会很高。……我们到本世纪末国民生产总值能不能达到人均上千美元?”“等到人均达到一千美元的时候,我们的日子可能就比较好过了。”也就是说,中国式的现代化标准大体上是人均国民生产总值一千美元。12月6日,在会见日本首相大平正芳时邓小平讲道:我们实现的四个现代化,是中国式的四个现代化。我们的四个现代化的概念,不是像你们那样的现代化概念,而是“小康之家”、“小康状态”。比如,到20世纪末国民生产总值人均一千美元。邓小平对“中国式的现代化”给出了具体的量化标准,并用中华民族梦寐以求的“小康”表达。这种表述,中国老百姓易于理解并感到亲切。

1980年年初,胡耀邦向邓小平提出从1981年到20世纪末的20年,把我国的工农业总产值“翻两番”的设想。邓小平接受了这一建议。1982 年中共十二大明确宣布了翻两番的奋斗目标:从 1981 年到 20 世纪末的 20 年,力争使全国工农业的年总产值翻两番,即由 1980 年的 7100 亿元增加到 2000 年的 28000 亿元左右。需要指出的是,十二大讲“翻两番”是指经济总量,数字十分明确。而邓小平自从提出并使用“中国式的现代化”、“小康”或“翻两番”的概念起,一般是用人均数字,且以美元计算。究其原因,首先是因为邓小平讲这些问题时大都是在接见外宾的场合,以美元为标准便于进行国际比较;其次,人均数字给人的感受更贴近,更容易加以巨象化的体认。因此,人均美元数字的小康标准成为社会上通用的说法。

1984 年 10 月 6 日,邓小平在会见参加中外经济合作问题讨论会的中外代表时,用更简洁的“两步走”来概括中国的中长期发展战略,他说:我们的第一部是实现翻两番,需要 20 年,还有第二步,需要 30 年到 50 年,恐怕是要 50 年,接近发达国家的水平。

此后,他多次谈到第二个翻两番,即到 21 世纪中叶达到人均国民生产总值四千美元,建成中等发达水平的国家。1985 年,他说:“现在人们说中国发生了明显的变化。我对一些外宾说,这只是小变化。翻两番,达到小康水平,可以说是中变化。到下世纪中叶,能够接近世界发达国家的水平,那才是大变化。到那时,社会主义中国的分量和作用就不同了,我们就可以对人类有较大的贡献。”

邓小平把中华民族为人类做出较大贡献的价值理想与中国现代化建设的发展战略紧密联系在一起,融入建设中国特色社会主义的共同理想。1987 年 8 月 29 日,即中共十三大召开前夕,邓小平在会见意大利共产党领导人明确阐述了“三步走”战略。

——摘自公茂虹:《解读中国梦:一个古老民族的百年梦想》,广西人民出版社 2013 年版,第 136 页—138 页。

案例分析

邓小平提出“三步走”发展战略,我国经济发展分三步走,党的十三大明确而系统地阐述了“三步走”的发展战略,第一步目标,1981 年到 1990 年,实现国民生产总值比 1980 年翻一番,解决人民的温饱问题,这在二十世纪八十年代末已基本实现;第二步目标,1991 年到二十世纪末,国民生产总值再增长一倍,人民生活达到小康水平;第三步目标,到二十一世纪中叶人民生活比较富裕,基本实现现代化,人均国民生产总值达到中等发达国家水平,人民过上比较富裕的生活,基本实现现代化。十三大闭幕后，“三步走”战略逐步家喻户晓。“三步走”是一个阶梯式的发展战略，使社会主义现代化建设的历史进程更加具体化，目标定位既避免急于求成，同时又体现了中华民族的雄心壮志，量力而行、循序渐进，具有很强的可操作性。现在，我们在成功实现了“三步走”战略的第一步走和第二步目标的基础上，正在为实现第三步战略目标而奋斗。

思考讨论

1. “三步走”战略是什么？
2. 邓小平为什么提出“三步走”战略？

专题三

农民的“发明”和发家致富梦

本专题概述

1978 年,党的十一届三中全会做出把党和国家工作中心转移到经济建设上来、实行改革开放的历史性决策。中国共产党全面把握国内外发展大局,尊重人民群众的首创精神,率先在农村发起改革。农村改革最重要的举措是推行了家庭联产承包责任制。正如邓小平所说:“农村搞家庭联产承包责任,这个发明权是农民的。”

家庭联产承包责任制经过了土地改革、初级农业合作社、高级农业合作社和人民公社几次重大变革之后,最终被确立下来的。家庭联产承包责任制的产生不同于以往土地制度变迁,是在农民自发倡导下的诱致性制度变迁。将近三十年的实践也证明家庭联产承包责任制是符合我国当时国情的有效制度安排。家庭联产承包责任制改革,将土地产权分为所有权和经营权。所有权仍归集体所有,经营权则由集体经济组织按户均分包给农户自主经营,集体经济组织负责承包合同履行的监督,公共设施的统一安排、使用和调度,土地调整和分配,从而形成了一套有统有分、统分结合的双层经营体制。

家庭联产承包责任制从无到有,反映了我们对农村土地制度认识的飞跃。从否定“包产到户”到肯定“包产到户”特别是“包干到户”是社会主义生产责任制,是又一次以意识形态改变为主导的制度变迁,家庭联产承包责任制是继土地改革、人民公社化之后具有重大意义的第三次土地制度改革,可以说家庭联产承包责任制是具有中国特色的社会主义农业合作化道路,为实现农民的梦想提供了必要的条件,更是实现中国梦的基础和有力保证。

案例1 “小岗革命”

1978年11月24日,正当中共十一届三中全会举行前夕,安徽省凤阳县梨园公社小岗大队(现小岗村)的18户农民,神情凝重地聚在一个农民严立华家里召开一次秘密“黑会”,会议经过激烈讨论,决定将全队集体耕地包产到户。18位农民认为,对人民公社已经完全绝望,在“已经活不下去”的现实状况下,违法包产到户只能是唯一的出路。“为求生存”的本能动机决定,大家通过契约方式,承担由包产到户引发的可能领头人被打成“反革命”的后果,将其子女抚养到18岁。

这份对天盟誓,签有18位汉子的名字,盖有18位汉子手印的“保证书”值得“立此存照”——中国工农红军长征途中强渡大渡河的也是18位中国农民汉子。

保证书

一、“包产到户”要严守私密,任何人不准对外说。

二、收了粮食,该完成国家的就完成国家的,该完成集体的就完成集体的,粮食多了,要向国家多做贡献,谁也不要犯罪。

三、如果因“包产到户”倒霉,我们甘愿把村干部的孩子抚养到18岁。

严宏昌　严俊昌　严立学　严立容　严立华　严立坤　严立昌　严学昌　严富昌

严家齐　严美昌　严国平　严家芝　严美申　吴友江　吴庭珠　关友章　韩国云

这一18个指印,三方图章的契约,作为中国当代的珍贵文物,以藏名号为GB-54563收藏在中国国家博物馆。

这一在当时的惊天之举,成为引发中国所有制结构市场化改革的开拓先锋,被后来誉为中国农民的“小岗革命”。但在当时,明显是法律和政策不允许的。也正因为如此,18位农民汉子才义无反顾地承担将其坐牢的头儿的子女抚养到18岁。同时,从这份“保证书”里,我们还能强烈地感受到中国农民即使是干“违法”的事,也时刻想到“要向国家多做贡献”的伟大情怀。18户农民的所谓“分田到户”的“分田”,也不是中国历史上一般意义的“平均地权”,而实际上只是分配土地的使用权利,好种什么和怎么种的权利,而无出租、出让或转卖土地之权。一出手竟触及当时中国农村制度的关键。人民公社的寿命也因此岌岌可危。

小岗村实行“大包干”后,1979年全队生产粮食6.16万公斤,相当于1966~1970年粮食产量的总和,向国家交售粮食1.49万公斤,是征购任务的80倍;人均收入也由1978年的22元上升到200多元。农村的改革在很大程度上是自发地进行的,此时中央的开明政策和领导人的支持起到了重要作用。时任安徽省委第一书记的万里顶着巨大的压力,甚至于时任中共中央主要负责人当面力争,对"小岗村"表示坚决支持。

1979 年,凤阳县农民卖给政府粮食 4450 万公斤。这个数字相当于过去 26 年凤阳县卖给国家的粮食的总和;尤其,过去的 20 多年里,政府拨给凤阳县的救济粮,比凤阳县卖给国家的粮食还要多。

1979 年 9 月 28 日,中国共产党第十一届中央委员会第四次会议通过了《中共中央关于加快农业发展若干问题的决定》(以下简称《决定》)。《决定》未改变原有的公社制度,发生变化的是按劳分配采取了联产计酬的具体形式;并且在十一届三中全会的基础上明确将社员自留地、自留畜、家庭副业和农村集市贸易,认定为社会主义经济的附属和补充,而不是以前当作批判对象的"资本主义的尾巴"。

中国农民的伟大创举也引起了邓小平同志的高度重视,得到了他的肯定和支持。1980 年 5 月 31 日,邓小平同志在中央发表了《关于农村政策问题》的重要讲话,指出:"农村政策放宽以后,一些适宜搞包产到户的地方搞包场到户,增产幅度很大。凤阳花鼓中唱的那个凤阳县,绝大多数生产队搞了'大包干',也是一年翻身,改变面貌。有的同志担心,这样搞会不会影响到集体经济。我看这种担心是不必要的。"邓小平同志的讲话精神,使得"大包干"迅速在全国范围内得到了推广。

——摘自李济琛:《民营经济与中国现代化》,华文出版社 2008 年版,第 166—167 页。

案例分析

家庭联产承包责任制是适合中国农村现实情况,解放人民公社制度束缚了余年的生产力的制度创新,这是农民的"发明"。这种责任制是在没有根本触及农村集体所有制前提下的责任到户的一种生产制度,是由"小岗革命"引发的。因"小岗革命"和废除"人民公社制"而引发的中国农村"家庭联产承包责任制"的体制创新,被誉为中国农民的伟大创举。中国农民求生存、谋发展的创举引发了中国所有制结构市场化改革。家庭联产承包责任制的实行,在短期内极大地调动了农民生产劳动的积极性,解放了农村生产力,使我国农村发生了翻天覆地的变化,农民生活水平有了显著提高。同时,农业改革的成功极大地增强了中国政府的改革信心,使中国政府于 1984 年正式将改革推广到城市和其他经济领域,进一步推动了中国经济的全面发展。

思考讨论

1. 小岗村进行了什么革命?
2. 为什么说家庭联产承包责任制是中国农民的伟大创举?

案例2 关于农村政策问题

农村政策放宽以后,一些适宜搞包产到户的地方搞了包产到户,效果很好,变化很快。安徽肥西县绝大多数生产队搞了包产到户,增产幅度很大。“凤阳花鼓”中唱的那个凤阳县,绝大多数生产队搞了大包干,也是一年翻身,改变面貌。有的同志担心,这样搞会不会影响集体经济。我看这种担心是不必要的。我们总的方向是发展集体经济。实行包产到户的地方,经济的主体现在也还是生产队。这些地方将来会怎么样呢?可以肯定,只要生产发展了,农村的社会分工和商品经济发展了,低水平的集体化就会发展到高水平的集体化,集体经济不巩固的也会巩固起来。关键是发展生产力,要在这方面为集体化的进一步发展创造条件。具体说来,要实现以下四个条件:第一,机械化水平提高了(这是说广义的机械化,不限于耕种收割的机械化),在一定程度上实现了适合当地自然条件和经济情况的、受到人们欢迎的机械化。第二,管理水平提高了,积累了经验,有了一批具备相当管理能力的干部。第三,多种经营发展了,并随之而来成立了各种专业组或专业队,从而使农村的商品经济大大发展起来。第四,集体收入增加而且在整个收入中的比重提高了。具备了这四个条件,目前搞包产到户的地方,形式就会有发展变化。这种转变不是自上而下的,不是行政命令的,而是生产发展本身必然提出的要求。

有人说,过去搞社会主义改造,速度太快了。我看这个意见不能说一点道理也没有。比如农业合作化,一两年一个高潮,一种组织形式还没有来得及巩固,很快又变了。从初级合作化到普遍办高级社就是如此。如果稳步前进,巩固一段时间再发展,就可能搞得更好一些。一九五八年时,高级社还不巩固,又普遍搞人民公社,结果六十年代初期不得不退回去,退到以生产队为基本核算单位。在农村社会主义教育运动中,有些地方把原来规模比较合适的生产队,硬分成几个规模很小的生产队。而另一些地方搞并队,又把生产队的规模搞得过大。实践证明这样并不好。

总的说来,现在农村工作中的主要问题还是思想不够解放。除表现在集体化的组织形式这方面外,还有因地制宜发展生产的问题。所谓因地制宜,就是说那里适宜发展什么就发展什么,不适宜发展的就不要去硬搞。像西北的不少地方,应该下决心以种牧草为主,发展畜牧业。现在有些干部,对于怎样适合本地情况,多搞一些经济收益大、群众得实惠的东西,还是考虑不多,仍然是按老框框办事,思想很不解放。所以,政策放宽以后,还有很多工作要做。

从当地具体条件和群众意愿出发,这一点很重要。我们在宣传上不要只讲一种办法,要求各地都照着去做。宣传好的典型时,一定要讲清楚他们是在什么条件下,怎样根据自己的情况搞起来的,不能把他们说得什么都好,什么问题都解决了,更不能要求别的地方不顾自己的条件生搬硬套。

——摘自邓小平:《邓小平文选》第二卷,人民出版社 1994 年版,第 315 页—317 页。

案例分析

邓小平指出,农村工作中还是存在很多的问题,主要问题还是思想不够解放。发展农业生产,必须解放农村的思想,从农村的具体条件和群众意愿出发,因地制宜。例如,在农村宣传好的典型时,一定要讲清楚他们是在什么条件下,怎样根据自己的情况搞起来的,不能把他们说得什么都好,什么问题都解决了,更不能要求别的地方不顾自己的条件生搬硬套。农村经济的发展关键在于发展生产力,需要在提高机械化水平,提高管理水平和发展多种经营等上创造条件。

思考讨论

1. 农村政策有哪些问题?
2. 怎样解决农村中的政策问题?

案例 3　党的政策使农村活起来了

天水是我国历史上经济、文化发展较早的一个地方。新中国成立以后,天水市社会主义建设事业的发展一度是相当快的。但是前些年,由于林彪、"四人帮"极"左"路线的干扰,天水农村经济遭受严重破坏,不少生产队集体空了,社员穷了。针对前些年政治运动太多,政策多变,农民负担太重等情况,近两年来,天水市较好地落实了党中央的农村经济政策和甘肃省委有关的政策规定,尽量减轻农民负担,使农民得以休养生息。仅两年时间,天水农村经济开始活跃起来了:一九七七年全县粮食总产比"四人帮"垮台的一九七六年增长百分之二十一。一九七八年又比一九七七年增长百分之七点八。多种经营和工副业生产得到了较快的恢复和发展,集市贸易日趋繁荣。农民手里的粮和钱都有所增加。特别是党的三中全会以后,农村干部和群众的劲头更足,他们正在采取各种措施,争取今年农业有一个全面的更大的发展。

这里的干部和社员纷纷对记者说:党的政策使农村活起来了。过去讲粮食征购任务“一定五年”不变,结果是“一年五变”,多产多购,几乎年年购过头粮。前年开始,省里按照党的政策实事求是地把对这个县的粮食征购任务降了下来,从而改变了“鞭打快牛”,征购过头粮的现象。粮食连年增产,征购比例下降,一增一减,留在农民手里的粮食比原来多了五千多万斤到八千多万斤,社员的口粮情况大为改善。一九七八年全县已有三分之一以上的生产队社员口粮达到四百斤到五百五十斤,有的达到了六、七百斤。

前几年,在天水市社队除经营粮食外,其他许多生产门路被视为歪门邪道,当作资本主义来批。现在不一样了,多种经营和工副业生产得到各级党委的鼓励和扶植。

社员的家庭副业由于取消了许多不合理的限制,养猪、养鸡、养蜂、编织、采集山货等等,也都活跃起来。有力地补充了集体经济的不足,活跃了农村经济。据县革委会有关部门估计,放宽和保证这些“小自由”后,社员家庭副业收入普遍比原来增加二到三倍。

随着生产的全面发展,全县二十五个集市贸易点异常活跃。市场上各种农副产品丰富多彩,物价稳定,比国家牌价略高,并且随着日益增多而逐步下降。天水县委的同志说:过去光是强调“大河有水小河满”,这当然是正确的,现在看来必须加上一句:“小河水旺大河涨”才全面。他们告诉记者,春节前夕,天水各农村集市猪肉才八、九角到一元一斤。由于上市集中,一时供过于求,商业部门只好议价收购这些猪肉。从这里可以看到,切实减轻农民负担,真正调动起农民的积极性,集体、个人一起上,不光猪肉,其他一些农副产品的商品率也会不断提高。对国家、集体、社员和城镇居民都大有好处。

——摘自葛象贤:《党的政策使农村活起来了》,《人民日报》1979 年 5 月 6 日第 2 版。

案例分析

家庭联产承包责任制的推行,纠正了长期存在的管理高度集中和经营方式过分单调的弊端,使农民在集体经济中由单纯的劳动者变成既是生产者又是经营者,从而大大调动农民的生产积极性,较好地发挥了劳动和土地的潜力。从案例中可以看出,农村的政策变了之后,党的政策使天水市活起来了,切实减轻了农民负担,真正调动起农民的积极性。天水市发展生产减轻农民负担,农民得以休养生息。天水市农民手里的粮和钱都有所增加。从天水市的发展变化可以看到,切实减轻农民负担,真正调动起农民的积极性,集体、个人一起上,对国家、集体、社员和城镇居民都大有好处。

思考讨论

1. 党的政策为什么使农村活起来了?
2. 党的政策使天水市发生了哪些变化?

案例 4　中国梦农民十盼(话说新农村)

中国的改革开放是从农村开始的,其动力是要实现农民对美好生活的向往。改革开放几十年的历程,就是不断实现农民对美好生活向往的历程。现在,实现中国梦,农民有十盼。

一盼快致富。实现温饱之后的中国农民,眼界更开阔,目标更高远,迫切盼望"富起来",过上宽裕的生活。但是缺门路,缺项目,缺产业,缺资本,缺技术,成为不可逾越的坎,需要帮扶。

二盼进城变市民。能够有一份稳定的工作,稳定的社会福利,稳定的生活,孩子能享受良好的教育,是新生代农民工最迫切的愿望。梦想成真,需要深化改革,牵一发动全身,任重道远。

三盼农业增效。种田是农民的主体,国家的脊梁。提高种植效益,激励农民种田积极性,保障农产品有效供给,是国家长治久安之基。时下种 1 亩水稻,产 1200 斤左右,能养活二至三个人,不包括劳动力成本,只有两三百元的收益。社会效益大,自身效益小,种田不划算。农业劳动生产率低,耕地产出率低,传统农业效益低,这是"三农"问题的薄弱环节。农业增效不仅是种田农民的梦想,也是全社会的大局。

四盼活得有尊严。农民是社会的主体,也是弱势群体。农民为了生计,处处求人,事事求人,委曲求全,忍受无助。他们凭力气干活,凭本事吃饭,诚实做人,体面劳动,无私奉献,盼得到社会的尊重,过上有尊严的生活,这样的梦想实现起来更有意义。

五盼社会公平。担惊受怕伴随着农民的生产生活。农民怕打工不给工资,一年白辛苦;怕土地被剥夺,祖屋没了;怕诉求无门,有冤无处申。所以,急盼社会公平,法制健全。

六盼家园美好。农民的生活好起来了,盼望提高生活质量,过上安全舒心的日子。希望村庄整洁,环境优美,生态良好,生活方便;邻里和睦,社会和谐,农村不比城里差。

七盼无后顾之忧。农民最担心的是老了怎么办? 病了怎么办? 天灾人祸怎么办? 盼望社会保障能够更高水平覆盖。不仅劳有所得,住有所居,而且老有所养,病有所医,灾有所济,穷有所帮,伤有所助,没有后顾之忧。

八盼亲情慰藉。比较过去,农民的物质生活丰富多了,但缺少丰富的精神生活。大批青壮年农民离土、离亲、离乡,进城打工,留下空巢老人,留守妇女、儿童,一家人天各一方,相互思念,长期过着感情缺失的生活。他们热切盼望亲情慰藉。

九盼有好教育。子女能够上好学校,受到良好教育,读书成才,走出农村,这是农民强烈的梦想。为了这个梦想,农民什么苦都能吃,什么委屈都能受,什么付出都愿意。虽然这个梦想正逐步实现,但路还很长。

十盼好政策,农民十分感谢党的政策好,又十分盼望有更好的政策。农民的意见多听一点,农民的事多重视一点;农产品价格再高一点,农资价格再低一点;农业补贴再多一点,专业化服务再及时一点;农业生产条件再改善一点,抗灾能力再强一点……

农民的向往就是政府执政的方向。逐步实现农民的向往,就是中华民族走向伟大复兴。让农民向往成真,就是中国共产党人最根本的群众路线。

——摘自邓道坤:《中国梦·农民十盼(话说新农村)》,《人民日报》2013 年 9 月 9 日第 9 版。

案例分析

农民的向往就是政府执政的方向。让农民梦想成真,就是共产党人最根本的群众路线。从案例中可以看出,中国的改革开放是从农村开始的,其动力是要实现农民对美好生活的向往。改革开放几十年的历程,就是不断实现农民对美好生活向往的历程。实现中国梦,农民有十盼。这十盼,反映了这个阶段农民的诉求:致富、进城变市民、农业增效、活得有尊严、社会公平、家园美好、无后顾之忧、亲情慰藉、有好教育、好政策等,这些都是广大农民各方面盼望得到改善的诉求。

思考讨论

1. 农民有哪十盼?
2. 农民的梦和中国梦有什么关系?

专题四

翻番的梦想

本专题概述

1982 年,中共十二大明确指出,到 20 世纪末,中国经济建设总的奋斗目标是:在不断提高经济效益的前提下,力争使全国工农业总产值翻两番,全国人民的物质文化水平达到小康水平。

"翻番"(double)是一个数学上的概念:指在原基数的基础上增长一倍,如原来是 200 亿,翻一番就是 400 亿,翻两番就成为 800 亿。例如 1980 年中国的工农业总产值为 7100 亿元,翻一番即增长到 14200 亿元,在翻一番应为 28400 亿元(按 1980 年不变价格)。

1987 年,中共十三大坚持并进一步完善了十二大提出的发展战略,把中国到 20 世纪末发展目标由工农业总产值翻两番改为国民生产总值翻两番,并且提出了到 21 世纪中叶的战略目标。十三大报告指出:"在社会主义初级阶段,发展社会生产力所要解决的历史课题,是实现工业化和生产的商品化、社会化、现代化。"这是社会主义初级阶段经济发展的总目标和总任务。报告进一步指出:"党的十一届三中全会以后,我国经济建设的战略部署大体分三步走。第一步,实现国民生产总值比 1980 年翻一番,解决人民的温饱问题。这个任务已经基本实现。第二步,到本世纪末,使国民生产总值再增长一倍,人民生活达到小康水平。第三步,到下个世纪中叶,人均国民生产总值达到中等发达国家的水平,人民生活比较富裕,基本实现现代化。然后,在这个基础上继续前进。"

中国梦是每个人的梦,生活水平达到小康是每个家庭的富强梦,每个家庭实现自己的富强梦,国家才能实现整体的富强梦,实现中国梦。

案例 1 加速发展,确保翻番

邓小平一贯主张在经济建设中要实事求是,反对经济工作中不切实际、不讲效率的高速度,但是他并不反对在某一特定时期经济的加速发展。相反,他鼓励经济建设抓住机遇,隔几年上一个台阶,确保翻番任务的完成。在 80 年代,邓小平利用不同的场合和时机,反复宣传这一具有重大意义的思想。

"六五"计划确定后,在邓小平的指导下,国务院开始制订国民经济发展的规划。1982 年 10 月,邓小平在同国家计委负责人谈话时指出,长远规划的关键,是前十年为后十年做好准备。准备有个抢时间的问题,不能不认真对待。哪些项目早上,早上一年早得利一年,不然要拖到下个世纪去了。这是邓小平在 80 年代较早地提出关于抢时间、早发展的思想。

从 1988 年起,由于国民经济某些方面的"过热",出现了较严重的通货膨胀。党中央和国务院开始治理整顿,并以较大的力度采取了一些措施。这时候,邓小平表态:治理整顿,我是赞成的。经济过热,确实带来一些问题。但即使在当时的情况下,他也不时提醒有关决策者不能畏缩不前,不能降低经济速度。1988 年 6 月,他在会见波兰部长会议主席梅斯内尔时指出:在改革过程中要保持生产有较好的发展,不要勉强追求太高的速度,太低了也不行。过去十年发展的速度不算低,如果今后这些年也保持比较好的速度,我们深化改革的风险就少得多。同时,邓小平也主张改革要敢于闯关,尤其是物价关,为保持经济的迅速增长创造条件。

1990 年初,国务院着手研究制定十年规划和"八五"计划,并建议在 10 年内使国民生产总值每年增长 6% 左右。对此,邓小平谈道:"年增百分之六的速度是不是真正能实现第二个翻番? 这个要老老实实地计算,要最终体现在人民生活水平上。生活水平究竟怎么样,人民对这个问题感觉敏锐得很。我们上面怎么算账也算不过他们。他们那里的账最真实。"在邓小平看来,经济增长速度仅保持在 2% 到 5% 是不够的。西方发达国家起点高,年增长百分之零点几就是个很大的数字,我们则不行。这不仅是个经济问题,实际上是个政治问题。只靠政治环境的稳定并不够,最根本的因素,还是经济增长速度,而且要体现在人民生活逐步好起来。他谆谆嘱咐第三代领导人,经济能不能避免滑坡,翻两番能不能实现,是使我们真正睡不着觉的大问题。在 90 年代初的那几年,邓小平几乎在所有的重要场合,都反反复复地讲述着这些道理。

1991 年,邓小平着重阐述了他反对单纯求稳,要抓住时机,争取使国民积极跨上新台阶的思想。8 月 20 日,他在同几位中央负责人谈话时指出:强调稳是对的,但强调得过分就可能丧失时机。可能我们经济发展规律还是波浪式前进,过几年还有一个飞跃,跳一个台阶,跳了以后,发现问题及时调整一下,再前进。我们不抓住机会使经济上一个台阶,别人就会跳得比我们快得多,我们就落在后面了。

邓小平的这个讲话充满了危机感和竞争意识。他一再用东亚和东南亚国家的发展成绩来鞭策我们,具有很强的说服力。近一二十年来,环太平洋地区的经济迅速崛起,尤其是亚洲"四小龙"在经济起飞后保持了较长时期的高速发展。从1980年到1990年,按人均国民生产总值计算年增长率,韩国是9.7%,台湾是8.1%,香港是7.1%,新加坡是6.4%,泰国是7.6%。这些数字都体现了在起点较高的基础上效益较好的增长,因而更显实力。邓小平的这个谈话之后,中共中央领导人纷纷发表了加快改革与加速发展的谈话。

1992年早春,邓小平南行发表了重要谈话,对涉及社会主义发展道路和我国改革开放是我若干重大问题给予了明确阐释。其中,对于多年来不断申明的抓住时机,加快发展的重要论述进行了有力地归结:

第一,关于抓住时机,加快发展。邓小平说,现在,周边一些国家和地区发展比我们快。如果我们不发展或发展得太慢,老百姓一比较就有问题了。所以,能发展就不要阻挡,有条件的地方就可能搞快点。低速度就等于停步,甚至等于后退。要抓住机会,现在就是好机会。

第二,关于使经济隔几年上一个台阶。他在珠海对有关负责人说:看起来我们的发展,总是要在某一阶段,抓住时机,加速搞几年,发现问题及时治理,尔后继续前进。我国的经济发展,总要力争隔几年上一个台阶。1984年至1988年五年的加速发展,可以称作一种飞跃,使整个经济上了一个台阶。

第三,要注意经济稳定、协调地发展,但稳定和协调也是相对的,不是绝对的。发展才是硬道理。如果分析不当,造成误解,就会变得谨小慎微,不敢解放思想,不敢放开手脚,结果是丧失良机,犹如逆水行舟,不进则退。

——摘自高屹:《邓小平设计中国改革开放实录》,辽宁人民出版社1995年版,第169页—175页。

案例分析

从案例中可以看出,邓小平有关加速发展,使经济隔几年上一个台阶,确保翻番或提前翻番的一系列谈话,在90年代初对全国各界以及各经济部门的负责人锐意进取、大胆开拓,推动经济建设掀起新的高潮起了极大的促进作用。邓小平看到了20世界末的中国的发展机遇,用东亚和东南亚国家的发展成绩来鞭策中国,具有很强的说服力。当时国内条件具备,国际环境有利,再加上发挥社会主义制度能够集中力量办大事的优势,在我们现代化建设的过程中,出现了若干个发展速度比较快、效益比较好的阶段,这正验证了邓小平等国家领导人的英明决策,制定了一条符合中国发展的社会主义现代化建设道路。

思考讨论

1. 为什么邓小平提出要加速发展?
2. 怎样做到加速发展,确保翻番?

案例2 喜看今日中国 山河更加妖娆

翻两番的指标能实现

意大利米兰大学教授詹尼·福拉代马在英国《今日世界》月刊去年11月号发表题为《今后20年的中国经济》的文章,认为20年内,中国工农业总产值翻两番的指标是能实现的。摘要如下:

1982年9月中国共产党十二大提出的经济指标是:到2000年使工农业的年总产值翻两番。

在头一个十年期间,按照目前计划的规定,年平均增长率为4%。而在第二个十年中,年增长率要达到9.5%,这个数字看起来是高了些。如果我们考虑到日本的年增长率在六十年代就曾超过个数字,那么,中国的计划指标就不是不可能实现的。

问题是,中国是否达到了一定的水平。只有在这个水平上,才可能实现像日本那样的快速增长率。

如果我们参看其他的经济指数,我们不难看到中国的经济形势要比外人估计的为好。例如,中国的人均谷物产量——340公斤——同墨西哥和巴西目前的人均谷物产量差不多,并与联邦德国和意大利的1970年的水平不相上下。人均猪肉产量——20公斤——近似意大利1965年的水平。人均鱼产量接近意大利、巴西、墨西哥、尼日利亚和联邦德国的水平。人均木材产量超过墨西哥和意大利的水平。人均石油产量超过巴西。人均煤产量仅次于联邦德国、美国、苏联而居于世界先进水平。

从外贸和国民收入之间的关系来探讨。中国是一个几乎可以生产一切东西的大国,在估计只有3200亿到4000亿美元的国民收入中,400亿美元的外贸占很大比例,占国内生产总值的10%—12.5%。苏联、美国和日本的外贸分别占国内生产总值的11%、17%和22%,中国的比例似乎有点太高了。

总而言之,用各种经济指标来衡量,比较实际地对中国的经济问题做出估价,又从对比的角度来衡量中国经济的分量和重要性,那么,确实可以预见,到本世纪末,中国将成为世界上国内生产总值最高的国家之一。

改革使中国面貌一新

英国《金融时报》去年10月19日发表了题为《中国》的署名文章。文章认为,中国国内的改革和实行对外开放政策,使国家面貌焕然一新。摘要如下:

中国进行面貌焕然一新的彻底变革,已经将近五年了。打补丁的、男女不分的蓝衣服基本上看不到了,对许多人来说,忍饥挨饿、营养不良的日子也一去不复返了。外国人访问过的城镇都设有自由市场,有大批鲜肉、蔬菜和水果上市。大街上的商店里,摆满了电视机、有饰边的女上衣和时兴的运动鞋。过去曾对经济进步造成破坏的政治运动似乎销声匿迹了。比较年轻,也更加讲究实际的人被安置到有影响的岗位上。

为使中外通商有章可循,1983年9月,北京公布了中外合资经营企业法实施条例。中国已为引进西方技术敞开了门户。

过去5年中,外国商人大批涌向中国,以估计并开发新市场。中国的对外贸易额也从1977年的140.7亿美元增加到1982年的将近410亿美元。今天,外国买主可以在原来曾经是禁区的中国大部分地区旅行,外国卖主可以同许多可能成为基本用户的中国企业家直接联系,而这种方便在五六年以前是闻所未闻的。

责任制收到了效益

日本《日本与中国》发表川越敏孝题为《中国农村欣欣向荣》的文章,摘要如下:

最近,中国农村发生的变化确实惊人。以家庭为单位的承包制,在仅仅两三年的时间里,就在农村80%的地区普及了。最近,我访问了安徽省的滁县、江苏省的南通和宜兴,亲眼看到农村的现状。

坐在去招待所的汽车里,我放眼窗外,首先映入眼帘的是新建的农舍。江南等地的农村兴建的都是墙壁洁白的二层楼,宽敞的阳台上摆放着花盆。小溪与道路之间的田埂上密密麻麻地种上了油菜籽。小溪对岸是广阔无垠的麦地和菜田。

过去实行工分制时废弃的空闲地现在都得到了利用。可以说,责任制的实际利益大大激发了农民的生产积极性。

但比这更重要的是自主权扩大了。现在,农民自己承包的土地可以按照自己的意志耕种了。以前用一年时间干的活现在3个月就能干完,剩余时间就致力于搞副业,办社队工业。可以说,农民们笑逐颜开也是理所当然的。

干群关系也发生了变化。以前,有不少干部是瞎指挥,不怎么劳动。实行责任制之后,行政命令减少了,干部都参加了劳动,因而与群众的关系逐渐改善了。

滁县乌衣公社刘庄生产队共 22 户。自实行责任制后,生产稳步提高,现在每户平均粮食产量是过去的四倍。农民们说,一年吃饱饭,二年穿好衣,三年建新房,四年买家具。草房旁盖起了二层楼房,顶棚上挂着腊肉。

滁县全县人均收入为 332 元,富裕的大队人均为 584 元。南通郊区的中兴大队因为办有工业,所以人均收入为 830 元。

比较起来,农民的收入正在迅速地接近工人的收入,在一些地区,农民的收入已经超过了工人。

在"文革"时期,经常高喊消灭城乡差别,但是根本没有实现。现在却正在逐步实现。

——摘自本报评论员:《喜看今日中国　山河更加妖娆》,《人民日报》1984 年 1 月 1 日第 3 版。

案例分析

从案例中可以看出,世界各国鉴于中国的工农业发展情况,大都认为 20 年内,中国工农业总产值翻两番的指标是能实现的。中国国内的改革和实行对外开放政策,使国家面貌焕然一新,为实现翻两番的目标营造了良好的条件。中国农村发生的变化确实惊人。以家庭为单位的承包制,在仅仅两三年的时间里,就在农村 80% 的地区普及了,我国正在逐步消灭城乡差别。

思考讨论

1. 为什么意大利米兰大学教授詹尼·福拉代马认为中国工农业总产值翻两番的指标是能实现的?

2. 怎样实现中国工农业总产值翻两番的指标?

案例 3　"小康"目标的提出

1979 年 12 月 6 日,北京,人民大会堂东大厅。邓小平会见来华访问的日本首相大平正芳。整个会谈,气氛融洽,话题广泛而深入。

在涉及 20 世纪末中国经济发展规划时,大平委婉而明确地问道:中国的现代化规划确实是十分宏伟动人的。但是我想知道,你们的现代化蓝图究竟是如何构思的？中国将来会是什么样的情况？阁下能具体谈谈吗？

讲这些话时，大平首相心底不免泛起些许激动的波澜。60 年代，池田内阁组成时，大平官拜内阁官房长官。在经济增长速度问题上，他力排多数人的“稳定增长论”，制定了雄心勃勃的“国民经济倍增计划”并大力推动实施。到 1970 年，这个计划果然实现了。从 1965 年 11 月到 1970 年 7 月，日本国民生产总值增长率年均达 10.5%，发展速度超过了所有先进的西方国家。大平功不可没，如今提及此事，自豪之情仍溢于言表。

邓小平吸着烟，陷入了沉思。他佩服大平思维敏锐，提问题切中要害，同时也觉得需要认真回答。粉碎“四人帮”以后，全国开始“新长征”，建设“四化”的呐喊声越来越高亢。但“四化”以什么为标志，步子怎么走，中央心里也没大有数，为此还一度陷入了“洋跃进”的泥潭，不得不在“三中”全会后花很大气力来调整和整顿。看来，仅有口号、热情和干劲是远远不够的……

过了大约一分钟的时间，邓小平蹭掉烟灰，注视着大平，缓缓地说道：我们要实现的，是中国式的现代化。我们四个现代化的概念，与你们不同，而是“小康之家”，到本世纪末，中国的四个现代化即使达到了某种目标，我们的国民生产总值人均水平也还是很低的。要达到第三世界中比较富裕一点的国家的水平，比如国民生产总值人均一千美元。说到这里，邓小平伸出手指向大平示意，“也还得付出很大的努力。就算达到那样的水平，同西方来比，也还是落后的。所以，我只能说，中国到那时也还是一个小康的状态”。

川菜的麻辣使大平的额角不时渗出了热汗，但更使他激动不已的是：中国领导人向他透露了一个重要信息——中国未来 20 年发展的蓝图，中国人不掺水分的“真正的雄心壮志”。

日本首相走了，但是，“一千美元”、“小康水平”这些概念及其所包含的内容却紧紧地与邓小平连在了一起，并对中国的经济发展步骤、进程产生了重大影响。

对于这次同大平的谈话，邓小平后来多次提到过，说“中国式的现代化”、“一千美元”、“小康社会”等概念都起源于这次谈话。实际上，这些思想和概念反映了全党全国人民几十年来建设社会主义的实践和得失，凝结了全党的思考和探索。邓小平在这个基础上作了高度概括。

1978 年 12 月，中共十一届三中全会在京召开，全会决定把全党工作重点转移到社会主义现代化建设上来，并恢复了实事求是的思想路线。

在此期间，陈云和邓小平专门就经济工作发表了重要的、有针对性的讲话。陈云指出：我们搞四个现代化，要讲实事求是。先要把“实事”搞清楚。这个问题不搞清楚，什么事情也搞不好。我们国家是一个 9 亿多人口的大国，80% 的人口是农民。革命胜利快 30 年了,但不少地方还有要饭的,需要改善生活。我们是在这种条件下搞四个现代化的。邓小平说:现在中心任务是调整,首先要有决心,东照顾、西照顾不行,过去提"以粮为纲"、"以钢为纲",是到该总结的时候了。在当时中央和国务院召开的许多重要会议上,邓小平等同志不断地呼吁:我国国家大,人口多,底子薄,基础差,经济发展目标不可能定得过高。

作一个横向比较,更能反映出我国经济状况与世界水平的差距。据世界银行的报告,1978 年,在全世界 128 个国家和地区中,中国的人均国民生产总值排在倒数第 20 位,与索马里、坦桑尼亚相当。

若论发展速度,由于十年"文革"的破坏,中国比世界水平大大落后了。从 1967 年到 1978 年,中、日、美三国人均国民生产总值的变化是:中国从 100 美元增加到 210 美元,日本从 1190 美元增加到 7020 美元,美国从 4090 美元增加到 10110 美元。新中国成立后与世界本来缩小的距离又拉大了。1978 年 10 月,邓小平会见联邦德国新闻代表团时曾说了一番痛切而深刻的话:我们同发达国家相比较,经济上的差距不只是 10 年了,可能是 20 年、30 年,有的方面甚至可能是 50 年。我们的四个现代化,要在本世纪末达到你们现在的水平已不容易,要达到你们 22 年后的水平就更难了。

邓小平在当时的讲话如此大胆而实际,是与他那一段时间的实践活动,尤其是对世界经济发展状况的考察有直接的关系。1978 年,邓小平出访了日本、朝鲜、泰国、马来西亚、新加坡等许多国家(1979 年初又访问了美国),这些外事活动使邓小平大开了眼界,又使他清楚地认识到了中国与世界的距离。1978 年 10 月 24 日,在参观了日本日产汽车公司后,邓小平说了一句话:我懂得什么是现代化了。

关于小康水平的含义,邓小平后来有过多次阐述,最概括的解释是"不穷不富,日子比较好过"。他在论及中国现代化发展问题时,都是在这个意义上使用"小康"这个概念的。

邓小平关于在 20 世纪末实现小康生活水平将现代化建设时间延长的思想,为决策部门科学地确立现代化建设的总体规划及实施步骤提供了原则性的指导,并逐渐为党的全国性会议所接受。1981 年党的十一届六中全会正式提出,我们应该从国情出发,量力而行,有步骤、分阶段地实现现代化。1982 年党的"十二大"进一步明确了本世纪末"翻两番"的目标,提出使全国工农业总产值要从 1980 年的 7100 亿元增加到 2000 年的 28000 亿元左右。这表明,本世纪末实现的小康,只是中国现代化进程的一个阶段,一个最低的目标。这个目标更加务实,更贴近中国国情,因而在本世纪最后的 20 年更有力地调动了全国人民投入经济建设的积极性。

——摘自高屹:《邓小平设计中国改革开放实录》,辽宁人民出版社1995年版,第148—154页。

案例分析

1979年底,邓小平在会见日本首相大平正芳时,提出了我们要建设小康的目标。从案例中可以看出,关于"小康"目标的提出,经历了一个比较长的过程,邓小平在其中做出了关键性的作用。关于小康水平的含义,邓小平后来有过多次阐述,最概括的解释是"不穷不富,日子比较好过"。他在论及中国现代化发展问题时,都是在这个意义上使用"小康"这个概念的。

思考讨论

1. 什么是中国式的现代化?
2. 什么是小康水平?

案例4 小康不小康 关键看老乡

进入全面建成小康社会的决定性阶段,"三农"问题让中央更关切、让老百姓更关心。那片让无数人魂牵梦萦的广阔天地,需要怎样的牵引力和助推力,才能和全国一道同步走向全面小康、迈入现代化?

刚刚闭幕的中央农村工作会议,对新的历史起点上全面深化农村改革、加快农业现代化步伐做出重要部署。着眼我国经济社会长远发展大局,习近平总书记高屋建瓴、深刻精辟阐述了推进农村改革发展若干具有方向性和战略性的重大问题,为在新形势下解决"三农"问题提供了基本遵循。始终把"三农"工作牢牢抓住、紧紧抓好,一个极其重要的方面就是,把思想和行动统一到中央对"三农"问题的分析和判断上来,坚持工业反哺农业、城市支持农村和多予少取放活方针,不断加大强农惠农富农政策力度,奋力开辟农业和农村工作的新局面。

"重中之重",这是中央确立的全党工作中解决好"三农"问题的位置,充分突显了"三农"工作的分量。这些年来,在中央出台一系列"三农"政策的持续作用下,我国农村经济社会发展取得了长足进步。农业产品产量跃升至世界前列,实现了从短缺到丰富充裕的巨大转变。今年农民增收有望超过1000元,实现"十连快";粮食产量突破6亿吨,实现"十连增"。中国人靠自己解决了世界1/5人口的温饱问题,实现了人民生活水平的提高。

也要清醒地看到,尽管乡土中国正在经历千年未有之变局,但农业还是“四化同步”的短腿,农村还是全面建成小康社会的短板。我们强调人口多、底子薄、发展不平衡仍是基本国情,农村就是这一基本国情的最大实际;我们说还有 1.28 亿人生活在贫困线以下,其中绝大部分就在农村。这就是为什么中央强调坚持把解决好“三农”问题作为全党工作重中之重,始终把“三农”工作牢牢抓住、紧紧抓好的原因所在,就是为什么我们解决“三农”问题的这口气松不得、这个劲懈不得的原因所在。

“小康不小康,关键看老乡”,习近平总书记多次讲过这句生动而深刻的话,就是希望全党同志看到全面小康的重点和难点所在,懂得没有农村的小康就没有全国的小康这个道理。在迈向现代化的进程中,农村不能掉队。在同心共筑中国梦的进程中,不能没有 7 亿农民的梦想构筑。“中国要强,农业必须强;中国要美,农村必须美;中国要富,农民必须富”,这样的铿锵语句中,彰显的是实现“两个百年”目标、实现中国梦的“三农”诉求,蕴含的是中央解决好“三农”问题的坚定决心和坚强意志。今天,唯有着眼全国发展大局解决制约农村发展的长远问题,全面深化农村改革、加快推进农业现代化,使农业基础稳固,农村和谐稳定,农民安居乐业,我们整个大局才有保障,各项工作才会比较主动。

35 年前,我们的改革从农村起步拉开大幕,并以磅礴之势推向全国,开启了中华民族发展史上的崭新时代。今天,在全面深化改革的关键时期,我们同样要尊重和激发 7 亿农民的首创精神,为农村经济社会发展注入强大动力。从现在起距离全面小康目标,只有 7 年左右的时间。时不我待,任务繁重。

——摘自本报评论员:《小康不小康,关键看老乡》,《人民日报》2013 年 12 月 26 日第 1 版。

案例分析

从案例中可以看出,进入全面建成小康社会的决定性阶段,“三农”问题让中央更关切、让老百姓更关心,我们始终把“三农”工作牢牢抓住紧紧抓好。中央确立的全党工作中解决好“三农”问题为“重中之重”,这充分突显了“三农”工作的分量,和始终把“三农”工作牢牢抓住紧紧抓好的决心。在全面深化改革的关键时期,我们同样要尊重和激发 7 亿农民的首创精神,为农村经济社会发展注入强大动力。认真贯彻中央农村工作会议精神,坚持稳定政策、改革创新、持续发展,我们就必定能让广袤农村同全国一道实现全面小康,让广大农民过上更加富裕美好的生活。中国要强,农业必须强;中国要美,农村必须美;中国要富,农民必须富。

思考讨论

1. 为什么说“小康不小康,关键看老乡”?
2. 怎样实现中国梦的“三农”诉求?

专题五

南方谈话让梦想起飞

本专题概述

二十世纪八十年代,在党的十一届三中全会精神指引下,通过改革开放,我国社会主义现代化建设取得了突飞猛进的发展,顺利实现了社会主义现代化建设三步战略目标的第一步,解决了人民的温饱问题。但在九十年代初期,由于国内出现严重政治风波,以及苏联解体、东欧剧变等国际国内动荡不安的政治形势,对我国政治经济社会的稳定发展产生巨大的影响,一度收敛的资产阶级自由化思潮重新泛滥起来,党和国家的发展处于又一个紧要关头。在这关键时刻,邓小平于1992 年初先后在武昌、深圳、珠海和上海等地发表了重要谈话,就坚定不移地贯彻党的"一个中心,两个基本点"的基本路线,坚持走中国特色的社会主义道路,特别是抓住当前有利时机,加快改革开放步伐,集中精力把经济建设搞上去等一系列重大问题,发表了极其重要的意见,为我国社会主义现代化建设指明了方向。邓小平南方谈话以中央二号文件形式发表后,立即在全国引起了巨大的反响。随即,长城内外、大江南北掀起了加快改革开放、加速经济发展和建设小康社会的热潮。

南方谈话带动了我国经济的发展,让广大人民看到了中国经济的希望,同时更加坚定了走中国特色社会主义道路的方向,为实现中国梦提供了重要的物质保障。

案例 1 中国改革开放面临"左"的阻碍

1991 年 1 月至 2 月,邓小平在上海就有针对性地反复强调"改革开放还要讲,我们的党还要讲几十年。会有不同意见……光我一个人说话不够,我们的党要说话,要说几十年。""开放不坚决不行,现在还有好多障碍挡着我们。说'三资'企业不是民族经济,害怕它的发展,这不好嘛。”他又一次阐明“不要以为,一说计划经济就是社会主义,一说市场经济就是资本主义,不是那么回事,两者都是手段,市场也可以为社会主义服务”。邓小平同志恳切希望“上海人民思想更解放一点,胆子更大一点,步子更快一点”,鼓励上海干部群众“要克服一个怕字,要有勇气。什么事情总要有人试第一个,才能开拓新路”。

根据邓小平同志几次讲话精神,自1991年2月15日至4月12日,上海《解放日报》先后发表皇甫平的评论:《做改革开放的带头羊》、《改革开放要有新思路》、《扩大开放的意识要更强些》、《改革开放需要大批德才兼备的干部》。这四篇文章就是有名的“羊年四论”。文章提出要打破僵滞和封闭观念,进一步解放思想。表达了这样几个重要观点:一是要坚持改革,“何以解忧,唯有改革。”二是不要陷入姓资姓社的争论,要敢为天下先。三是提出在市场经济问题上要解放思想。文章指出“如果我们仍然囿于姓社还是姓资的话,那就只能坐失良机。”

《解放日报》的“羊年四论”得到广大思想理论界的欢迎,引起了巨大的反响。特别是其中论及“市场经济”问题的那一篇,更为人们所称道、所关注。在当时“左”的思想似乎有点“气候”的情况下,这篇论及“市场经济”的评论,一时成为人们公开、私下议论的中心。在这种思想观点的鼓舞下,要求进一步扩大开放、深化改革的呼声又有所高涨,有的发表文章宣布“商品经济”的改革思路,有的发表讲话呼吁解放思想,认为解放思想使进一步深化改革的“牛鼻子”,不进一步解放思想,就不足以打破新的思想僵化,进一步深化改革就会成为一句空话,甚至还会出现倒退。这种要求发动一次新的思想解放运动的呼吁,就是对邓小平1991年春节的上海讲话及《解放日报》“羊年四论”的呼应。

然而,上海皇甫平的文章也受到有些带有新的僵化思想的理论家、政治家的批评和责难。有人在报刊上发表文章说,“市场经济就是取消公有制……否定社会主义制度,搞资本主义。”我们现在面临着“双重任务——阶级斗争和全面建设”。说当时我国的阶级斗争“比建国以来任何时期都要鲜明、激烈、尖锐”。还有人说,多一份外资就多一份资本主义,“三资”企业是和平演变的温床。“有些人总是……认为计划经济原则很难真正做到资源的合理配置和有效利用。我国40年社会主义经济建设取得举世瞩目的成就,充分说明了我国实行计划经济的优越性。”有的人甚至认为“文化大革命”的理论有合理成分。“资产阶级就在共产党内”这个论点是对的。现实生活中“左”的东西也比比皆是,如:把改革开放说成是引进和发展资本主义;认为和平演变的主要危险来自经济领域;认为多一份外资,就多一份资本主义,“三资”企业多了,就是资本主义的东西多了;认为多发展一些私营企业和个体经济会改变社会主义性质;认为乡镇企业是不正之风的风源,农村家庭承包责任制是集体经济瓦解的根源;认为股份制就是"潜行"的私有化,等等。正是在这种背景下,一些人产生了担心改革开放会滑向资本主义的思想情绪,主张对改革开放措施要问一问姓"社"还是"资"。一事当前先争个姓什名谁,改革开放的大好时机在喋喋不休的争论中白白错过,折不断造成了理论的混乱,而且给广大干部和从事经济工作的人造成了压力和困惑,延误了改革开放的步伐。可见,尽管现代化建设和改革开放中有右的东西的干扰,但根深蒂固的还是"左"的思想影响。

这种思想上的顾虑还和国际大背景有关。1989 年风波平息之后,改革如何深化,一些人产生了怀疑和困惑。在总结和反思中,对 1989 年政治风波和东欧剧变的原因,人民的看法和角度不尽相同。东欧剧变的根本原因是经济没搞上去还是西方的和平演变?时代主题是和平与发展还是社会主义与资本主义的斗争?是以经济建设为中心还是以和平演变为中心或两者并列?一些人曾出现模糊的认识。

此外,如何看待改革开放过程中出现的问题和困难,也是人们思想上的一大困惑。80 年代后,由于经验不足而造成经济过热,通货膨胀,结构失调,因而不得用 3 年时间进行治理整顿,稳定一度失控的经济。但是经济生活里一些深层次问题并没有得到根本解决,经济效益不稳,财政赤字严重,发展速度缓慢。这些问题只能通过进一步深化经济体制改革来解决,这就要求指明进一步改革的方向,方可走出徘徊的困境。况且治理整顿结束后,也需要及时提出新的方针和政策。邓小平南方谈话正是适应了这一需要。

——摘自宫力、周敬青、张曙:《邓小平在重大历史关头》,九州出版社 2012 年版,第 306—308 页。

案例分析

机不可失,时不我待。因为从整个世界去看,目前欧洲正在承受苏联和东欧国家变革的后果,经历一场不可避免的天下大乱,复苏尚需要相当长的一段时间。只要中国加快改革步伐,更大规模的对外开放,使中国的投资环境符合国际规范,更多地参与国际经济大循环,使中国经济成为国际经济不可分割的组成部分。这样,中国就有可能吸引到大批的国际资本,加速经济发展,在五到十年内实现经济起飞。这个案例深刻的揭露了中国改革开放面临"左"的阻碍,在挑战和压力面前,邓小平开始了南下视察。

思考讨论

1. 中国改革开放面临哪些"左"的阻碍?

2. 邓小平在什么样的国内外环境下开始了南下视察?

案例2　明媚的春天

邓小平"旋风"般地在深圳、珠海、上海视察和谈话的消息,像一股和煦的春风,迅速吹遍了神州大地,中国的改革开放和现代化建设迎来了又一个更加明媚的春天。邓小平的南方谈话,驱散了人们心头的阴霾和迷惑,为中国社会的发展指出了明确的方向,从而在全国人民心中激起了巨大的反响。

著名的经济学家童大林,用"梦寐以求"四个字来形容听到邓小平谈话后的心情。他说:"越看越有味道。中国改革的新篇章,新的一页已经掀开了。"北京大学等十几所首都高等院校的学生给邓小平写了一封热情洋溢的信,表示坚决拥护和支持邓小平倡导的改革开放事业,决心学好本领,积极投身社会主义现代化建设,为祖国的兴旺发达贡献青春年华。

1992年2月20日下午,江泽民召开关于十四大报告起草工作的座谈会。他指出:邓小平同志视察南方的重要谈话,是他十多年来关于建设有中国特色社会主义的一贯思想的高度体现和新的发展,十四大报告要以这个讲话精神作为贯穿全篇的主线。

中共中央于2月28日向全党发出了关于传达学习邓小平同志重要谈话的通知,号召全体党员、干部尤其是各级领导干部,要认真学习邓小平同志的重要谈话,全面深刻地领会谈话的精神实质,紧密结合实际,认真贯彻落实。

3月9—10日,江泽民主持召开了中共中央政治局委员全体会议,认真学习讨论了邓小平的讲话,一致同意邓小平讲话的观点,决定用邓小平的讲话观点统一全党的认识。会议一致认为邓小平的谈话对于中国的改革和建设具有重要的指导意义。

江泽民6月9日在中央党校发表讲话,就全面贯彻落实邓小平同志重要谈话精神,阐述了九个方面的问题。在这篇讲话中,江泽民根据邓小平同志关于计划多一点还是市场多一点不是社会主义与资本主义的本质区别等有关论述,根据十一届三中全会以来的实践经验,明确提出了我国经济体制改革的目标,是建立社会主义市场经济体制。

正如江泽民在十四大报告中指出的那样:"邓小平同志今年初视察南方的重

要谈话,极大地鼓舞了全党同志和全国各族人民。广大干部和群众的思想更加解放,精神更加振奋,上下团结一致,到处热气腾腾,进一步展现出中华民族实现伟大理想的壮丽前景。"

无论是赞扬并拥护邓小平思想的人,还是怀疑乃至否定邓小平思想的人都不得不承认,邓小平是当代中国乃至当代世界的最杰出的政治领袖之一。邓小平对中国的影响是十分巨大的,而且愈来愈多的事实表明,这种影响已经广泛地波及国际社会,在世界范围内形成了一股强劲的"邓小平旋风"。由邓小平的南方谈话所引发的"邓小平旋风",不仅席卷了全中国,而且席卷了全世界。

有外电报道:中国改革开放的总设计师邓小平最近再次亲临深圳视察,虽只是来去匆匆,并没有公开做官式露面,但他在一些正式或非正式场合的讲话,正在逐步化为特区进一步改革开放、加快特区建设步伐的强大动力。邓小平言必称改革开放,这说明他对改革开放,不仅不改初衷,似乎还注入了一种紧迫感。

1992 年 12 月 9 日,英国《金融时报》宣布邓小平为"1992 年风云人物"。

在邓小平南方谈话和党的十四大精神的指导下,中国社会终于又一次摆脱了"左"的阴影,结束了犹豫、彷徨、观望和等待,以更坚定的步伐踏上了改革开放的康庄大道。从 1992 年底到 1993 年初,我国的经济增长率始终保持在 13% 的高度上,全国农业丰收,工业增长,市场繁荣,外贸活跃,人民生活有了新的改善,我国经济上的高速增长和政治上的稳定引起了全世界的惊奇和关注。

对于中国发生的巨变,世界许多国家的报刊发表评论文章。1993 年 5 月 10 日,美国的《时代周刊》发表了《中国将成为超级大国》的系列文章;5 月 11 日,日本的《读卖新闻》刊登了题为《觉醒的雄狮》的系列文章;法国一家报刊则以"小心,中国来了!"这样的标题评述了中国经济的高速度发展及对欧洲的影响。

——摘自宫力、周敬青、张曙:《邓小平在重大历史关头》,九州出版社 2013 年 4 月版,第 318—319 页。

案例分析

从案例中可以看出,邓小平"旋风"般地在深圳、珠海、上海视察和谈话的消息,像一股和煦的春风,迅速吹遍了神州大地,中国的改革开放和现代化建设迎来了又一个更加明媚的春天。邓小平的南方谈话,驱散了人们心头的阴霾和迷惑,为中国社会的发展指出了明确的方向,从而在全国人民心中激起了巨大的反响。一个觉醒了的、逐渐强大的中国正在以巨人的姿态展示在全世界面前。

思考讨论

1. 为什么著名的经济学家童大林,用“梦寐以求”四个字来形容听到邓小平谈话后的心情?

2. 为什么英国《金融时报》宣布邓小平为“1992 年风云人物”?

案例 3 南方谈话后的浙江发展与浙江精神

邓小平南方谈话后,全省广大党员和各级干部认真学习,解除了思想禁锢,进而提出要加快浙江发展:“提前六年实现国内生产总值翻两番”,“主动配合,全面合作、优势互补、共同发展的方针”,呼应浦东开发开放。1992 年、1993 年和 1994 年浙江省全省国内生产总值分别增长 18.9%、25.7%和 21.3%,1995 年全省国内生产总值达到 3524.79 亿元。1993 年经济总量在全国的位次已由 1990 年的第七位上升至第五位,成为全国的经济大省之一。“八五”期间,全省一、二、三产业的年均增长速度分别为 4.5%、24.4%和 18.8%,三次产业比重由 1990 年的 25:45.5:29.5 调整到 1995 年的 15.4:53.1:31.5,全省财政收入由 1992 年的 118.36 亿元增加到 1996 年的 291.75 亿元,年均增长 25.3%。

首先,从市场经济的发展来说,浙江人多地少,经济活动空间相对狭小。改革开放以来,浙江各类市场有不同程度的发展。而 1992 年后社会主义市场经济体制目标的确立,标志着浙江的市场化改革进入了一个新阶段。尤其是金融市场发育、融资活跃成为一大特色。全省的融资总规模从 1992 年到 1994 年三年增加 1504 亿元,增长 1.8 倍。1992 年到 1995 年,全省经济持续快速增长,GDP 年均增长 19%,增长幅度连续居全国第一位。

其次,在基础设施建设的改善方面,据了解,浙江基础设施建设长期滞后于经济增长的要求,交通、能源、水利等一直处于“瓶颈”状态。1992 年后全省充分利用社会资金比较充裕的条件,面向社会、面向市场筹措资金。整个“八五”期间,全省累计完成全社会固定资产投资 3591 亿元,平均增长 48.9%。而基础设施建设也取得重大进展。铁路新建了钱江二桥,完成了沪杭、浙赣复线和宣杭铁路建设,贯穿浙西南的金温铁路部分路段投入运行;新增发电撞击容量 366 万千瓦,电网建设进入了以“大机组、大电厂、大电网、超高压、高度自动化”为主要特征的现代电力工业新阶段;电话普及率达 9.1%,其中市话普及率 30.4%,居全国领先地位。

而从城镇建设的发展完善来说,长期以来,由于种种原因,浙江的城镇化进程迟缓,中心城市在区域经济中的带动作用不强。南方谈话后,杭甬温三大中心城市的城市基础设施得到迅速发展,与中心城市发展相适应,城镇体系也逐渐完善,到 1995 年,全省有建制镇 961 个。小城镇镇区人口已达 1000 余万人,也有力地推动了乡镇企业向此集聚。

2008 年的时候浙江改革开放 30 年百件典型事例出炉,并举办了发布盛典,分"潮起"、"激流"、"奔腾"三个篇章,递进式地诠释了以"破"、"闯"、"创"为特色,以创业创新为核心的浙江精神。浙江大地 30 年的沧桑巨变,浙江改革开放的历史进程,不断与时俱进的浙江精神,再次呈现在我们面前。我们不禁要问,资源匮乏的小省,何以能率先实现与众不同的跨越式发展?钱塘江两岸,又为何能书写驰名海外的浙江奇迹?

"浙江是一个具有炽热企业家精神的地方。"著名经济学家吴敬琏在一次次考察了浙江企业之后,得出了这样的结论。正是这种精神,让网易丁磊、盛大网络陈天桥、网盛科技孙德良等人,和马云一样不断演绎着自己的新经济传奇;正是这种精神,让一代代浙商精英创下了一个又一个全国第一,推动着浙江经济昂首前行。慢慢地,人们发现,浙江精神归根到底就是人的精神,浙江精神就植根于每一个浙江人的心中。

1992 年的南方谈话高瞻远瞩,博大精深,影响深远,给浙江发展与浙江精神都留下了宝贵的财富。一是坚持改革开放不动摇。邓小平坚定地说:"不坚持社会主义,不改革开放,不发展经济,只能是死路一条。基本路线要管一百年,动摇不得。"二是充分肯定深圳的经验。深圳是全国公认的改革开放前沿,肯定深圳,就是肯定改革开放。三是建立市场经济体制。四是树立开放思想。五是走共同富裕道路。

南方谈话的财富体现在了浙江人民自力更生、顽强拼搏的自主精神,浙江人通过大力发展乡镇企业和个体私营经济,走出了一条具有浙江特色的工业化道路,并通过大胆闯市场的方式形成了资源与产品"两头在外"的经济格局,使浙江的市场化改革走在了全国的前列。"天行健,君子以自强不息。"浙江人在求发展的开拓奋斗历程中表现出来的强烈的自主意识极大地调动了他们从事改革开放实践的积极性、主动性和创造性,形成了浙江省自下而上地推进改革进程的发展模式。邓小平同志指出,理论创新必须始终坚持以马克思主义为指导,要紧紧抓住实事求是这一马克思主义精髓,"要提倡这个,不要提倡本本,我们改革开放的成功,不是靠本本,而是靠实践,是靠实事求是"。浙江人民自力更生,靠自己的实践闯出了一条发展致富的道路。

改革伊始,当人们还在为姓"社"姓"资"争论不休的时候,许许多多的浙江人就已经默默努力地干起来了,开始了市场化经济的最早自我探索。中国第一个个体工商户章华妹、创办中国首家股份合作制企业的陈华根、义乌小商品市场的奠基人冯爱倩……今天,也许很多人已经记不起他们的名字,但就是这一个个看上去并不起眼的浙江人,见证并造就着浙江的经济奇迹,成了浙江人全民创业的时代缩影。

1978年,在浙江中部金华的贫困农业小县义乌,一些"鸡毛换糖"的货郎自发聚集形成了集市。义乌农妇冯爱倩在县城摆起了地摊。1982年5月的一天,迫于总是东躲西藏的无奈,42岁的冯爱倩鼓起勇气,闯进了义乌县委大院:"我们做点小买卖养家糊口,政府为啥不让?"于是一个小贩和县委书记的长谈很快在全县引起了大讨论。三个月之后,义乌政府毅然做出了一个决策:允许农民经商、允许从事长途贩运、允许开放城乡市场、允许多渠道竞争。再过了一个月,简陋的义乌小商品市场诞生了,义乌小商品王国也由此催生。

敢为人先的浙江人民在社会主义市场经济的发展过程中抓住了发展的机遇,挣脱了旧体制的束缚,沐浴在南方谈话的春风里,形成了波澜壮阔的钱塘江经济发展大潮。

南方谈话的财富还体现在了浙江人民敢想敢干、敢为人先的开拓创新精神。邓小平同志充分肯定人民群众在改革中的作用,而且特别提到:"农村搞家庭联产承包,这个发明权是农民的,在农村改革中的好多东西,都是基层创造出来,我们把它拿来加工提高作为全国的指导。"这充分调动了浙江人民的积极性和创造性。浙江的每一个成功的创业者都有一段艰辛的创业史。南方谈话的重大作用便是思想解放,对浙江人民冲破各种陈旧框框的束缚,大胆尝试一切更有了巨大的推动作用。他们大胆尝试,在市场化的改革进程中果断改变和放弃了传统的行为方式,海外的创业发展"浙江村"、"温州街"遍布,创造了许许多多载入史册的全国第一:全国第一批发放的个体工商执照,第一个私营企业的地方性法规……

如果让时光倒流30年、20年甚至10年,谁能想到,冯根生、马云、丁磊等人,他们能创造如此多的商界奇迹,成为当前中国第一商人群体——浙商的代表。马云曾经在很长时间里,在杭州街头的大排档,推销自己的"伟大"计划:"我们要做一家中国人创办的全世界最好的公司","电子商务最终将改变全球几千万商人的生意方式,从而改变全球几十亿人的生活!"那时候,他被称为"骗子"。而出乎意料的是,马云居然能一而再地上演神话般的奇迹:阿里巴巴迅速成为全球最大的B2B(企业电子商务平台),被国内外媒体、硅谷和国外风险投资家誉为与Yahoo、Amazon、eBay、AOL比肩的五大互联网商务流派之一;国内第一个登上福布斯杂志封面的企业家;推出亚洲最大的个人网上交易平台淘宝网;收购著名网站雅虎在大陆的全部资产,并引进中国互联网史上最大的一笔融资10亿美元。在香港联交所挂牌上市,市值一度高达近 2000 亿元人民币。

能否带来实实在在的利益,能否切实地改善自己的生活,是浙江人在改革开放的探索实践中一切行为取舍的最终依据,同邓小平同志所倡导的“三个有利于”标准形成了高度契合,并形成了多种符合各地实际的发展模式,如宁绍模式、温台模式、义乌模式等。而浙江政府也遵循邓小平同志所倡导的一切从实际出发的思想路线,着眼于浙江改革与发展的绩效,创造了有利的社会政治环境,充分调动了浙江人民市场经济建设的满腔热情和坚韧意志,实现了浙江经济的蓬勃发展。在社会主义市场经济体制的条件下,浙江特有的市场化经济发展模式如日中天也必将会有更大突破。

浙江改革开放 30 年,在邓小平同志的深切关切下,犹如一艘破冰前行的巨船随着时间长河流溯。当人们在颁奖盛典上再次经历了那些记忆当中的日子,回味着改革开放带来的巨大冲击时,无一不感谢邓小平同志这一伟大的改革开放总设计师的指引和领导。如果说浙江是千里马,那么邓小平同志就是伯乐,改革开放以来浙江人焕发出来的奋发进取的精神面貌,是邓小平理论伟大生命力的生动体现。当然他不仅仅是浙江的,更是全中国的伯乐,邓小平理论推动着中国特色社会主义的良好发展。邓小平同志卓有成效的功绩将流芳千古,他的三落三起将被铭记于历史中,也因此我们更深爱着他。

我们再往历史看,1992 年的春天,1 月 17 日,一趟专列从北京驶出,奔向中国改革开放的前沿南方地区。88 岁高龄的邓小平同志一路视察武昌、深圳、珠海、上海等地,发表了著名的南方谈话,及时深刻地回答了涉及中国改革开放的一系列重大理论和实践问题,为中国的改革开放指明了方向……

——摘自何绍铭、张晓萍、梁玉秋:《再启航——纪念邓小平南方谈话发表 20 周年》,中国经济出版社 2012 年版,第 101—105 页。

案例分析

改革开放以来,浙江乡镇企业发展,非公有制经济发展迅速,引起了社会的各种疑虑,如对“温州模式”就有不同的意见,曾一度受阻挠而停滞;是否仿效上海的开放迈大步子,进行金融市场的扩展……浙江的发展面临着深化改革、扩大开放和加快经济发展的迫切需要,急需要新鲜的理论的补充和指示。众所周知,邓小平南方谈话提出了继续解放思想,实事求是,抓住有利机遇,深化改革,扩大开放,加快发展的任务和“发展是硬道理”。计划多一点,还是市场多一点,不是社会主义和资本主义的本质区别。计划经济不等于社会主义,资本主义也有计划;市场经济不等于资本主义,社会主义也有市场。要警惕右,但主要是防止“左”等光辉思想,要求人们“把改革开放的胆子放大一些,要敢于尝试,不要像小脚女人。看准了的,就大胆地试,大胆地闯。”他精辟地分析了国际国内形势,并且明确地回答了困扰和束缚我们思想的许多重大认识问题,使建设有中国特色社会主义的理论更加系统,形成了科学体系。

思考讨论

1. 什么是浙江精神?
2. 发扬浙江精神与实现中国梦有什么联系?

专题六

市场经济的新局面

本专题概述

从建国到 1978 年年底党的十一届三中全会的三十年间,由于没有认识到社会主义经济仍然是商品经济,因此,否定价值规律和市场机制对社会主义经济运行的调节作用,认为计划经济是社会主义经济运行的唯一调节机制,国家计划不仅调节整个国民经济的宏观运行,而且覆盖社会主义企业和居民个人的微观经济活动。这种高度集中的计划经济体制,在我国工业化初期,在集中人力、物力、财力保证完成国家最迫切的建设项目方面,曾显示出它的积极作用。但由于这种经济体制严重压抑了企业生产和经营的主动性、积极性、创造性,在经济发展过程中越来越暴露出它的缺点,加之后来又把发挥市场作用、发展商品经济的种种正确措施当成是"资本主义"加以反对,使得经济体制上过度集中、统一的问题不仅长期得不到解决,而且发展得越来越突出,使本来生机盎然的社会主义经济在很大程度上失去了活力。

1992 年邓小平在"南方谈话"中更是明确地指出:"计划多一点还是市场多一点,不是社会主义与资本主义的本质区别。计划经济不等于社会主义,资本主义也有计划;市场经济不等于资本主义,社会主义也有市场。计划和市场都是经济手段"。这一精辟论述,从根本上解除了把计划经济和市场经济看作属于社会基本制度范畴的思想束缚,不仅迎来了一次重大的思想解放,为我国社会主义市场经济体制的确立打下了坚实的思想和理论基础。

党的十四大及此后的十四届三中全会,我们党对社会主义市场经济体制的内涵做了科学的概括:社会主义市场经济体制是同社会主义基本制度结合在一起的,使市场在国家宏观调控下,对资源配置起基础性作用的经济体制。

"中国梦"的提出与经济建设实践相辅相成,只有加快经济建设,才能更好地实现"中国梦"。

案例1 邓小平关于社会主义市场经济的论述

社会主义市场经济体制在我国的确立，不能不提及一个人，这就是我国改革开放的总设计师邓小平，由此他赢得了“当代最伟大的发展经济学家”的美誉。据龚育之考证，为了市场经济体制的确立，邓小平曾作过十二次集中论述。

中央档案馆保存的邓小平1978年12月13日著名讲话《解放思想，实事求是，团结一致向前看》的提纲中，有这么一段话：“自主权与国家计划的矛盾，主要从价值法则、供求关系（产品质量）来调节。”显然，邓小平亲笔写下的这段话已经孕育了市场经济思想的萌芽。一年以后，当邓小平在1979年11月会见美国不列颠百科全书出版公司编委会副主席吉布尼等人时，更明确地指出：“说市场经济只存在于资本主义社会，只有资本主义的市场经济，这肯定是不正确的。社会主义为什么不可以搞市场经济，这个不能说是资本主义。我们是计划经济为主，也结合市场经济，但这是社会主义的市场经济。”从而提出一个具有开创性的命题：“社会主义也可以搞市场经济。”这是我们党的领导层中以肯定的、断然的语气讲采纳市场经济方法之必要的最早的声音。尽管当时还是讲以计划经济为主，但把市场经济同社会主义联系起来，无疑具有极其重要的意义。

第二次论述见之于1980年1月16日《目前形势和任务》的讲话。邓小平在讲到寻求一条合乎中国实际的发展经济的道路时，提到了“计划调节和市场调节相结合”。

第三次论述是1982年7月26日邓小平同国家计委负责同志的一次谈话。他说：“社会主义同资本主义比较，它的优越性就在于能做到全国一盘棋，集中力量，保证重点。缺点在于市场运用得不好，经济搞得不活，计划与市场的关系问题如何解决？解决得好，对经济发展就很有利，解决不好，就会糟。”这里，邓小平在肯定社会主义计划调节的优越性的同时，指出了我们运用市场调节方面的不足，进一步强调了社会主义搞市场经济的重要性。

第四次和第五次论述，都是由于十二届三中全会通过了《中共中央关于经济体制改革的决定》而引起的。这一决定提出了社会主义经济是“公有制基础上的有计划的商品经济”的论断。1984年10月20日，邓小平高度评价这个决定是“马克思列宁主义基本原理和中国社会主义实践相结合的政治经济学”。1984年10月22日，邓小平在中顾委全会上又说：“这次经济体制改革的文件好，就是解释了什么是社会主义，有些是我们老祖宗没有说过的话，有些新话。我看讲清楚了。”

第六次论述，是1985年10月23日邓小平同美国高级企业家代表团的谈话。

他说:“社会主义和市场经济之间不存在根本矛盾。”“只搞计划经济会束缚生产力的发展。把计划经济和市场经济结合起来,就更能解放生产力,加速经济发展。”

第七次论述,是在准备十三大的过程中,即 1987 年 2 月 6 日,邓小平同中央几位负责同志谈话时说:“计划和市场都是方法嘛。只要对发展生产力有好处,就可以利用。它为社会主义服务,就是社会主义的;为资本主义服务,就是资本主义的。”“我们以前是学苏联的,搞计划经济。后来又讲计划经济为主,现在不要再讲这个了。”

第八次论述,是 1988 年 9 月 12 日邓小平在听取经济工作汇报时说:“我们讲中央权威,宏观控制,深化综合改革,都是在这样的新的条件下提出来的。过去我们是穷管,现在不同了,是走向小康社会的宏观管理。不能再搬用过去困难时期那些方法了。现在中央说话,中央行使权力,是在大的问题上,在方向问题上。”这段话字面上没有涉及市场经济,但实际上对宏观控制提出了新要求,这正是适应商品经济和市场经济的新要求。

第九次论述,是在 1989 年 6 月 9 日的讲话中。邓小平强调不能因为发生动乱而动摇十三大确定的路线,“没有错”“都不变”“不能改”,这当然包括多年来形成的关于商品经济的理论和思想。

第十次和第十一次论述是 1990 年 12 月 24 日和 1991 年初视察上海的两次谈话。邓小平两次指出:不要以为一说计划经济就是社会主义,一说市场经济就是资本主义,不是那么回事,两者都是手段。

第十二次论述,就是 1992 年初在南方谈话中的有关论述。他更加明确地指出:“计划经济不等于社会主义,资本主义也有计划;市场经济不等于资本主义,社会主义也有市场。”这就对社会主义可不可以实行市场经济这个长期争论不休、阻碍我们前进的问题,作了一个清楚、透彻、精辟的总回答,从根本上剥掉了强加在“市场经济”概念上的制度属性和阶级属性的伪装,说了老祖宗没有说过的“新话”。

由上可知,在社会主义市场经济论的形成过程中,邓小平的思想是一贯的,也是经历了一个认识过程的。他始终走在最前头,引导我们看清方向,排除困扰,坚定不移地前进。

正是在邓小平有关论述的指导和改革开放实践的推动下,我们党一步步走向市场经济新体制。十二大提出计划经济为主,市场调节为辅;十二届三中全会指出商品经济是社会经济发展不可逾越的阶段,我国社会主义经济是公有制基础上的有计划商品经济;十三大提出社会主义有计划商品经济的体制应该是计划与市场内在统一的体制。龚育之认为十三大的有关论述,“离确认有国家调控的市场经济，只隔一层纸了”；十三届四中全会后，提出建立适应有计划商品经济发展的计划经济与市场调节相结合的经济体制和运行机制；继江泽民1992年6月9日在中央党校的讲话中明确表示倾向于使用“社会主义市场经济”这个提法，并不再突出强调“有计划’’三个字之后，党的十四大明确确定把建立社会主义市场经济体制作为经济体制改革的目标；十四届三中全会通过的《中共中央关于建立社会主义市场经济体制若干问题的决定》，进一步勾画了建立社会主义市场经济体制的蓝图和基本框架；党的十五大进一步确认“建设有中国特色社会主义经济，就是在社会主义条件下发展市场经济”，并提出到2010年，我国将建立起比较完善的社会主义市场经济体制。

——摘自林建公、林庭芳：《读懂邓小平》，四川人民出版社2014年版，第218—222页。

案例分析

从案例中可以看出，据龚育之考证，为了市场经济体制的确立，邓小平曾作过十二次集中论述。由此可见，邓小平赢得“当代最伟大的发展经济学家”的美誉是实至名归。改革开放以后十多年市场取向改革发展的事实说明，市场作用发挥比较充分的地方，经济活力就比较强，经济发展就比较快，经济建设和社会发展的势头就比较好。这为我国取得建立社会主义市场经济体制的共识提供了实践基础。

思考讨论

1. 为什么要确立社会主义市场经济？
2. 社会主义市场经济的确立经历了怎样一个过程？

案例2 果品的“春天”

1985年授命从县林业局调到县政府农林办公室（后改为农业委员会）工作。分管全县林、果生产长达17年之久，跑遍全县所有乡镇及70%以上的行政村、自然村。离岗后，对林果业还深有农趣。闲暇之日，翻阅有关资料，迈开双脚还走访一些村庄、地域，原单位同事也介绍些近期发展情况。今天回忆果品发展史也是一件乐事，拙笔自乐，回忆无穷。

延庆位于京城西北部，号称西北大门。东、南、北三面环山，西部临官厅水库，与花果之乡怀来县相望。中间妫川盆地宽阔，阳光充足四季分明，昼夜温差大，具有发展果品得天独厚的自然环境和地理优势。面对京、津巨大消费市场,物流顺畅效益不凡。

解放初,果树生产发展缓慢。野山杏坡坡皆是,但因地脊,干旱,果实小,品质差收获无几。只能成为野兽美味佳肴。个别农家院落有些鲜杏、李子、槟子之类零星果树,没有商品量,只是招待宾客和哄小孩的最佳食品。

在农业合作化和学大寨高潮中,依靠集体力量经二十年发展逐步建起一些成片果园。如张山营、刘斌堡地区的苹果,断断续续形成北山果林带;大庄科地区的核桃、板栗也小有名气;珍珠泉、井庄等地也引进红果等杂果类品种。七十年代初,全县成片面积约有 3000 至 4000 亩,果品年产量在 1000 万斤左右。

1978 年至 2007 年,农村改革开放政策的"春风"吹醒了延庆山川大地,也改变着农民发展商品经济的头脑。科技兴农也逐步被人们认识和掌握。引进了国内外一些优良品种和先进技术,果品产、供、销呈现出区域、自然两大优势,实行规模化经营模式,试验、选育、扩大优良品种,发展田园经济推动,振兴着农民致富奔小康的前进步伐。同时还为延庆生态建设做出了应有贡献。主要特点:

一是,建设果品生产基地,实行产、供、销一条龙服务。到 1990 年全县建成百亩以上果园 162 个,基地面积达到 9. 8 万亩。逐步形成了一乡一品、独特而优质的新品种。形成了如张山营、旧县、刘斌堡的国光苹果基地;大庄科核桃、板栗基地;新庄堡、新保庄鲜杏、前庙葡萄、黄檗寺大桃、井庄李子、珍珠泉红果等不同规模的特色基地。果品基地积极推广生物防治病虫害、蔬花蔬果、叶面喷肥、拉枝、环剥、套袋等一系列新技术力争实现无公害、优质、高产增收目标。在这些示范园区,经培训、宣传带动了全县新品引进,新技术普及把果品生产引向良性循环轨道,吸引着各地商家前来入驻流通市场,形成了优质优价,劣质积压的市场经济新局面。如珍珠乡曾一度出现红果滞销问题,其教训是信息闭塞造成。前庙村大力发展葡萄名扬市内外年年抢购使果农尝到了优质优价的甜头。

二是,1985 年党中央发出落实林权责任制的指示,允许个体、集体、国营一齐上的改革方针。农民家庭果园像雨后春笋般发展起来。当任县委书记杜德印主持在下屯乡小丰营村召开现场会推动家庭果园的发展。接着组织千人学习参观团到河北省兴隆县和怀来县取经,引进了红果、葡萄新品种、新技术,大大优化了延庆果品产业结构。在林权政策推动下,经努力已建成了葡萄、苹果、鲜杏、板栗、小杂果为主,区域明显具有特色"五大产销基地"。

三是,加强科研攻关,开展创名、优产品活动,延庆曾多次获奖。1985 年国光苹果荣获全国优质苹果金奖;1998 年红地球、里扎玛特、黑奥林三个葡萄品种并列获全国金奖;1993、1995 年玫瑰红苹果两次分获银奖、铜奖;北京奥运会前开展优质果品推荐中，龙王帽鲜杏，澳大利亚三号李子、金星无核葡萄分获二等奖。

四是，落实退耕还林政策推进果品大发展。全县2000至2004年共完成退耕还林面积8.44万亩。新建万亩板栗基地，包括大庄科、四海、珍珠泉三个乡，还引进怀黄、怀九、燕红三个优良品种，全县面积产量在京郊地区名列前茅；张山营、八达岭、旧县、香营等乡镇建起红富士、国光3万亩苹果基地；张山营镇建起1.1万亩有机葡萄基地。形成都市型农业示范区的“葡萄长廊”新景观。投资2000万元将建立起生产葡萄酒基地新项目，实现循环经济带，推动文化创意产业发展。

五是，在新农村建设中，发展观光农业，建设绿色有机食品成为新目标。建成松湖、玉佛、红杏山庄、前庙、里炮、阳光等一批旅游观光采摘园区，总面积达3万亩。大量中外游人到延庆“夏都”观光，休闲度假，住农家院，吃农家饭，享受回归大自然的人间美景；领略全国生态示范区的大好河山享受夏都美好绿色家园。

连续举办冬季冰灯、冰雪艺术节，春季杏花节，夏季避暑、休闲旅游文化节，成为支撑延庆经济收入的新主体，荣获全国旅游先进县光荣称号。

六是，全县果品产销量三十年巨变，到2007年干、鲜果品产量达到43000吨，比1978年提高六倍多；产值突破一亿元，比1978年增长将近十倍。跻身于“中国优质果品基地重点县”行列。是改革开放的“春风”带来了延庆果品产销大发展的“春天”！相信，明天一定会更美好。

——摘自耿益民：《岁月画廊》，宝斋印刷厂印制2009年版，第80—83页。

案例分析

从案例中可以看出，在建立社会主义市场经济之前，计划经济体制严重压抑了企业生产和经营的主动性、积极性、创造性，抑制了延庆果品业的发展，虽然延庆的果品业发展条件良好但还是发展堪忧。但是在建立社会主义市场经济后，延庆林业的果品迎来了发展的“春天”。延庆的果品经济发展形势一片大好，跻身于“中国优质果品基地重点县”行列，这充分反映了社会主义市场经济充分调动了农民的积极性，为我国农业的发展调动了动力。

思考讨论

1. 为什么延庆果品能迎来“春天”?
2. 延庆果品生态建设有哪些特点?

案例 3　经济体制改革后的国企改革

我国经济体制改革的目标,是在坚持公有制和按劳分配为主体、其他经济成分和分配方式为补充的基础上,建立和完善社会主义市场经济体制。在充满生机和活力的社会主义新经济体制——中国社会主义市场经济体制下,走向市场自主经营、自负盈亏的国企改革进行得大刀阔斧,做大做强主业成为国企追求的目标。如雨后春笋般迅速生根发芽的非公有制企业也在市场经济环境下茁壮成长,在我国经济总量中占据越来越多的份额。国家统计局 2009 年公布的数据显示,2008 年,国有及国有控股企业在企业个数上只占工业企业总数的 5% ,但是占工业企业主营收入的 29. 5% ,利润占 29. 70% ,国有企业以 5% 的数量占据了工业企业主营收入和利润的近 30% 。2009 年国家工商总局公布的数据显示,私营企业已占中国内资企业总数的 70% 以上。个体私营经济已经成为社会主义市场经济的重要组成部分。2010 年末,我国非公有制经济在册登记数量达到 4200 万户,从业人数 3 亿左右,在社会就业方面每年增长高达 75% 左右,为国家繁荣市场、扩大内需、解决就业做出重要贡献。更重要的是,很多中国的非公有制企业发展成为跨国集团,甚至成为全球知名的世界五百强企业。我国对国内民间资本的市场准入领域不断放宽,民航、能源等行业均已向民营。我国对国内民间资本的市场准入领域不断放宽,民航、能源等行业均已向民营资本放低门槛,实现公平竞争。

上述国有企业和非公有制企业的蓬勃发展,以实践证明了社会主义市场经济体制的先进性和优越性,同时也证明了党和政府始终坚持的基本经济制度的正确性。在我国持续不断地坚持和完善公有制为主体、多种所有制经济共同发展的基本经济制度,毫不动摇地巩固和发展公有制经济,毫不动摇地鼓励、支持、引导非公有制经济发展,坚持平等保护物权的努力发展下,我国已经初步形成了各种所有制经济平等竞争、相互促进的新格局。

——摘自黄玉迎:《中国广播电视节目改革研究(1992—2012)》,中国传媒大学出版社 2013 年版,第 33 页。

案例分析

国有企业的社会定位发生了深刻变化。经过改革开放,国有企业已经从无所不包的社会组织转变为专司经营的经济组织,成为独立的市场主体和法人实体。在国内市场上,国有企业在与外资企业、民营企业的平等竞争与互补协作中,涌现出一批批影响力巨大的知名品牌和行业排头兵，成为拉动国民经济持续快速发展的“火车头”、保障国计民生的“定海神针”；在国际市场上，一批国有大型企业尤其是中央企业，已经成长为中国经济“走出去”，与跨国公司竞争和合作的“中国力量”。

思考讨论

1. 在我国经济体制改革中，国有企业的定位是怎样的？
2. 为什么要进行国有企业改革？

案例4　社会主义市场经济体制下的政府机构改革(1994年至今)

党的十四大明确提出“建立社会主义市场经济体制”；党的十五大进一步确认“中国特色的社会主义市场经济，就是社会主义条件下发展市场经济，不断解放和发展生产力”；党的十六大重申“坚持社会主义市场经济的改革方向，使市场在国家宏观调控下对资源配置起基础性作用”。以此为指导，这一阶段的政府机构改革以适应社会主义市场经济发展的要求为宗旨，改革的重点在于转变职能、理顺关系、精兵简政，改革的根本途径是实现政企分开。

1998年的政府机构改革是我国历次改革中力度最大、机构变化和人员调整最多的一次。这次改革的目标是：建立办事高效、运转协调、行为规范的行政管理体系。改革的原则是：(1)按照发展社会主义市场经济的要求，转变政府职能，实现政企分开。把政府职能切实转变到宏观调控、社会管理和公共服务方面来，把生产经营的权力真正交给企业。(2)按照精简、统一、效能的原则，调整政府组织机构，加强宏观经济调控部门，调整和减少专业经济部门，适当调整社会服务部门，加强执法部门，发展社会中介组织。(3)按照权责一致的原则，调整政府部门的职责权限，明确划分部门之间的职能分工，克服多头管理，政出多门的弊端。(4)按照依法治国、依法行政的要求，加强行政体系的法制建设。经过改革，国务院的组成部门由40个减少为29个，是自1982年以来历次政府机构改革中减少政府部门和人员比例最高的一次。

2003年的政府机构改革有一个特殊的背景，就是中国在2001年成功加入了世界贸易组织(WTO)。中国经济在成功纳入世界经济大循环的同时也给中国的政府治理带来了新的挑战。加入WTO对中国行政管理体制的挑战主要体现为：(1)行政管理理念的转变。政府不应该是凌驾于社会之上的封闭的官僚机构，而是负有责任的“企业家”,公民则是其“顾客”或“客户”,政府应该以顾客的需求为导向,提供公共服务。(2)树立规则意识、法制意识。WTO 讲究按规则办事,因此政府应自觉遵守 WTO 规则,维护宪法和法律的尊严,彻底改变政府行为的随意性和主观性。(3)建设透明政府。除涉及国家机密及个人隐私外的全部行政信息都应该对外公布,建立起相应的政务公开制度。这次政府机构改革中的一项重要内容就是加强我国安全生产监管体制建设,将国家经济贸易委员会管理的国家安全生产监督管理局改为国务院直属机构。

2007 年 10 月 15 日党的十七大召开,十七大工作报告提出了“加快行政管理体制改革,建设服务型政府”的要求。根据这一原则,国务院新组建工业和信息化部、交通运输部、人力资源和社会保障部、环境保护部、住房和城乡建设部。改革后,除国务院办公厅外,国务院组成部门设置 27 个。

——摘自郑雪峰:《我国职业安全与健康监管体制创新研究——基于制度变迁理论的视角》,武汉大学出版社 2013 年版,第 67—68 页。

案例分析

改革开放之后,我国的经济体制变革经历了从以计划为主、市场为辅到有计划的商品经济再到社会主义市场经济体制的发展过程。在这一过程当中,我国先后进行了五次以政府机构改革为核心的行政管理体制变革。按照政府机构改革发生的时代特点,我们可以把中国历次政府机构改革划分为四个阶段:新中国成立初期的政府机构改革(1949—1956 年);计划经济体制下的政府机构改革(1956—1978 年);过渡时期的政府机构改革(1978—1993 年);社会主义市场经济体制下的政府机构改革(1994 年至今)。

思考讨论

1. 中国特色社会主义市场经济下,怎样进行政府机构改革?
2. 为什么要进行政府机构改革?

专题七

融入经济全球化的梦想

本专题概述

1995 年 1 月 1 日诞生的世界贸易组织(World Trade Organization,简称“世贸组织”或“WTO”)是当今世界上全面规范、调整各国贸易政策与贸易关系的全球性贸易组织。WTO 的前身是关税与贸易总协定(1947 年 10 月 30 日在日内瓦签订,并于 1948 年 1 月 1 日开始临时适用),该组织负责管理世界经济和贸易秩序,总部设在瑞士日内瓦莱蒙湖畔。其基本原则是通过实施市场开放、非歧视和公平贸易等原则,来实现世界贸易自由化的目标。世界贸易组织的职能主要有三方面:一是制定和规范国际多边贸易规则,涉及货物贸易、服务贸易、知识产权及投资措施等。二是组织多边贸易谈判,涉及各国实施的关税及非关税壁垒。三是解决成员之间的贸易争端。世贸组织是具有法人地位的国际组织,在调解成员争端方面具有更高的权威性。

为了适应经济全球化的发展趋势,进一步深化改革开放,更深入地融入世界经济,推动中国经济在 21 世纪迅速发展,大幅度提高中国社会生产力,中国于 2001 年 12 月 11 日,正式加入 WTO,标志着中国的产业对外开放进入了一个全新的阶段。中国加入世界贸易组织,并按世界贸易组织的规定,履行自己的权利与义务,标志着中国的改革开放已进入了一个更高的阶段,将进一步融入世界经济之中,进一步与国际接轨,从而有利于中国经济的发展。中国加入世界贸易组织,是一个明智的选择。

正式加入世界贸易组织,我国对外开放的广度和深度不断拓展。习近平同志强调,中国梦是和平、发展、合作、共赢的梦,与各国人民的美好梦想息息相通;中国人民愿同各国人民一道,携手共圆世界梦。中国加入世界贸易组织,搭建起中国梦与世界梦息息相通的桥梁,谱写新的追梦华章。

案例1 中国的入世之路

在历史上,中国曾经积极参加了世界贸易组织的前身——关税与贸易总协定早期的活动。1947 年 4 月至 10 月,当时的中国政府代表应邀参加了在日内瓦举行的联合国贸易和就业会议筹委会第二次会议。会议期间,中国与美、英、法等国进行了关税减让谈判,达成了关税减让协议,并参加了拟订关贸总协定的工作。这次谈判实质就是关贸总协定第一轮多边关税减让谈判。同年 10 月 30 日,中国签署了《关贸总协定》。1948 年 4 月 21 日,中国政府签署了《关税与贸易总协定临时适用议定书》。5 月 21 日,即该临时适用议定书签署后的 30 天,中国成为关贸总协定 23 个原始缔约方之一。1949 年 4 月至 8 月,当时的中国政府还参加了在法国安纳西举行的关贸总协定缔约方大会,参与了第二轮多边关税减让谈判,并与新加入多边谈判的 6 个国家达成了关税减让协议。1949 年 10 月 1 日,中华人民共和国成立,中华人民共和国政府成为代表全中国的唯一合法政府。1950 年 3 月 6 日,台湾当局照会联合国总部宣布中国退出关贸总协定,退出于同年 5 月 5 日正式生效。此后不久,与中国进行过关税减让谈判的部分国家根据 GATT 第 27 条之规定撤回了它们对中国所做的关税减让。由于作为全中国唯一合法政府的中华人民共和国政府已经成立,台湾当局无权做出这样的决定,所谓"退出"的宣布是非法的、无效的。不过,在此后的三十多年里,中国中断了与关贸总协定的联系。

自 20 世纪 70 年代末推行对外开放政策以后,中国开始认识到了加强与包括关贸总协定在内的国际组织的联系、积极参加国际组织活动的重要性。1980 年 8 月,中国参加了主管执行关贸总协定的国际贸易组织临时委员会的会议。1981 年,中国代表列席了关贸总协定纺织品委员会主持的第三个国际纺织品贸易协议的谈判。1982 年 9 月,中国以观察员身份列席了关贸总协定第 38 届缔约方大会,并就恢复关贸总协定缔约方席位等问题与总协定秘书处交换了意见。1983 年 11 月,中国政府正式签署了第三个国际纺织品贸易协议,成为关贸总协定纺织品委员会的正式成员。1984 年 4 月,关贸总协定同意中国以关贸总协定特殊观察员的身份参加理事会会议及其下属组织的会议。同年 11 月,关贸总协定理事会通过决议,同意中国参加关贸总协定一切组织的会议。

1986 年 7 月 11 日,中国正式提出恢复关贸总协定缔约方地位的申请,阐明了中国复关的三项原则:"以恢复方式加入关贸总协定,而非重新加入;以关税减让为承诺条件,而非承担具体进口义务;以发展中国家的地位享受相应的待遇,并承担与我国经济和贸易发展水平相适应的义务。"同年 9 月,中国代表团列席了在乌拉圭举行的关贸总协定部长级会议,开始全面参加关贸总协定乌拉圭回合谈判。1987 年 2 月,中国政府向关贸总协定提交了《中国对外贸易制度备忘录》,详细介绍了中国的经济体制、对外开放政策、对外贸易政策、对外贸易体制、海关关税制度等内容,并表示随时准备与关贸总协定各缔约方进行实质性谈判。同年 6 月,关贸总协定成立了"中国缔约方地位工作组",瑞士大使吉拉德担任主席,工作组负责审议中国的外贸制度、起草恢复中国席位的议定书、安排关税减让的谈判。同年 11 月,针对关贸总协定各缔约方对中国外贸制度提出的问题,中国政府向关贸总协定提交了答疑书。以此为基础,1988 年 2—9 月,关贸总协定中国工作组召开了四次答疑会,中国政府代表团就有关问题进行了口头答疑,并提供了必要的背景材料。

1989 年 2 月,关贸总协定中国工作组召开第六次会议,对中国外贸制度进行了首次评估。1989 年 4 月,关贸总协定中国工作组召开第七次会议,会议完成了对中国外贸制度的评估工作,准备进入实质性谈判阶段。但是,由于随后中国国内发生的政治风波,中国的复关工作受阻。此后的近三年时间内,中国的复关进程仍然停留在对中国贸易制度的审议阶段。1989 年 12 月至 1990 年 9 月,关贸总协定中国工作组先后召开了第八、第九次会议,中国代表团出席并详细介绍了当时中国的治理整顿情况,会议审议了中国外贸制度的补充文件。1991 年 10 月,中国向关贸总协定提交了中国外贸制度的补充文件,综述了中国十年规划和"八五"计划所确定的经济体制改革方向,对治理整顿以来的外贸体制改革进行了全面解释。1992 年 2 月,关贸总协定中国工作组第十次会议召开,基本结束了对中国贸易制度的审议,开始进入到有关中国复关议定书内容的实质性谈判阶段。

1992 年 10 月,关贸总协定中国工作组第十一次会议举行,会议就恢复中国缔约方地位的议定书问题进行了深入和富有实质性的谈判。同年 12 月,关贸总协定中国工作组举行了第十二次会议,会议继续就恢复中国缔约方地位的议定书问题进行了实质性的谈判,并形成了非正式议定书的初步框架。1993 年 3 月至 1994 年 7 月,关贸总协定中国工作组又相继召开了第十四至十七次会议,继续就恢复中国缔约方地位的议定书问题进行实质性的谈判,但中国和关贸总协定主要缔约方的分歧明显,谈判的进展不大。这时,中国认为主要发达国家对中国复关的要价太高,谈判越来越不具有实质性,于是在 1994 年 11 月做出"1994 年底为结束中国复关实质性谈判最后期限的决定",以促使有关各方提高谈判的责任感与紧迫感。1994 年 12 月,关贸总协定中国工作组第十九次会议举行,由于少数缔约方漫天要价、无理阻挠,中国未能与其他缔约方就中国恢复关贸总协定缔约方地位和成为世界贸易组织创始国问题达成协议。

1995 年 1 月 1 日,世界贸易组织正式成立,关贸总协定继续存在一年。同年 5 月,受关贸总协定中国工作组主席邀请,中国代表团赴日内瓦与缔约方恢复中国复关和加入世界贸易组织的双边谈判。1995 年 7 月,世界贸易组织决定接纳中国为该组织的观察员,但中国复关问题却没有实质性突破。

1995 年 12 月 12 日,关贸总协定最终结束了它的历史使命,退出了历史舞台。由于在此之前未能复关,中国的复关谈判就演变为入世谈判。与恢复关贸总协定缔约方地位相比,加入 WTO 的程序进一步复杂化,同时 WTO 的成员方增多,所管理的范围大大增加,这一切都增加了中国入世的复杂性和难度。

1996 年 3 月,WTO 中国工作组第一次正式会议在日内瓦召开。1997 年 8 月,中国与新西兰签署了市场准入协议,新西兰成为第一个与中国结束双边谈判的西方国家。1999 年 11 月,中美达成了关于中国加入 WTO 的协议,克服了中国入世道路上的最大障碍。随后,中国加入 WTO 的双边谈判进程大大加快。

2000 年 6 月,WTO 中国工作组第十次会议在日内瓦召开,谈判重点转移到起草中国加入 WTO 的法律文件——加入议定书和工作组报告书。2001 年 6—7 月,WTO 中国工作组第十七次会议在日内瓦召开,此次会议完成了中国加入 WTO 文件的起草工作。2001 年 9 月,中国与墨西哥结束了关于中国加入 WTO 的双边谈判。至此,中国全部完成了与 WTO 成员的双边市场准入谈判。2001 年 9 月 12 日至 17 日,WTO 中国工作组第十八次会议在日内瓦召开,此次会议通过了中国加入 WTO 文件,决定提交总理事会审议,宣布结束中国工作组的工作。

2001 年 11 月 10 日,WTO 第四次部长级会议在卡塔尔首都多哈召开,会议决定接受中国加入 WTO。中国政府代表随即于 11 日正式签署入世的有关法律文件并向 WTO 总干事递交了中国加入 WTO 批准书。这样,按照加入 WTO 的程序,中国于 2001 年 12 月 11 日正式成为 WTO 成员。

——摘自高永富:《世界贸易组织新论》,北京大学出版社 2008 年版,第 259—262 页。

案例分析

从案例中可以看出,中国曾经积极参加了世界贸易组织的前身——关税与贸易总协定早期的活动。但因为种种原因,中国未能与其他缔约方就中国恢复关贸总协定缔约方地位和成为世界贸易组织创始国问题达成协议。WTO 成立后,中国加入 WTO 的程序进一步复杂化。但中国一直不顾重重阻挠,经过自己的不懈努力,于2001年12月11日正式成为WTO成员。

思考讨论

1. 关税与贸易总协定与世界贸易组织有什么区别与联系?
2. 中国为什么要加入世界贸易组织?

案例2 中国提前履行加入WTO承诺:通用汽车在华销售整车

2003年11月13日,美国通用汽车公司获得的对华出口协议价值14亿美元。按照该协议,未来两年,中国将从美国通用汽车公司进口4500辆整车,其中包括凯迪拉克轿车、豪华多功能车和豪华跑车。通用汽车计划在中国建立一个独立的网络,从2004年开始销售凯迪拉克产品,并提供相关服务。这项进口协议是今天由美国通用汽车海外销售公司与通用汽车公司在底特律签署的。这是外国汽车公司的中国分部第一次获准签署整车进口协议,表明中国政府提前一年履行了加入WTO后对允许在华外国企业直接从事进口贸易以及国内分销业务的承诺。

协议规定进口的整车中,包括凯迪拉克CTS和STS轿车、凯迪拉克SRX豪华多功能车、凯迪拉克XLR豪华跑车。同时,上海通用汽车公司还将从美国通用汽车公司进口总价值约4亿美元、相当于13000套的凯迪拉克汽车部件和组件,以便在中国当地进行生产。

通用汽车公司董事长兼首席执行官瓦格纳在签约仪式上表示,随着中国汽车拥有量的不断增长,中国豪华车细分市场逐渐呈现出发展潜力。通用汽车相信,现在将凯迪拉克这一全球著名豪华车品牌引进中国,正是时候。同时,通用汽车也有决心在中国汽车市场保持领先地位。

通用汽车公司是全球最大的汽车生产企业,自1931年起,它便成为全球汽车业的领导者,在世界各地有355000名员工,其业务包括汽车制造、设计、生产和销售。2002年,通用的轿车和卡车销售量超过860万辆,是中国汽车企业年产量总和的2.6倍。目前,他们已在中国建立了4家合资生产企业,1个合资汽车设计中心和2家全资企业,中国通用的员工接近10000人。

通用汽车公司集团副总裁考格说,出口到中国的凯迪拉克汽车将由通用公司位于兰辛大河的工厂生产,那是他们在贯彻全球制造系统方面执行最好、产品质量最佳的企业之一。

上海通用汽车公司总经理陈虹认为,凭借凯迪拉克的独特风格、突破性的科技以及无可比拟的豪华性,在中国,凯迪拉克将成为继别克之后同样畅销的品牌。

除4500辆整车、4亿美元凯迪拉克汽车部件和组件协议外,今天,上海通用汽车还与美国通用汽车公司之间签署了价值7亿美元的汽车部件、组件协议,用于今后两年,生产别克君威轿车和别克GL8商务旅行车。此外,通用汽车海外销售公司还与若干家独立的中国汽车进口商签订协议,计划向中国出口约1000辆通用汽车旗下产品,具体品牌及车型尚待确定。

——摘自东方网,2003年11月13日。网址:http://www.eastday.com/

案例分析

2003年,是中国加入WTO的第二年,作为WTO成员的中国,在克服重重困难的情况下继续按照加入世界贸易组织承诺减让并大幅度降低关税,放宽服务业市场准入和外商对华投资限制,并在保险、旅游服务等领域实行了一定范围的提前开放,修订大批的法律法规等等。而且,自2002年以来,中国逐渐采取在执行新法律法规之前咨询各方意见的做法,这是在开放进程中迈进的又一步,特别受到了各方的肯定和欢迎WTO总干事素帕猜2003年11月在公开场合表示:“回顾中国经济加入世界贸易组织两年来的表现,我想它超出了我以前最乐观的估计。中国正从世界第五大贸易国变为第四位,并且我刚刚得知中国的进口总额已居世界第三位,仅在美国、德国之后。”2003年12月17日结束的WTO总理事会也顺利完成对中国加入WTO后的第二次过渡性审议。美国、欧盟、日本、韩国、澳大利亚、智利等成员方对中国在履行承诺和参与过渡审议过程中所付出的努力给予了积极评价。

思考讨论

1. 为什么中国能提前履行加入WTO的承诺?
2. 加入WTO后,中国的汽车行业发生了哪些变化?

案例3 中国加入世界贸易组织后对农业发展的影响

我国农业和农村经济已经进入一个新的发展阶段,由过去的资源约束转变为资源与市场的双重约束,农业生产结构性矛盾日益突出。农产品品种少、质量差,不能满足社会的需求;一些低质农产品销售不畅,造成积压,浪费资源,增加财政负担,影响出口竞争和农民收入的提高。

随着我国成为世贸组织的成员,融入全球经济一体化,在农产品市场竞争十

分激烈的情况下,我国农业发展和农产品进出口贸易面临的挑战和机遇主要有以下几个方面:

农业发展要坚持以市场为导向,发挥区域比较优势,依靠科技进步,改善农产品的品种数量和质量,增强农产品的国际竞争力。这就要求我们主动调整我国农业生产的结构,提高农业劳动生产率,增加农民收入。

农产品进出口贸易的格局将会发生重大的变化。从我国农产品进出口贸易的比较优势来看,资源密集型的大宗农产品(如小麦、玉米、大豆等),由于发达国家机械化程度高,成本低,价格优势明显,中国入世后,农产品关税降低,进口呈增加的趋势,对粮棉油生产将产生一定的冲击;而劳动力密集的畜产品、蔬菜、水果、特种作物,是我国传统的出口产品,中国入世后,出口竞争的潜力是很大的。因此,我国农产品进出口格局将会发生重大变化。

影响到农村劳动力的就业和农民收入的增长。在相当一个时期,我国农村劳动力将处于过剩的状况。农业生产结构调整的步伐加快,农业劳动力向非农业产业转移,要依靠小城镇建设、乡镇企业发展等才能得到缓解。入世后,进出口农产品格局的变化,将在一定程度上影响农民的就业和收入的增长。

我国农业的法规和政策要作修改和调整,也要建立有效的农业宏观调控机制,适应农业国际化和贸易自由化的挑战。

中国入世后,要执行世贸组织的农业协议和动植物卫生和检疫协议,我国现行的农业政策和法规、规章需要进行调整和修改,这样才能充分利用世贸组织的规则,保护我国农业生产和农产品贸易,扩大农产品的出口,增加农民收入。

——摘自吴长春:《新农业基础知识》,中国农业出版社2005年版,第59页。

案例分析

世贸组织的农业规则主要有农产品市场准入条款、对农业的支持条款、出口农产品的补贴条款、动植物检疫措施条款四个方面的内容。中国加入世贸组织后,遵循世贸组织的农业规则规定的各项内容,在促进农产品国际贸易自由化的实现上做了积极贡献。我国农业和农村经济已经进入一个新的发展阶段,农业发展要坚持以市场为导向,发挥区域比较优势,依靠科技进步,改善农产品的品种数量和质量,调整我国农业生产的结构,提高农业劳动生产率,增强农产品的国际竞争力。中国入世后,进出口农产品格局的变化,在一定程度上增加了农民的就业和收入的增长。

思考讨论

1. 中国加入世界贸易组织后对农业发展有哪些影响?
2. 世贸组织的农业规则有什么作用?

案例 4 中国入世后对世界的发展贡献

中国的发展是世界发展的一个重要组成部分,中国以自己的发展促进了世界的和平,为人类社会的发展进步做出了贡献。

首先,中国的发展对促进世界经济发展做出了贡献。近年来,中国经济保持平稳较快发展,为世界经济的增长带来了希望和动力。世界银行公布的数据显示,2000 年到 2004 年,中国经济增长对世界经济增长的平均贡献率为 13%。2004 年,世界经济实现了近 30 年来最快的增长,中国经济增长为 9.5%,成为世界经济增长的重要推动力量。自 1978 年以来,中国进口年均增长 16% 以上。2001 年 12 月加入世界贸易组织后,中国平均每年进口近 5000 亿美元的商品,为相关国家和地区创造了约 1000 万个就业岗位。2005 年,中国外贸总额达到 1.42 万亿美元,比 2004 年增长 23.2%,成为继美国和德国之后的世界第三大贸易国。2005 年,中国仅同亚洲国家及地区的贸易总额就达 4711.22 亿美元,占当年中国外贸总额的 33.1%,得益于同中国密切的经济联系。亚洲地区经济增长明显高于世界其他地区。日本最近公布的统计数据显示,2005 年日本与中国的贸易总额达 1893 亿美元,比上年增长 12.7%。对华出口的迅猛增长,为日本经济复苏提供了强大的推动力。欧洲和美国同样从中国的发展中得到好处。2005 年,中国从欧盟、美国的进口分别增长 22.6% 和 24.8%。《财富》杂志 500 强已有 90% 落户中国,不少还在中国设立研发基地,作为其全球发展战略的重要一环。美国《华尔街日报》透露,2005 年美国通用电气公司在中国的收入达 50 亿美元,这个数字在 2010 年有望再翻一番。

其次,中国为维护世界和平、促进国际合作也做出了重要贡献。作为最大的发展中国家和联合国常任理事国,中国奉行独立自主的和平外交政策,不以意识形态画线,不与任何国家和国家集团结盟,始终在和平共处五项原则的基础上同世界各国发展友好合作关系,促进了国家间的和平共处与平等相待。中国坚持与邻为善、以邻为伴、睦邻友好的方针,与周边国家和亚洲其他国家友好相处,积极合作。中国与主要大国建立了不同形式的合作关系,对话、交流、合作不断加强。不断加强与广大发展中国家的合作,在南南合作框架下,努力实现优势互补、共同发展。中国还是国际体系的参与者和维护者,参加了100多个国际组织,近300个国际条约,与国际社会一道为建立国际政治、经济的新秩序而共同努力。中国坚定维护世界和平。在朝核、伊核这些重大的地区和国际问题上,一贯持劝和促谈的立场。

再次,中国为周边地区稳定发展做出了贡献。亚洲与中国接壤或隔海相望的国家有20多个。中国经济持续发展,社会和谐稳定,人民安居乐业,使周边国家从中受益。从1999年到2004年,亚太地区经济一直保持6%以上的增长速度。2003年,面对突如其来的非典疫情,中国政府采取果断措施,并与周边国家同舟共济,有效遏制了疫情的发展。2004年底,印度洋地震海啸灾难发生后,中国政府和人民对受灾国的救灾和重建工作提供了及时、真诚的帮助,开展了新中国成立以来规模最大的对外救援行动。2005年10月南亚发生地震后,中国向灾区人民提供了积极帮助。

最后,中国一直在履行自己的国际义务。在2005年9月召开的联合国成立60周年首脑会议上,胡锦涛主席发表了题为《促进普遍发展实现共同繁荣》的重要讲话,赢得国际社会广泛赞誉。中国已经对14个不发达国家减免了200亿元人民币的债务,今后三年还将向不发达国家提供100亿美元的优惠贷款。虽然身为农业大国,但中国还是对来自东盟国家的部分农产品实行零关税。2005年7月,中国政府在大湄公河次区域经济合作第二次领导人会议上,主动提出从2006年起对柬埔寨、老挝及缅甸三国单方面扩大特惠关税商品范围。在2009年12月哥本哈根气候大会上,作为发展中国家的中国,本着相互尊重、平等协商、求同存异、务实合作的精神,与各方密切沟通协调,为推动会议取得现有成果发挥了重要的建设性作用,表现了最大诚意,尽了最大努力。尽管会议没有达成最终协议,但是中国依然与美国、印度、巴西和南非一起,提出了《哥本哈根协议》,充分展示中国谋发展、促合作、负责任的大国形象。

中国的发展是世界发展的一部分。中国发展带给世界的,是令人振奋的机遇,是不断扩大的合作。在这一过程中,世界各国都能从与中国的互利合作中找到新的机遇。法国《回声报》曾经刊登了《和中国一起成功》一文,反对"中国威胁论",道出了世界上大多数人的心愿。

——摘自王晓三、尹燕萍、庄园:《形势与政策教育简明读本》(第5版),复旦大学出版社2013年版,第111—113页。

案例分析

中国的发展是世界发展的一个重要组成部分,中国以自己的发展促进了世界的和平,为人类社会的发展进步做出了贡献。这些贡献体现在:中国的发展对促进世界经济发展做出了贡献;中国为维护世界和平、促进国际合作也做出了重要贡献;中国为周边地区稳定发展做出了贡献;中国一直在履行自己的国际义务。中国发展带给世界的,是令人振奋的机遇,是不断扩大的合作。在这一过程中,世界各国都能从与中国的互利合作中找到新的机遇,充分展示中国谋发展、促合作、负责任的大国形象。

思考讨论

1. 为什么说中国的发展是世界发展的一个重要组成部分?
2. 中国是怎样面对经济全球化浪潮中的机遇与挑战的?

专题八

港澳回归梦想成真

本专题概述

实现国家统一是中华民族孜孜不倦追求的梦想之一。香港澳门问题作为历史遗留问题,均是列强通过强权侵占中国领土的问题。其产生于多种因素,见证了近代中国屈辱的历史,见证了半殖民地半封建社会的近代中国。新中国成立以前,毛泽东等就开始谋划如何处理港澳问题。他提出了解决的基本思路:尽量不采用军事途径解决,而是采取和平过渡的形式解决香港澳门等问题。新中国成立以后,如何处理港澳问题成为各方关注的焦点。尤其是香港问题,更是牵动着英国的神经。英国为维系在香港的统治,软硬兼施。在“树立新中国独立自主的外交形象,营造新中国和平建设的国际环境”的原则指导下,毛泽东等制定了“长期打算,充分利用”的方针。但是由于历史局限性,和平解决港澳问题,成为他们有生之年所未能实现的事业。但是他们的构想为后来邓小平解决香港澳门提供了借鉴。邓小平等初步构想了“一国两制”,为解决香港澳门问题指明了方向。但是谈判过程并不是一帆风顺的,中英、中澳之间进行了相互的博弈。最终中方经过不懈的努力,促使英国、葡萄牙签订协议,同意在规定日期内由中国收回对香港、澳门的主权。香港、澳门分别在1997年7月1日、1999年12月20日顺利回到祖国的怀抱。香港澳门回归以后,均在一国两制下实现了安定繁荣稳定,为推动祖国现代化建设做出了积极贡献。香港回归十五周年、澳门回归十五周年之际,中央政府深入总结了回归以后两地分别取得的成就。在一国两制的方针下,香港澳门的回归,使中国在实现祖国统一大业的梦想迈出了坚实步伐。

案例1　香港澳门问题的缘由

材料1　香港问题的缘由

香港被英国占领而成为一个历史遗留问题,始于1840年的鸦片战争。这场战争不仅改变了位于珠江口外、面积不过83平方公里的香港岛的命运,也改变了整个中国的地位和命运。1841年,清政府战败,被迫签订《江宁条约》(即《南京条约》)。条约规定,将一年半以前实际上已被英国占领的香港"给予大英国君主暨嗣后世袭主位者,常远据守主掌,任便立法治理"。英国通过鸦片战争夺取了香港岛20年之后,又在对中国的另一次侵略战争(第二次鸦片战争)中,夺取了与香港岛隔海相望的九龙。1860年10月24日、25日,恭亲王奕䜣分别与英、法两国公使签订了《中英续增条约》和《中法续增条约》(即《北京条约》)。在《中英续增条约》中,规定将与香港隔海相望的九龙割让给英国。19世纪末,帝国主义列强加紧了瓜分中国的行动。在此期间英国除攫取了山东半岛的威海卫之外,还将面积900多平方公里的整个九龙半岛及其附近岛屿,并入了英国统治下的香港版图。英国殖民者在短短半个世纪的时间里就排斥了中国政府对香港天然享有的主权、治权而将之据为己有,并以单方面的所谓《香港宪章》、《九龙敕令》、《新界敕令》、《九龙城寨敕令》和《英皇制诰》、《皇室训令》,建立起了英国政府对香港156年(1841—1997)的殖民统治秩序。

——摘自齐鹏飞、张晓京:《澳门的失落与回归》,新华出版社1999版,第8页;李后:《百年屈辱史的终结——香港问题始末》,中央文献出版社1997版,第4页。

材料2　澳门问题的缘由

葡萄牙殖民者侵占澳门的历史过程相较英国殖民者侵占香港而言远为复杂、曲折和漫长。葡萄牙人在澳门446年(1553—1999),虽然也在澳门建立起了殖民统治秩序,但都是以承认澳门是中国的领土、承认中国政府在主权方面对澳门的"最高和最后的权力"为前提条件的。也就是说,澳门的主权、治权长期处于分离的状态。1535年,明朝政府的广东都指挥使黄庆接受葡萄牙殖民者的贿赂而"请于上官"将市舶提举司迁入澳门,使澳门成为"中外互市之地"正式开埠。1553—1557年间,明朝政府的广东海道副使汪柏接受葡萄牙殖民者的贿赂而擅自应允葡萄牙殖民者借口"舟触风涛""水湿贡物""暂借(澳门)地晾晒"的请求,葡萄牙殖民者乘机据澳门搭设帐篷筑房建屋"若聚落焉","自是诸澳俱废,濠镜为舶薮矣”,澳门成为葡萄牙殖民者在华唯一的“居留地”。1849 年“亚马留事件”后,由于葡萄牙殖民者事实上已经掌握了澳门的控制权,并且又相继于 1851 年、1864 年将其殖民统治秩序扩张至氹仔岛、路环岛,因此,葡萄牙殖民者就开始处心积虑地为其占领澳门的“既成事实”谋求所谓的“法律保障”,压迫清朝政府签订不平等条约来承认其在澳门殖民统治的“特殊地位”的所谓“合法化”。事实单方面地将澳门划列为葡萄牙领土之组成部分的“海外殖民地”或“海外省”,然而,从 1974 年葡萄牙新政府宣布放弃殖民主义,正式承认澳门不是殖民地,而是“由葡萄牙管理的中国领土”。

——摘自齐鹏飞、张晓京:《澳门的失落与回归》,新华出版社 1999 版,第 8 页。

案例分析

港澳问题的产生与晚清在国际社会中的地位关系密切。清王朝奉行闭关锁国的政策,未能主动融入世界发展的潮流;资本主义世界为了发展自身和扩大市场,无所不用其极,对落后的国家使用武力。清王朝尽管在鸦片战争一开始经济总量占据世界很大比重,但是并未拥有先进的生产力和代表先进的社会发展方向。中国在历史上拥有包括火药在内的四大发明,并没继续在军事工业上前进。在面对列强的冷兵器,晚清的长矛等木质石制兵器很容易败下阵来。另外根本的原因是晚清仅代表地主阶级的利益,没有代表广大人民群众的利益,因此我们不难理解清王朝在一系列战争败下阵来,中国也就逐渐沦为半殖民地半封建社会。香港澳门的问题就是在这样的历史背景下产生的,香港澳门成为外国非法统治的中国领土。中国历来都期望港澳能够回归,实现中华民族的统一。

思考讨论

1. 列强以条约的形式掠夺中国领土,并且被晚清王朝所接受。通过签订条约我们看到了什么?

2. 明朝政府的广东都指挥使黄庆接受葡萄牙殖民者的贿赂,以此材料作为背景分析出中国内部的缺陷。

案例 2　毛泽东对解决香港澳门问题的构想

材料 1:建国初期对香港的政策

对于如何解决香港问题,早在新中国建立前,毛泽东等中国共产党人就已经加以运筹了。1949 年 1 月 19 日,中共中央向全党发出由周恩来起草、毛泽东修改的《关于外交工作的指示》,指出:在原则上,帝国主义在华特权必须取消,中华民族的独立解放必须实现,这种立场是坚定不移的,但是,在执行的步骤上,则应按问题的性质及情况,分别处理。凡问题对于中国人民有利而又可能解决者,应提出解决。其尚不可能解决者,则应暂缓解决。凡问题对于中国人民无害或无大害者,即使易于解决,也不必忙于去解决。凡问题尚未研究清楚或解决的时机尚未成熟者,更不可急于去解决。总之,在外交工作方面,我们对于原则性与灵活性应掌握得很恰当,方能站稳立场,灵活机动。这个指示虽然没有直接谈到香港问题,但实际上为香港问题提供了指导方针,即香港问题当然也是帝国主义在华的"特权"之一,必须取消。但香港属于"解决的时机尚未成熟者",因此"不可急于去解决"。同年 2 月,毛泽东向斯大林特派代表米高扬阐述新中国内外政策时,明确了中共对香港问题的态度:目前,还有一半的领土尚未解放。大陆上的事情比较好办,把军队开去就行了。海岛上的事情就比较复杂,须要采取另一种灵活的方式去解决,或者采用和平过渡的方式,这就要花较多的时间了。在这种情况下,急于解决香港、澳门的问题,也就没有多大意义了。相反,恐怕利用这两地的原来地位,特别是香港,对于我们发展海外关系、进出口贸易更为有利些。总之,要看形势的发展再作最后决定。

——摘自王立胜、张心立、李安增:《邓小平"一国两制"理论研究》,陕西人民出版社 1999 版,第 160—161 页。

材料 2:建国初期对澳门的政策

建国之后,中国人民志愿军又在抗美援朝战争中与美国直接交战 3 年,最后得胜而归。如此辉煌的历史,如此威武勇猛的军队,如果在占领深圳之后,一鼓作气,收回香港是不容置疑的。中国没有用军事手段收回香港,不是没有军事能力,更不是外交软弱,而是深思熟虑、审时度势的上乘之策。1960 年,中共中央总结了过去 10 年工作的经验,对港澳工作明确提出了"长期打算,充分利用"的方针,即在一定的历史时期内,暂不改变香港的现状,充分利用香港的特殊地位,为中国的社会主义建设和外交战略服务。在"长期打算,充分利用"的方针指导下,中国政府还制定了一系列适合香港情况的特殊政策和措施，比如对香港的资本主义经济采取有别于内地的政策，不允许内地的政治运动波及香港；以优惠的价格长期地大量地供应香港所必需的物品，包括淡水、食品、燃料、原材料等，即使在60年代内地处于暂时极其困难时期也是千方百计地保证供应。所有这些政策和措施，对安定人心、稳定政局和繁荣经济都发挥了无可比拟的重要作用，同时也深深体现了中华民族血浓于水的一脉亲情。这一切都为未来香港的回归奠定了经济、政治和感情基础。

——摘自陈雪英：《邓小平与香港》，当代世界出版社1997版，第891—893页。

案例分析

中国人从来没有放弃实现国家统一的梦想，香港澳门问题也牵动着毛泽东等的神经。国家的繁荣昌盛与香港澳门问题的解决有着密切的关系。新中国成立以后，国家实现了独立，民族实现了解放，为解决香港澳门问题提供了根本的保障。但是由于新中国刚刚成立，百废待兴，中共面对海岛上复杂的问题，不得不权衡利弊。解决香港澳门问题的途径有很多，既包括军事手段，还包括谈判的手段。但无论哪种方式，都必须要谨慎处理国际关系问题；处理不慎可能会带来新的矛盾和冲突，有可能会导致新中国面临复杂的国际问题。毛泽东等认为解决问题的时机尚不成熟，在把握住立场的前提下，采取了“长期打算，充分利用”的政策，以便为中国的发展做出贡献。高瞻远瞩的战略思想，侧重于从长远的大局出发，而不是暂时计较得失，为内地、港澳的稳定繁荣创造了有利的社会条件。所有的政策都从大局出发，维护了香港澳门的稳定，为以后香港澳门的回归铺平了道路。

思考讨论

1. 新中国的领导人并未采取军事手段解决香港澳门，原因有哪些？
2. 新中国对港澳“长期打算，充分利用”的政策，有哪些深远的影响？

案例3　邓小平对香港澳门回归的实践

材料1　香港谈判前后的故事

20世纪70年代末、80年代初，随着“新界”租约1997年期满的时间逐渐临近，英国朝野人士纷纷来北京“投石问路”，试探中国政府对“九七”后香港地位问题的态度。在中国领导人会见英国外交大臣卡林顿和掌玺大臣阿德金斯以及部分香港知名人士以后,英方已大致了解中国政府 1997 年解决香港问题的立场和态度。1982 年下半年,中国领导人邓小平、英国首相撒切尔夫人举行会见。会见时,双方阐明了各自在香港问题上的立场和观点。

撒切尔夫人表达的英方的观点:如果现在对英国的管理实行或宣布重大改变,对香港信心所产生的影响将是灾难性的,将导致大批资金外流,金融中心崩溃,多年来所建立起来的东西将毁于一旦。同时指出,英国是根据过去签订的条约管辖香港的,这些条约是有效的。如果要改变这些条约,应该通过别的协议来代替,而不能单方面加以废除。

邓小平说:一九九七年中国将收回香港。就是说,中国要收回的不仅是新界,而且包括香港岛、九龙。中国和英国就是在这个前提下来进行谈判,商讨解决香港问题的方式和办法。这成为以后双方谈判中方的基本立场。

毫无疑问,中英双方对解决香港问题存在着巨大分歧。随后,中英双方代表经过多次磋商,最终于 1984 年 9 月 26 日签署并发表中英联合声明。中英联合声明规定:香港地区(即香港岛、九龙及新界)是中国领土,英国政府将于 1997 年 7 月 1 日将香港地区交还中国政府,中国政府于同日恢复对香港行使主权。中国政府将在“一国两制”的原则下,确保香港继续维持资本主义制度和生活方式“五十年不变”,这些基本内容后来以《香港特别行政区基本法》加以规定。联合声明的签署与生效,使香港问题在一国两制的原则,最终得以圆满解决。

——摘自李后:《百年屈辱史的终结——香港问题始末》,中央文献出版社 1997 版。

材料 2　澳门谈判前的故事

澳门问题按其性质与香港一样,都是历史遗留下来的一系列不平等条约的结果。1979 年中葡建交时葡萄牙政府承认澳门是中国领土,暂时由葡国管理,在适当时间交回中国。1986 年 6 月至 1987 年 3 月,两国政府就澳门问题进行了四轮谈判,谈判基本是在友好的气氛中进行的。主要的争议是交还澳门的时间问题。我国政府明确提出解决澳门问题的基本方针是:一是一定要在本世纪末,即 2000 年以前收回澳门,并恢复行使主权;二是在恢复行使主权按照邓小平提出的“一国两制”的指导思想和中华人民共和国宪法第 31 条规定,在澳门设立特别行政区,继续实行资本主义制度,50 年不变。双方经过协商对持有葡萄牙旅行证的中国公民也进行了妥善解决。由于中葡会谈没有澳门的主权问题之争,再加上香港问题的圆满解决,为澳门问题的解决提供了榜样,从而使中葡间关于澳门问题的谈判比较顺利。1987年3月26日,两国政府代表团草签了中葡关于澳门问题的联合声明。确认我国政府将于1999年12月20日对澳门地区恢复行使主权,设立澳门特别行政区,澳门现行的社会、经济制度和生活方式都将保持不变。除外交、国际事务属中央人民政府管理外,澳门特别行政区的地方政府享有高度的自治权和司法权,并保持财政独立,中央人民政府不向澳门特别行政区征税。1988年9月澳门特别行政区基本法起草委员会成立,经过4年多的时间,完成了基本法的起草工作。1993年3月31日八届全国人大第一次会议通过了澳门特别行政区基本法,以法律的形式规定澳门特别行政区的政治、经济法律和社会制度,把我国政府对澳门的方针政策具体化、法律化。

——摘自卢云伍:《中国特色社会主义理论教程》,云南人民出版社2004年版,第286—287页。

案例分析

香港澳门的命运与内地的强盛程度密不可分。改革开放前后,香港澳门回归的时机逐渐成熟。随着国际影响力和综合国力的提高,中国完全有能力收回香港澳门的主权。要想平稳使港澳回归,最好的方式就是与英国、葡萄牙坐下来进行谈判,解决双方争议的焦点问题。军事手段解决应该是新中国成立以来的领导人均尽力避免的,和平的外交手段是他们尽力采取的手段。但是谈判并不代表着示弱或者妥协,而是从维护地区稳定与和平的大局出发,以维护国家的根本利益为目的。实践也证明了,中国外部谋取和平谈判、内部实行一国两制的思路是正确的。以邓小平为代表的中共领导人在涉及国家核心利益的问题上坚决不退步,确保了双方达成共识,最终保障香港澳门在租借结束之时如期回归。毫无疑问,在处理领土争端的时候,属于中国的领土必须要完全回到祖国;在解决类似主权问题上,中国就坚持住了底线,用和平的手段维护国家的正当权益,成为国际社会解决领土争端的典范。

思考讨论

1. 中英在香港问题谈判上所涉及的焦点问题有哪些?
2.《中葡联合声明》如何体现一国两制的基本国策?

案例 4　香港澳门的圆梦时刻

材料 1　香港的主权交接仪式

1997 年 6 月 30 日午夜至 7 月 1 日凌晨,香港会议展览中心新翼灯火辉煌,举世瞩目的中英两国政府香港政权交接仪式在这里的五楼大会堂隆重举行。历史的时钟指在 1997 年 7 月 1 日零点那一刻,中华人民共和国解放军军乐队奏起了中华人民共和国国歌,鲜艳的五星红旗和紫荆花区旗庄严升起。零时 4 分,时任中华人民共和国主席江泽民庄严宣告:根据中英关于香港问题的联合声明,两国政府如期举行了香港交接仪式,宣告中国对香港恢复行使主权。凌晨 1 时 30 分,中华人民共和国香港特别行政区成立暨特区政府宣誓就职仪式举行,在时任总理李鹏的监管下顺利举行。中华人民共和国驻香港部队已于回归之前进驻,7 月 1 日零时在香港添马舰营区升国旗,正式接管香港防务。经历了百年沧桑的香港回归祖国,标志着香港同胞从此成为祖国这块土地上的真正主人,香港的发展从此进入一个崭新的时代。

——摘自魏宏运、谢双明、李正华等:《国史纪事本末 · 第七卷 · 改革开放时期(下)》,辽宁人民出版社,第 247—261 页。

材料 2　澳门的主权交接仪式

1999 年 12 月 20 日零时,中国和葡萄牙澳门政权交接仪式在澳门文化中心花园场馆内隆重举行。参加仪式的主要有中国国家主席江泽民、国务院总理朱镕基等,葡萄牙总统桑帕约、最后一任澳督韦立奇等。零时零分零秒,中华人民共和国国旗和澳门特别行政区区旗缓缓上升。时任国家主席的江泽民宣告了中国政府对澳门行使主权。随后澳门特别行政区成立仪式,在时任国务院总理朱镕基的监管下进行,首任澳门特别行政区行政长官何厚铧等宣誓就职;同日,中国人民解放军驻澳门部队顺利进驻澳门,开始担负特区的防务;中华人民共和国外交部驻澳门特区特派员公署正式履行职责。澳门问题的圆满解决,为澳门的长期稳定和发展打下了坚实的基础。

——摘自邓开颂、陆晓敏、扬仁飞:《澳门史话》,社会科学文献出版社 2011 版,第 165 页。

案例分析

历史性瞬间见证了香港澳门的回归,也见证了几代人为之努力奋斗的过程。近代先辈为实现中华民族的统一和雪耻帝国主义的入侵,付出了巨大的牺牲与努力,但是都未能实现香港澳门的回归。只有在新中国成立以后,中国才有可能实现中国领土的统一;改革开放之后,中国迎来了实现港澳回归的历史时机。中国与英国、葡萄牙顺利完成了政权交接仪式,凸显了回归是大势所趋,符合中国人民的根本利益和港澳地区的根本利益。虽然交接主权的过程很短暂,但是中国人为使港澳回归付出了艰辛的努力。香港澳门的回归,实现了中华民族的夙愿,推动着历史的前进。毫无疑问,其必将对香港澳门、内地产生深远的影响,也为中华民族的伟大复兴提供强大的助推力。中国在改革开放以后顺利解决了与非周边国家的领土主权争端,创造了良好的国际环境。当然,要想真正实现中国与周边国家的领土争端还任重道远。其中还需要取决于一系列因素,如中国综合国力的提升等。

思考讨论

1. 香港澳门回归过程中,如何体现中国政府的主权性?
2. 中华人民共和国如何从制度上保障香港澳门的长期稳定?

专题九

凯旋奥运,圆梦世博

本专题概述

对外开放是中国一项基本国策。中国为了弘扬人类文明,汲取人类优秀文明,加快了对外开放的深度和广度。其中举办大型国际型活动,也是对外开放的重要内容;同时为实现中华民族伟大复兴提供巨大的推动力。举办奥运会、世博会是中国人长久以来的梦想。在社会动荡不安的近代,有识之士就埋下了举办奥运会、世博会的梦想。但是要想实现梦想,近代的中国必须要完成历史任务,比如彻底摆脱半殖民地半封建社会;同时新中国必须提高综合国力和国际影响力,获得国际的认可。薪火相传,新中国延续着前人的梦想。新中国的成立为举办奥运会、世博会提供了根本保障,但是中国申办之路并不是一帆风顺的。"文革"期间一度中断与两次盛会的联系。随着改革开放的进行,中国在奥运会上取得了骄人的成绩。改革开放为实现举办奥运会、世博会提供了有力的支持;各种历史机遇促使中国有机会和有能力举办两次国际盛会。最终中国实现了举办两次国际性盛会的梦想,同时取得了举世瞩目的成就。

案例 1 近代普通人举办盛会的梦想

材料 1 近代举办奥运会的梦想

天津基督教青年会于 1902 年创办了中英文双语期刊《天津青年会报》(Tien-tsin Young Men),1906 年改称《星期报》,1911 年再改名为《青年报》。1908 年春,该杂志曾刊登《竞技运动》一文,介绍第 4 届奥运会:

再过几星期,伦敦将举行一盛大的奥林匹克运动会,是有史以来最庞大的一次运动会,世界上没有一个运动会能与奥林匹克运动会匹敌。……就我们所知,中国今年将不派代表参加伦敦奥运会。中国到底要等待多久才能产生一位真正有技术水准的选手,在国际奥运会上得到奖牌呢?那可能是难以评估的问题。不过,只要我们有信心,相信那并非一件难事。……国家有责任发展体育,不只是派选手到雅典参加奥运,而且要积极争取二年一度的奥运在中国举行。

——摘自王培、刘延兵、李瑜:《百年中国　奥运之路》,华文出版社 2008 版,第 18 页。

材料 2　近代有识之士与世博会的故事

郑观应在《盛世危言 · 赛会》(1984)年曾说:“故欲富华民,必兴商务,欲兴商务,必开会场。欲筹赛会之区,必自上海始。”他个人的愿望也折射出中国人举办或参与世博会的渴望。中国与世博会的发展虽然历经曲折,但是始终未曾隔断联系。

翻开世博会 150 多年的历史长卷,中国的百年巨变与这一场场人类盛会息息相关着。从伦敦世博会上的“荣记湖丝”到巴拿马世博会上的“茅台酒”,中国从封建社会过渡到了“中华民国”时期。1982 年的诺克斯维尔世博会是新中国成立后参加的第一届世博会,中国馆陈列了由中国带去的 10 块真正的长城砖,中华人民共和国开始向全世界展示风采。

——摘自上海音像资料馆、上海文广新闻传媒集团外语频道:《世博档案:穿越百年的盛事繁影》,上海书店出版社 2009 版,第 152 版。

案例分析

鸦片战争以后,西方列强用武力撬开清政府的国门,但同时也打开了解世界的大门。奥运会、世博会就是在西方坚船利炮下裹挟而来的。西方的报刊或者传教士等让国人知道了奥运会的存在,近代有识之士知道了奥运会、世博会的情况。有识之士继承了中华民族的精神,认识到奥运会、世博会对人类社会文明的重要性,通过报刊等表达中国申办的梦想。同时中国人也积极参与奥运会和世博会举办的各种活动,展现古老中国的魅力,为中国赢得了不少的掌声,成为架起中国与世界交流的桥梁。人们愿望的实现都是需要有独立、强大的国家作为支撑的。但是中国面临着复杂的社会问题,两大基本矛盾没有解决,在近代都未能实现举办奥运会、世博会的梦想。在近代半殖民地半封建社会的背景下,国家尚未实现独立,根本没有能力举办像奥运会这么高规格、严要求的国际性赛事。所以当时的梦想很难落地,只能寄希望于后来的人们。

思考讨论

1. 如何客观评价西方基督教会入侵中国所带来的影响?
2. 为什么案例中人们申办奥运会、世博会的愿望在当时难以落地?

案例2 中国的申办之路

材料1 北京奥运会的申办之路

1993 年 9 月 24 日,国际奥委会第 101 次会议的 89 名国际奥委会委员们在秘密无记名投票中,选择了悉尼作为 2000 年第 27 届奥运会的举办城市。在最后一轮投票中,北京和悉尼的得票数为 43 票比 45 票,北京以 2 票之差落选。这样的结果,让在场的悉尼代表们击掌庆贺,但每一个中国人的脸上都流露出无比的伤心、眼中都饱含着难掩的失望。最终,2000 年奥运会别北京而去,蒙特卡洛之夜成为人们不愿再提及,却永远难以忘记的伤心之夜。北京痛失 2000 年奥运会主办权,13 亿中国人无不感到无限的遗憾。然而,中国没有停下脚步,曾经的坎坷,已积淀成神圣而执着的理性。当中国在悉尼奥运会上以金牌总数第三实现历史性突破能时候,当中国的综合国力一步步增强的时候,人们的奥运情结越来越浓烈。

1998 年 11 月 25 日上午,北京市人民政府正式向中国奥委会递交了申办 2008 年奥运会的申请书,由此拉开了北京申办 2008 年奥运会的序幕。北京申办奥运会,不仅仅是一个城市的梦想,而是整个中华民族,更是改革开放的中国实力的体现。2001 年 1 月 17 日,北京奥申委代表乘飞机赴洛桑,向国际奥委会送交北京申办 2008 年奥运会的重要文件《申办报告》。2001 年 7 月 13 日,北京再次带着信心和骄傲站到了世界舞台的最前沿,坦然展示自己的成长和魅力,她将接受巴黎、多伦多、大阪和伊斯坦布尔强有力的挑战。北京时间 12 日 23 时许,在俄罗斯的国歌与《奥林匹克颂歌》声中,国际奥委会第 112 次会议在莫斯科国家大剧院开幕。在第二轮投票结束的时候,人们从萨马兰奇口中听到了一个熟悉的单词“Beijing”! 中国北京,终于赢得了 2008 年第 29 届奥运会的主办权。

——摘自王培、刘延兵:《百年中国奥运之路》,华文出版社 2008 版,第 344 页。

材料2 上海世博会的申办之路

经国务院批准,1999 年 12 月 8 日,中国政府驻 BIE 首席代表在国际展览局第 126 次会次上宣布中国政府申办 2010 年世博会。2001 年 5 月 2 日,中国驻法大使吴建民代表中国政府向国际展览局递交了中国申办2010年世博会的申请书。

2002年12月3日的那个不眠之夜相信会深深烙印在无数中国人的记忆里，紧张、兴奋、激动、欢呼……摩纳哥当地时间15时40分，国际展览局主席诺盖斯郑重宣布，中国上海成为2010年世博会的举办城市。

——摘自中共上海市委宣传部、上海市人民政府新闻办公室、2010年上海世博会申办工作领导小组办公室：《走近世博会》，上海人民出版社2002版，第78页。

案例分析

从中国人提出申办的愿望到愿望最终实现，大概经历百年的时间。一方面说明，中国实现梦想的艰难历程；另一方面说明，中国从未放弃过举办盛会的梦想。百年的历史见证了华夏大地翻天覆地的变化，也见证了中华儿女百年的奋斗历程。改革开放以后，中国的经济增长迅速，创造了中国奇迹，这毫无疑问为两次国际性盛会的申办铺平了道路。虽然申办之路都不是一帆风顺的，但是我们并没有放弃对梦想的追求。中国从来都是不屈不挠的，也从未放弃对美好愿望的追求。经过中国一系列的精心准备，中国经过较长时间的努力终于赢得了2008年奥运会、2010年世博会的举办权。受到国人瞩目的两次盛会，必将会被历史所铭记。众多国家和地区参与了这两次赛事或会议，汇集人类文明成果。很显然，中国的民族自信心和民族自豪感一下子激发出来了，因为中国在国际上响亮地发出了中国的声音，也让世界了解了中国。

思考讨论

1. 请客观评价一下申办2000年奥运会失败的原因？
2. 如果你代表中国申报2010上海世博会，你会陈述出哪些令人说服的理由？

案例3 两次盛会的佳绩

材料1 北京奥运会的佳绩

2008年8月8日21时10分，运动员入场式开始。反映世界五大洲风格的乐队轮番奏响不同大陆的经典乐曲。来自奥林匹克运动发源地的希腊代表团首先入场，其他国家和地区代表团按简化汉字笔画顺序先后进场。共有204个国家和地区的代表团参加本届奥运会。今后16天里，来自世界各地的1万多名运动员将在五环旗下同场竞技。陆续入场的运动员个个朝气蓬勃、精神抖擞,不时微笑着向观众挥手致意。现场观众用热烈的掌声和欢呼,欢迎他们的到来。23 时 09 分,东道主中国代表团最后入场。中国体育代表团共 1099 人,其中参赛选手 639 人,创中国历届奥运会参赛人数之最,也是本届奥运会参赛运动员最多的代表团。中国队持旗手、著名篮球运动员姚明拉着四川省汶川县映秀镇渔子溪小学二年级学生林浩的手,走在队伍最前列。在汶川特大地震发生的那一刻,9 岁的小林浩临危不惧,冲进废墟营救同学,被评为抗震救灾英雄少年。中国人民面对灾难展现出的坚忍不拔、顽强不屈,让全场中外观众备受感动。观众席上掌声雷动、欢呼不断,"中国加油"的呐喊声响彻体育场上空。

2008 年北京奥运会即第二十九届夏季奥林匹克运动会于 2008 年 8 月 8 日 20 时开幕,2008 年 8 月 24 日闭幕。本届奥运会口号为"同一个世界,同一个梦想"(One World,One Dream),主办城市是中国北京。参赛国家及地区 204 个,参赛运动员 11,438 人。此次奥运设置了三大理念:绿色奥运、科技奥运、人文奥运。举行了 28 个大项,38 个分项的比赛,共产生 302 枚金牌(其中中国获得 51 枚)。

本届奥运会,一共有 2 万多名运动员、教练员和官员参加。除大部分比赛在北京举行外,帆船比赛在青岛举行,马术比赛在香港举行,部分足球预赛在天津、上海、沈阳和秦皇岛举行。

2005 年 7 月 8 日,在新加坡举行的国际奥林匹克委员会第 117 次全会上,决定由香港协办 2008 年奥运马术项目,这是奥运历史上第二次由不同地区的奥委会承办。

——摘自张启明:《新体育知识一本通》,新疆美术摄影出版社 2010 版,第 13 页。

材料 2　上海世博会的佳绩

上海世博会主题的英文表述为"Better City,Better Life",中文为"城市,让生活更美好",或者更为确切地说,"更美的城市、更好的生活、更深的情谊"。5 个副主题,分别是城市多元文化的融合、城市经济的繁荣、城市社区的重塑、城市科技的创新、城市和乡村的互动。这 5 个副主题基本涵盖了当前人类城市问题的 5 个主要方面。

主办方通过对主题和副主题的阐释,提出了"主题内容结构"和 5 个主题点(城市人、城市生命、城市星球、城市足迹和城市梦想)。这个结构的基本思想是,城市是一个具有生命的有机系统,并通过两条轴线来解读:空间轴和时间轴。从空间轴来看,首先是城市人。人是城市的细胞,又是城市的灵魂。然后是城市生命，或城市体系，它关注城市本身，城市具备有机生物体一般的特性和规律。然后是城市星球。随着地球总人口数中城市人口的比例不断增加，城市与城市、城市与自然、城市与地球之间的相互关系日益密切。从时间轴来看，城市足迹和城市星球两个主题点表达的是人类在历史进程中对城市美好生活的追求，既要关注历史上的经验和智慧，又要展望未来美好的城市、美好的生活。

世博会主题是通过主题馆、主题区、主题广场、主题设施、主题游线、主题论坛和主题活动来呈现的。上海世博会园区内将设5个主题馆。其中3个左右为邻，形成主题馆群，坐落于浦东的中心位置，分别深入解读和表现“城市人”、“城市生命”和“城市星球”3个概念领域。另外2个主题馆坐落于浦西，分别展现“足迹”和“梦想”。

“足迹”主题馆即城市文明馆，它将通过建筑、雕塑及绘画艺术品揭示世界城市发展的历程。与城市文明馆紧密联系的是世博会博物馆，将通过实物和虚拟现实技术结合的手段让参观者亲历1851年以来世博会丰富多彩的历史。“梦想”主题馆将使用改建后的老工业建筑，展示人们对于未来城市的美好理想。

——摘自吴建中：《上海世博会看点》，上海大学出版社2010版，第1—2页。

案例分析

申办只是中国举办两次盛会的一小步。要想真正实现奥运梦和世博梦，最重要的还是成功举办2008年北京奥运会、2010上海世博会。成功的含义有很多种，中国人按照高标准的规格界定两次盛会的成功举办。无论场馆的硬件设施，还是赛会的人性化服务，都体现中国的高品质，都体现了国家实力。在此过程，发生了许多小故事都展现了国人综合素质的提高，国家崭新的形象也就逐渐竖立起来了。中国，通过赛事向世人展现了中国的综合国力，也吸引了越来越多的人关注中国。中国主动融入世界的发展潮流，彰显了开放的发展理念，说明闭关锁国的思维模式一去不复返。作为国际性的盛会，盛会集中了全世界的精华，展现出的是全世界各个国家和民族的梦想。人们将美好的梦想通过两次盛会表现出来，以此展现实现和平和发展的梦想。尽管在追逐人类梦想还有很多困难，但是我们不应该放弃梦想。

思考讨论

1. 北京奥运会精神是什么？
2. 上海世博会如何体现“城市，让生活更美好”？

案例4 两次盛会的意义

材料1 奥运会的意义

曾经让西方人感到陌生、神秘、遥远的古老中国,通过北京奥运会与世界拉近了距离。数十万境外游客和近3万名记者云集中国,除了看比赛,也有意无意地观察、品味、理解着中国的社会、经济、政治、文化。短短16天,尽管远不能看透一个有着五千年历史的东方大国,却无疑令很多人改变印象。这是中国的机会,也是世界的机会。

开放

奥运会期间召开了各种新闻发布会。面对西方记者尖锐甚至是挑剔的提问,发言人从来都是态度开明,耐心作答,不说"无可奉告",也不讳言我们这个发展中国家存在的问题和不足。起初,一些记者对此表示"惊讶",后来则习以为常。事实上,中国一直在开放,奥运会只是让世人更多地参与到这种开放中来。正如德国外交政策学会研究所主任埃伯哈德·桑德施奈德所言:"中国不需要任何奥运会来开放自己,这个国家在自己开放。"北京奥运会只是让世界上更多的人有机会看到中国的开放,亲身感受到中国的开放。一个耐人寻味的细节是,不少外国记者学会了哼唱《北京欢迎你》:"我家大门常打开,开放怀抱等你……"

文明

从"中国印"到"福娃",从奥运村民间工艺展示到篮球场间武术表演,从主新闻中心的书法壁画到主火炬上的"祥云"纹饰,奥运会上"中国元素"无处不在,外国游客在一点一滴地感受着中国文化的魅力。中国的现代文明同样让人印象深刻。佩恩说:"中国人参与主创的'鸟巢'是世界上最壮观、最美丽的体育场,这些将改变以往人们心目中'中国没有创意,只是一个低成本产品生产国'的偏见。"

美国弗吉尼亚州地方官员里尔原来以为中国人都不会笑,他从NBC的电视节目中发现,北京秀水街的营业员居然英语那么流利,还能跟主持人开玩笑逗趣,这让他大吃一惊!

包容

奥运会开幕前,少数西方媒体曾经猜测,受狂热民族主义驱使,中国人可能会在北京奥运会上表现出狭隘、排外的一面。而随着奥运会进程的展开,人们逐渐看到了这样的报道——《华盛顿邮报》说:"无论中国队是输是赢,中国观众都为运动员的表现而热烈欢呼,没有流露出任何狭隘的民族主义情绪。"十几天里,中国民众的观赛表现已经赢得了广泛赞誉。这不是一句"文明礼仪"所能概括的,它体现了中国人宽广的胸怀。开幕式上,各国代表团运动员入场,都得到了9万多名观众的鼓掌。而曾一度被取消参赛资格的伊拉克队员入场时,欢呼的热烈程度仅次于东道主中国队。面对此情此景,美国《时代》周刊感慨道:“奥运会也许是由国家组成的,但奥运精神超越了民族主义。”

进取

越来越多的人呼吁用变化而非僵死的眼光来看待中国。美国颇有影响力的专栏作家纪思道在《纽约时报》发表文章说:“今天,中国体育的崛起让我们感到眩晕,明天,中国还将在艺术、商业、科技和教育方面留下同样超越我们的足迹。”

越来越多的人呼吁用全面而非片面的眼光来看待中国。《芝加哥论坛报》批评那种将中国置于显微镜下观察的做法:“要全面评价中国,就需要看到中国生存状态和历史的全景,如果一心想着奥运主办国的不足之处,也许很难完整地看待中国。”来到北京的人们,见证了中国正在经历前所未有的伟大变革。国际足联主席约瑟夫·布拉特在观看比赛后说:“中国是一个伟大的国家,中华民族是一个伟大的民族。中国无论在文化、经济和政治领域,还是在成功地举办奥运会方面,都显示了一个有着13亿人口的大国所蕴藏的无穷力量!”

——摘自郝斌:《中外体育交流与北京奥运会》,光明日报出版社2010版,第246—249页。

材料2　上海世博会的意义

上海世博会的圆满成功,是举全国之力、集世界智慧的结果。上海世博会是新中国成立以来我国举办的规模最大、持续时间最长的国际活动。面对艰巨繁重的任务和前所未有的挑战,为兑现“给中国一个机会、世界将添一份异彩”的郑重承诺,我们坚持发挥社会主义制度集中力量办大事的政治优势,主动加强国际合作,增进了我国人民同世界各国各地区人民的相互了解和友谊,提升了我国国际地位和影响力,增强了全国各族人民的民族自豪感、自信心、凝聚力。

上海世博会的圆满成功,是中华民族精神在当代的集中展示。在筹办举办过程中,全体办博人员大力培育和弘扬为国争光的爱国精神、全心为民的服务精神、严谨科学的实干精神、追求卓越的创新精神、爱岗敬业的奉献精神,为上海世博会取得成功提供了强大精神支撑。上海世博会精神,展现了中华民族的精神追求,体现了社会主义核心价值体系的精神实质,是以爱国主义为核心的民族精神和以改革创新为核心的时代精神的又一次生动体现。

“十二五”时期是全面建设小康社会的关键时期,是深化改革开放、加快转变经济发展方式的攻坚时期。在这样的背景下,我们召开上海世博会总结表彰大会,不仅因为它拓宽了我们的国际视野、增强了我们追求卓越、开拓前进的信心,更是要把上海世博会成果转化为继续解放思想、坚持改革开放、推动科学发展、促进社会和谐的新优势,进一步宣传和弘扬上海世博会精神,进一步研究和总结上海世博会所展示的发展理念,进一步吸收和运用上海世博会成果,进一步树立和增强世界眼光和战略思维,更加奋发有为地推进我国改革开放和社会主义现代化建设。

今天,举办了世博会的上海,蒸蒸日上;实现了百年梦想的中国,生机盎然。上海世博会的成功实践再次证明,中国人民有信心有能力为人类文明进步做出自己的贡献。在我国改革发展的重要战略机遇期,把世博成果转化为发展新优势,推动科学发展,促进社会和谐,我们就一定能够创造无愧于祖国、无愧于人民、无愧于时代的新的荣耀。

——摘自《让世博会精神为我们赢得新的荣耀》,《人民日报》2010 年 12 月 29 日。

案例分析

毫无疑问,举办两次盛会让我们看到了中国完全有能力承担国际性赛事,有能力为人类的文明进步事业做出自己的贡献。世界给了中国机会,中国也给了世界机会。在相互碰撞和交流中,中华文明和世界文明相互学习、借鉴,创造出文明和谐的世界。站在新的时代起点上,我们回顾历史,总结人类文明成果,使世界达成人类文明的共识,共同实现人类的普遍梦想。这得益于中国的改革开放事业,也得益于世界各国人民的支持。如果没有中国的改革开放事业,我们很难有能力举办这两次盛会;如果没有世界各国人民的大力支持,我们也有信心很难成功举办。我们作为时代的参与者,必须要尽力做好时代所要求的每件历史任务,正如“实干兴邦空谈误国”。实践也证明两次盛会具有重要的历史意义,也证明众多人的努力没有白费。两次盛会带给了在中国很多改变,中国已经成功举办了两次盛会。为了更上一层楼,我们应该冷静、客观、理性地看待两次盛会,以总结经验和教训,为以后的圆梦活动提供宝贵的历史经验。

思考讨论

1. 如果一个美国人让您介绍一下 2008 北京奥运会,您会怎么介绍?
2. 您觉得世博会对中国的意义在哪里?

专题十

中华儿女的飞天梦

本专题概述

中华儿女自古以来就对太空有探索欲望,流传明朝人万户飞天、嫦娥奔月、夸父逐日的故事。同时,风筝和火箭被公认为是世界最古老的飞行器。农耕社会的飞天梦想在新中国建立以后继续延续。新中国成立,从根本制度上保证了中国航空航天事业的发展,为航空航天事业提供了物质保障、思想基础和人力支持。纵观改革开放前的航天事业,虽然其中经历了波折,但是在一穷二白的条件仍然取得了巨大的成绩。新中国成立初期,我国就注重对航天事业的投入,为以后的中华儿女的飞天梦打下了坚实的基础。改革开放以前虽然经历破折,但是航空航天并未放弃对飞天梦的追求,自力更生、艰苦创业,成为中国航天史上壮丽的诗篇。改革开放以后,航空航天事业得到较好较快的发展,从研发到制造均是依靠自身的力量,为以后航天事业的突飞猛进奠定了坚实的基础。进入二十一世纪以来,中国在追逐飞天梦的路上迈出坚实的步伐。在众多领域中,坚持自主创新和奋勇拼搏的精神,勇敢追逐世界尖端的航空航天技术,不断地开拓飞天道路上的新成就。其中飞天的主要成就既表现在制造的大飞机、载人飞船技术、北斗卫星导航系统、探月工程上。在中国开展深空探索的探索的进程中,载人航天精神应运而生。“特别能吃苦、特别能战斗、特别能攻关、特别能奉献”是对载人航天精神的高度概括。中华儿女,正在一步一步追逐着飞天梦。

案例1　新中国成立以后飞天事业的起点

材料1　航天事业的起步

建国之初,面对新中国成立初期经济实力和工业基础的薄弱、科学技术的落后、管理经验的缺乏,聂荣臻元帅为我国第一个导弹研究机构——国防部第五研究院,提出了“自力更生为主,力争外援和利用资本主义国家已有科学成果”的建院方针和“集中力量,形成拳头,组织全国大协作”的工作方针。20 世纪 60 年代,苏联中止援助,我国的导弹仿制处于艰难境地,创业者们提出了“自力更生,艰苦奋斗,争一口气,克服一切困难,为国争光”和“自力更生,发奋图强,突破从仿制到独立设计关”的口号。航天事业的创业者们,在中国共产党的领导下,在马克思主义哲学思想指导下,以极大的爱国热忱,顽强拼搏,艰苦奋斗,闯过了一道道难关,克服了一个个困难,实现了从仿制到自主研制的跨越,在收获了丰富的科研生产成果的同时,也初步孕育、形成了宝贵的精神财富——航天精神。可以说,不论是组织体制、管理模式、人才队伍建设,还是发展战略方向,一院为中国航天事业的发展奠定了扎实的基础。

1956 年 10 月 8 日,我国成立国防部第五研究院。我国航天事业从研制导弹开始起步,仅用了 14 年的时间,就成功地在东风四号导弹的基础上自行研制出长征一号火箭,并用它在 1970 年 4 月 24 日将第一颗人造地球卫星“东方红一号”送入太空,揭开了我国进入外层空间,开拓天疆的序幕,中华人民共和国从此正式进入航天时代。

——刘纪原:《中国航天事业发展的哲学思想》,北京大学出版社 2013 版,第 3 页。

材料 2　飞机的发展

新中国的航空工业在抗美援朝战争中诞生。初期阶段主要承担修理军用飞机以保障战争需要的紧迫任务。到 1952 年底,修理各型飞机 470 多架、发动机 2600 多台,有力地支援了抗美援朝战争。1953 年开始的第一个五年(“一五”)计划期间,我国的航空工业在苏联的援助下进行建设。新中国第一架试制成功的飞机,就是仿制苏联的雅克—18 飞机生产的初级教练机。该机命名为初教 5,于 1954 年 7 月 3 日首飞成功,一个月后就开始批量生产。初教 5 的构造特点为:构架式机身,矩形中翼加梯形外翼的机翼,一台装有木质螺旋桨的活塞发动机,后三点式起落架。初教 5 飞机全部交付空军、海军和民航使用,为训练和培养我国早期飞行员做出了贡献。新中国自行设计并研制成功的第一架飞机是歼教 1,于 1958 年 7 月 26 日首飞成功。后来由于空军训练计划的变动,该机没有投入成批生产。它的研制成功对培养我国第一代飞机设计人员,积累自行研制飞机的经验具有重要意义。

我国自行设计制造并投入成批生产和大量装备部队的第一种飞机是初教 6。该飞机性能比初教 5 有所提高,采用前三点式起落架以适应现代飞机的训练要求。初教6飞机于1958年8月2713首飞成功,随后不久解决了改装国产发动机等问题,于1962年1月定型。我国第一架喷气式战斗机是歼5型飞机,这是一种高亚声速歼击机,用于国土防空和争夺前线制空权,兼有一定的近距对地攻击能力,装有一台带加力燃烧室的离心式涡轮喷气发动机,是当时世界上比较先进的战斗机。歼5飞机1956年7月19日首飞成功,同年交付部队正式服役。歼5飞机的研制成功和大量装备部队,使我国的航空工业和空军进入"喷气"时代,成为当时在世界范围内掌握喷气技术的少数国家之一。

——摘自曹国强:《机械工程概论》,航空工业出版社2008版,第28—29页。

案例分析

炎黄子孙从未放弃对天空的探索。新中国成立以后,尽管国力薄弱,百废待举,但是新中国的领导人并未放弃对军事工业的投入。航天航空事业与军事工业有着密切的关系,因此加大其投入势在必行。一开始中国面临着极其艰苦的条件,物质和人才都很匮乏。但是新中国的科技工作者本着不怕一切困难的精神,解决了众多技术难题,开创了众多新的领域。这些成果为以后航天事业发展奠定了坚实的基础,孕育形成的航天精神也成为一代又一代航天人奋斗的精神动力。很多时候当下人难以理解当时人的拼搏进取精神,但是如果设身处地地考虑就不难理解。进而言之,我们应该抛弃当下功利的心态和不主观臆造各种历史,从历史事实出发看待当时历史。每个人的时代境遇都不同,但是在建国以前普遍生活得都极端恶劣,而且自己无力过上好日子;共产党把他们从旧社会中彻底解放出来,使身体和思想不再受制于封建宗法的束缚。当时科技人切实感受了新中国的好处,抱着满腔的感恩之情,心甘情愿为祖国奉献着一切。

思考讨论

1."自力更生,艰苦奋斗"等一系列口号在当时提出背景有哪些?

2. 新中国成立以后新中国在航天事业取得了哪些成就?

案例2 改革开放以后航空航天事业的发展

1984年4月8日,长征三号火箭成功地将自行研制的"东方红二号"通信广播试验卫星送入距地球3.6万千米的地球静止轨道。这标志着我国运载火箭技术已经跨人世界先进行列。

1986 年 3 月,中央军委主席、中顾委主任邓小平批阅了一份由王大珩、王淦昌、杨嘉墀、陈芳允 4 位老科学家提交的题为“关于跟踪研究外国战略性高技术发展的建议”报告。后来中共中央、国务院批准实施《中国高技术研究发展计划纲要》。为纪念这 4 位科学家的提议,这个计划纲要被命名为“863”计划。同月,国务院批转了航天工业部起草的《关于加速发展航天技术的报告》。至此,航天人期盼已久的“一箭三星”项目,即长征三号甲运载火箭、“东方红三号”

通信卫星、“风云二号”静止轨道气象卫星、“资源一号”卫星研制项目正式获准。其中 1997 年发射的“东方红三号”通信卫星具有重要的意义。“东方红三号”通信卫星不仅实现了我国通信卫星研制技术的新跨越,而且还为我国航天事业的发展提供了一个非常可靠的通信卫星平台。利用这个平台,中国航天人后来研制发射了一批通信卫星,如 2000 年先后发射的“中星 22 号”、“鑫诺三号”、“嫦娥一号”、北斗导航卫星等都是在“东方红三号”卫星公用平台基础上研制出来的。

——摘自刘纪原:《中国航天事业发展的哲学思想》,北京大学出版社 2013 版,第 3 页。

案例分析

改革开放对中国很多领域具有深远的影响,航空航天事业也不例外。改革开放以后,航天事业迅猛发展。老一代科技工作者看到了中国航天事业与世界尖端的差距,顺应时代潮流提出了“863”计划。针对航天事业发展的实际,中国适时提出了航天事业的项目,成为以后奋进的目标。这段时期内从研发到制造均是依靠自身的力量,为以后航天事业的突飞猛进奠定了坚实的基础。尤其是运载火箭技术和卫星技术,为开展太空探索奠定了坚实基础。航天事业需要众多的资金支持和技术支持,也需要几代人才的奋斗。中国根据自身发展的需求,克服了一系列技术难题,解决航天事业中关键的技术和环节,如东方红三号通信卫星,充分显示其高瞻远瞩性。反思航天事业今天取得重大成就,很大程度得益于老一代科技工作者掌握了核心技术,才不会受制于人。可见,掌握核心技术,才会使飞天越飞越高。其对中国社会其他领域的技术也有着重要的借鉴意义,掌握核心技术,才能走在世界前列。

思考讨论

1. 你都了解“863”计划的哪些内容?
2. “东方红三号”通信卫星最主要的意义是什么?

案例3 新世纪追逐飞天梦

材料1 大飞机的制造

自20世纪70年代起，中国就开始了大飞机制造的实践，与空客成立时间差不多。1980年6月，中国第一架自行设计制造的大型飞机运－10诞生并首飞成功。这架带4台发动机的远程喷气式飞机，由原上海飞机设计所设计，原上海飞机制造厂制造，航程可达8300公里，但由于种种原因，被迫停止研制试飞。20世纪八九十年代与波音合作建造35架MD82和两架MD－90飞机。之后我国民机事业的发展陷入了低谷，研发人才大量流失。2002年，在国防科工委的支持下，中航工业启动了ARJ21新支线项目。2005年底，中国首架完全拥有自主知识产权的中短航程喷气支线飞机ARJ21全面转入试生产。2008年5月11日，中国商用飞机有限责任公司在上海成立，这标志着我国民机事业开启了新的篇章，一个落后世界先进航空制造业30年的国度重新投人大型飞机的自主研制之中。

——摘自高天、滕育栋:《中国道路大家谈》，复旦大学出版社2013版，第139页。

材料2 载人飞船的升空

"神舟一号"飞船到"神舟四号"飞船的不载人飞行试验，全面考核了长征二号F火箭的性能与可靠性、神舟飞船的安全和可靠性、地面测试、发射、控制系统的适应性以及其他各大系统的可靠性。在载人航天工程七大系统都得到充分检验并证明达到预期目标的情况下，中国载人航天飞行正式开始。"神舟五号"载人飞船是中国首次发射的载人航天飞行器，于2003年10月15日由长征二号F火箭发射升空，将航天员杨利伟送入太空。飞船返回舱于16日在内蒙古主着陆场成功着陆，返回舱完好无损，中华民族千年飞天梦终于实现。这次的成功发射标志着中国成为继苏联和美国之后，第三个有能力独自将宇航员送上太空并安全返回的国家。

2005年10月12日，"神舟六号"飞船在酒泉卫星发射中心发射升空，参加此次飞行的宇航员是费俊龙和聂海胜。2008年9月25日，"神舟七号"飞船从酒泉卫星发射中心发射升空。返回舱于9月28日成功着陆。参加此次飞行的宇航员分别是翟志刚、刘伯明和景海鹏。此次飞行最重要的任务是实施中国航天员首次空间出舱活动，突破和掌握出舱活动相关技术。同时在轨道上释放卫星伴飞、卫星数据中继等空间科学和技术试验。2012年6月16日，"神舟九号"飞船在酒泉卫星发射中心由长征二号F遥九火箭成功发射升空。"神舟九号"飞船载有3名航天员,是中国第四艘载人飞船,用以执行与"天宫一号"进行首次载人交会对接。根据既定的飞行方案,飞船与"天宫一号"进行两次交会对接,第一次为自动交会对接,第二次由航天员手动控制完成。6月18日首次载人自动交会对接取得成功,6月24日首次空间手控交会对接试验也取得了成功。6月26日,中共中央总书记、国家主席、中央军委主席胡锦涛来到北京航天飞行控制中心,同正在"天宫一号"开展科学实验的"神舟九号"航天员景海鹏、刘旺、刘洋进行了实时天地视频通话,中共中央政治局常委贾庆林、李长春、习近平、李克强出席并见证了此次通话。6月29日,"神舟九号"飞船返回舱在内蒙古四子王旗着陆场成功着陆,三名航天员安全返回。

——摘自刘进军:《世界航天科普丛书·天使的翅膀·宇宙飞船》,航空工业出版社2012版,第31页。

材料3 北斗卫星导航系统的研发

北斗卫星导航系统[BeiDouNavigation Satellite System](英文简称"COMPASS",中文音译名称"BD"或"Beidou")是中国自主建设、独立运行,并与世界其他卫星导航系统兼容共用的全球卫星导航系统,包括北斗一号和北斗二号两代导航系统。其中北斗一号用于中国及其周边地区的区域导航系统,北斗二号是类似美国GPS的全球卫星导航系统。可在全球范围内全天候、全天时为各类用户提供高精度、高可靠的定位、导航、授时服务,并兼具短报文通信能力。该系统主要服务国民经济建设,旨在为中国的交通运输、气象、石油、海洋、森林防火、灾害预报、通信、公安以及国家安全等诸多领域提供高效的导航定位服务。与美国的GPS、俄罗斯的GLONASS、欧洲的GALILEO并称为全球四大卫星定位系统。2011年12月27日,北斗卫星导航系统开始试运行服务。2020年左右,北斗卫星导航系统将形成全球覆盖能力。

——摘自杜玉柱:《GNSS测量技术》,武汉大学出版社2013版,第14页。

材料四:探月工程的开展

根据我国科学技术进步水平、综合国力和国家整体发展战略,参考美国"重返月球"的战略目标和实施计划,近期(2005年—2020年)我国的月球探测战略以不载人月球探测为宗旨,分为"绕、落、回"三个发展阶段。

第一阶段(绕):环月探测。研制和发射我国第一个月球探测器——月球探测卫星,对月球进行全球性、整体性与综合性探测。主要目标是:获取月球三维立体图像;勘察月球重要矿产资源的分布特点与规律;勘测月壤的厚度与估算核聚变发电燃料氦—3 的分布与资源量;探测地月空间环境;并对月球表面的环境、地貌、地形、地质构造与物理场进行探测。

第二阶段(落):月面探测器软着陆与月球车月面巡视勘察。发射月球软着陆器,试验月球软着陆和月球车技术,就地勘测月球资源,开展月基天文观测,并为月球基地的选择提供基础数据。

第三阶段(回):月面软着陆与采样返回。发射月球软着陆器,对着陆区的地形、地质构造、岩石类型、月壤剖面、月球内部结构等进行探测;发射小型采样返回舱,采集关键性月球样品返回地球。

——摘自辛华:《中国探月"三级跳":从嫦娥一号到三号》,新华出版社 2013 版,第 5 页。

案例分析

中国自古以来,对天空赋予了众多美好的记忆,如嫦娥奔月、吴刚伐桂、玉兔捣药等。进入二十一世纪以后,中国的航空航天事业迅猛发展,突出表现在大飞机制造、载人航天技术、卫星导航系统、嫦娥工程等。"造大飞机"等并非一时兴起,而是党中央、国务院站在历史和全局的角度,审时度势、高瞻远瞩做出的重大战略决策。中国载人航天技术突破了地球大气的障碍和地球引力的束缚,推动了中国探索外太空的进程。在国内外因素的影响下,中国开始了自主研发卫星导航系统。经过近几十年的发展,中国完全拥有独立自主建立的卫星导航系统。北斗系统是中国自主建设、独立运行,与世界其他卫星导航系统兼容共用的全球卫星导航系统。截至 2016 年 5 月 19 日,中国已成功发射 22 颗北斗卫星。新世纪,我国适时地启动了嫦娥工程,开展了深空探测活动。中国航空航天事业在各方面取得了令人震惊的成绩,相信会越来越好的。

思考讨论

1. 请您简述新世纪以来中国飞天路上的主要成就。
2. 您认为航空航天事业是劳民伤财还是利国利民?

案例 4　航天人的小故事及航天精神

材料 1　欧阳自远

欧阳自远的妻子邓筱兰说:“他几乎把所有的时间都用在工作和学习上了。现在七十岁的人了,还这样,回到家就是进书房,看书、查资料、上电脑。家里的事他什么都不管,怎么都可以凑合。饭做好了,叫他吃他就吃。什么菜,烧得怎么样,他也无所谓,做熟了就行,好的赖的,什么样的都能吃。因为是南方人,不爱吃发面的馒头,不像我在部队上锻炼了好些年,米饭、馒头一样吃。但他是你做了我也吃,不过就是少吃点,决不说你这个做得不好,从来不说一句。

“穿衣服,恨不能天天穿同一件,哪件拿顺手就拿哪件,冬灭不知添衣,夏天不知减衣。我们家洗脸毛巾、洗脚毛巾,都分得很清楚,我是学医的么,对这些更讲究。可我给他讲一百遍,他都会弄混了。我把颜色明显分开了,他有时候还弄不清楚,他就不记这个,你怎么办?他一洗脸,我就紧张,得赶紧去卫生间看看,弄不好就错了。

——摘自胡平:《心月何处:欧阳自远与中国嫦娥工程》,东方出版中心 2007 版,第 25 页。

材料 2　孙家栋

步入 80 岁的孙家栋,仍然是会议不断,事务繁多,航天战略发展的研究、应用卫星的发展方向、航天技术对国家科技发展的牵引带动、多项重大科学技术评审等许多事情都请他亲临现场,坐镇决策和指导。如今,孙家栋除了担任着三项航天应用卫星工程总设计师外,还担任着中国航天科技集团高级技术顾问、国家航天局高级技术顾问、国际宇航科学院院士、中国科学院院士、国际欧亚科学院院士,孙家栋每天要做的事情实在是太多了,但他依然按照自己的习惯,周到细致、严肃认真、不知疲倦、勤奋地拼搏着。

——摘自王建蒙:《星系我心:著名航天工程技术专家——孙家栋》,中国宇航出版社 2009 版,第 203 页。

材料 3　梁思礼

神舟载人飞船圆了中国人飞天的梦想,而梁思礼作为参与神舟飞天工程的火箭控制系统专家更是感慨颇多。他的父亲梁启超生前在给子女的一封信中提到,自己的孩子没有一个是学自然科学、从事科技方面的研究的,这是他的一个遗憾。

梁思礼到美国留学的时候,父亲已经故去多年,他知道父亲希望他的子女中有人从事科技方面的研究。载人航天的成功,不仅实现了父亲的遗愿,也实现了他自己一直追求的科技强国的理想,更实现了华夏儿女的飞天梦。他说:“今日能够圆了父亲的科技梦,是我的荣幸。更重要的是,圆了中国人数千年的飞天梦想,更让我激动。”

——摘自郭梅、庞茹:《梁思礼传:梦想与火箭一同起飞》,江苏人民出版社2009版,第101—102页。

材料4 载人航天精神

胡锦涛总书记在庆祝我国首次载人航天飞行圆满成功大会上指出:“伟大的事业孕育伟大的精神。在长期的奋斗中,我国航天工作者不仅创造了非凡的业绩,而且铸就了特别能吃苦、特别能战斗、特别能攻关、特别能奉献的载人航天精神。”

艰苦条件锤炼了中国航天人“特别能吃苦”的精神。中国航天事业是在极其艰苦和困难的条件下起步的,广大航天工作者默默承受常人难以忍受的寂寞、枯燥和精神压力。栉风沐雨,风餐露宿,克服了无数困难,吃尽了无数苦水;茫茫戈壁、浩瀚海洋,无处不洒下航天人的辛勤汗水,无处不留有航天人的艰苦足迹。航天事业的一个个成功壮举,是几代航天人奋斗的结果。

中国载人航天工程是一项无比伟大的工程,中国航天人建设这项工程中表现出来的“特别能战斗”的精神,是一种不屈不挠、坚忍不拔的意志,是勇于拼搏、不怕困难、渴望胜利的激情,伟大的中国航天人把飞天梦的实现当成一场战斗,顽强地挑战未知,挑战宇宙。“特别能战斗”,也是我军长期实践中形成的特有优势,是战胜困难、夺取胜利的重要法宝。广大航天人不畏艰险,顽强拼搏,不因遇到挫折而气馁,不因取得成功而懈怠。实践证明,没有过硬战斗精神的战士,不可能勇往直前;没有过硬战斗精神的部队,不可能所向披靡。

因为有了“特别能公关”的毅力和能力,中国载人航天工程才能够不断攀登科学技术的高峰。中国载人航天工程正式论证始于20世纪80年代中期。作为“863”计划(即国家高科技发展规划)中一个重要领域,载人航天工程在经过复杂艰苦的论证后,于1992年9月21日正式启动,代号为“921”工程。在随后11年的发展历程中,中国航天人凭着科学缜密、严谨细实的工作作风,牢牢把握质量关,努力打造“神舟”精品。从1999年第一艘飞船发射开始,仅4年时间完成5艘飞船发射,实现从无人试验到载人飞行的质的飞跃,创造了世界航天史上的奇迹。有人说,“神舟”奇迹,是相信科学的奇迹,是中国航天人依靠科学精神和细致负责作风创造的攻关奇迹。许多人员坚持"特别能奉献"的精神,为载人航天做出了巨大贡献。载人航天涉及的科学领域广泛,投入这一事业的科研人员、工程技术人员、管理人员难以数计,仅是"神舟"一号到"神舟"五号的研制,就有全国100多个行业、3000多家单位、1万余名科研人员,还有许许多多在火箭、卫星研制、发射、测控过程中的后勤人员。人们不仅听不到他们的名字,更看不见他们的身影。

——摘自刘建国、郭大方:《梦圆飞天的精神轨迹:解读载人航天精神》,军事科学出版社2004版,第13—116页。

案例分析

航天事业本身就是一项极其复杂的工程,涉及众多的领域。它需要科技工作者付出极大的耐心,需要动员社会方方面面的力量。欧阳自远、孙家栋、梁思礼等带头人,不怕艰难险阻,为中国的载人航天事业做出了贡献。他们废寝忘食,付出了常人难以想象的艰辛。更多航天工作者是默默无闻地贡献着自己的力量。他们在奋斗和拼搏的过程,既实现了人生价值,也为国家的科技事业添砖加瓦。人民踏实肯干,国家鼎力支持,才使得航天事业取得如此大的成就。正是因为有了敢于奉献航天事业的人们,才更加接近中华人女的飞天梦。正是在追梦的过程中,航天事业塑造了航天精神,激励着社会各行各业的人们奋进。飞天梦的实现,提升了民族的科学自信心以及民族自豪感,最终成果也将惠及十三亿华夏儿女。我们站在新的历史起点上,看待前辈的奋斗历程,本身就是学习和激励自身的过程,激励我们为实现中国梦而不懈奋斗。飞天梦也是中国梦的重要组成部分,航天事业为自己的目标也正在努力和奋进着。相信中国以后在太空探索领域会取得更大的成就。

思考讨论

1. 载人航天精神对青少年有些重要的启示?
2. 改革开放以来,中国的飞天事业取得了哪些进步?

专题十一

负责任的大国梦

本专题概述

中国于1997年明确宣示“做负责任大国”,并于2006年向世界声明“中国已经成为一个负责任的国家”。党的十八大报告指出“中国坚持把中国人民利益同各国人民共同利益结合起来,以更加积极的姿态参与国际事务,发挥负责任大国作用,共同应对全球性挑战。”经过几十年的快速发展,中国国际地位和影响大幅提高,中国在国际事务中积极实现负责任的大国梦。负责任主要体现保护侨民的生命财产安全、履行联合国常任理事国的义务、参与国际性救援、解决其他全球性问题等。政府竭尽所能保障海外侨民的安全,在近年来的地区冲突中顺利实现撤侨,保障了海外侨民的生命财产安全;中国作为联合国安理会的常任理事国,一贯主张在国际事务中尊重和维护联合国的权威,发挥联合国在维护世界和平、促进共同发展的重要作用;中国作为负责任的大国,积极参与到国际性的救灾事务中去,以自身的力量去帮助经济困难的国家;中国与各国政府共同面对全球性的挑战,如气候变暖、环境污染、贫困人口等。随着中国综合国力的提高以及国际地位的提高,中国越来越展现其负责任的大国形象,在世界多极化进程中扮演着越来越重要的一极。

案例1　撤侨

材料1　2008年泰国撤侨

2008年11月,泰国当局因政局动荡而被迫关闭首都曼谷素万那普国际机场,取消所有航班,致使数千名中国游客滞留。在泰国带团的北京捷达假期国旅领队吴颖彤迅速向总部汇报了情况,总部要求把大家安排到安全条件较好的贵都酒店。大家一到酒店,我驻泰国使馆领导和工作人员便赶来看望,问寒问暖。吴颖彤说,当时,见到中国使馆的工作人员,又高兴又激动,在异国他乡依然感受到祖国母亲的亲切关怀,大家吃了一颗定心丸。后来,中国政府先后派出 12 架包机,接回共 3400 多名(包括港澳同胞在内)滞泰游客。这是新中国成立以来最大规模的海外游客撤离行动,受到国内外媒体及社会公众的高度关注。

——摘自徐步青、吕鸿、马剑、牛瑞飞:《中国外交:全方位 大发展(经典中国·辉煌60 年)》,《人民日报》2009 年 9 月 23 日。

材料 2 2010 年吉尔吉斯斯坦撤侨

2010 年 6 月 15 日 22 时 46 分,中国政府飞赴吉尔吉斯斯坦奥什地区的第二批第一架撤侨包机安全返抵乌鲁木齐机场,机上共搭载 185 人。截至目前,共计 380 名在吉华人华商和留学生已搭乘中国政府撤侨包机返回国内,其余包机将陆续飞往奥什接侨。

中国政府派出的第一批两架南航飞赴吉尔吉斯斯坦奥什机场的包机,分别于 15 日 4 时 24 分和 5 时 18 分安全抵达乌鲁木齐机场。15 日 11 时 30 分左右,南航又派出两架波音 757 型飞机赴吉尔吉斯斯坦进行新一轮救援。据了解,首批救援包机共接回华人华商和留学生 195 名,其中大部分为妇女和儿童。

回到祖国怀抱的同胞由衷感谢党和政府在他们面临危难之时及时施以援手,饱受动乱之苦的他们纷纷表示,只有国家的安定才有百姓的安宁,回家的感觉真好。在奥什做文化用品生意的吉尔吉斯斯坦南方华商商会第一副会长宋五一走出机场时说:“看到飞机飞来时,不少人禁不住流了泪。回到祖国,心里踏实多了!”

——摘自戴岚:《中国政府撤侨包机陆续返抵乌鲁木齐》,《人民日报》2010 年 6 月 16 日。

材料 3 2011 年利比亚撤侨

2011 年前后,利比亚局势持续恶化,中国政府撤离行动的高效和有序给外媒留下了深刻印象,赢得国际社会高度赞赏。

《纽约时报》26 日网站题为《撤离的中国公民到达地中海港口》的报道说,从利比亚撤离的数千名中国人跨过地中海到达希腊港口,同时还有更多的中国人正在通过海陆空离开这个北非国家。在克里特,中国政府租用了四个码头和 11 个旅馆,正在用专机接回中国公民。雅虎新闻网站 26 日报道,截至上周六,中国已经从利比亚撤出 16000 余名中国人,民航总局在未来两周内每天将派 15 架飞机加速撤离中国公民。俄塔社也详细报道了中国撤离行动的进程。

美国外交关系委员会网站发表中东问题专家艾略特·阿伯拉姆斯题为《谁是超级大国？来自利比亚的教训》文章指出，中国不仅向利比亚派出了多架飞机和多艘轮船，还将正在亚丁湾海域执行护航任务的“徐州”号导弹护卫舰调往利比亚附近海域，为撤离中国在利比亚被困人员的船舶提供支持和保护。“中国人不费口舌，用行动明确表示不会容忍任何中国工人遇到危险。”

法新社和《欧洲新闻》称，中国迅速有序地组织了一次海、陆、空规模空前的撤离行动。法国《欧洲时报》评论认为，在利比亚局势严峻复杂的形势下，中国表现出来的及时、有力、立体、高效的撤离行动，向世界彰显了包括海外华侨华人在内的“中国人”的生命价值今非昔比，同时也体现了中国政府不断深化的“人文外交新政”的落实，以及对中国海外侨民保护能力的巨大提升。

加拿大通讯社文章评论认为，中国此次撤侨采取了“史无前例”的措施，派遣军舰保护从利比亚撤离的中国侨民，凸显了中国对保护其海外民众的重视和壮大的海外力量。

——摘自苑基荣、顾玉清、张光政:《国际舆论高度赞扬中国撤离在利人员行动》,《人民日报》2011 年 3 月 1 日。

案例分析

越来越多中国人选择走出国门。但是部分地区存在诸多不安全的因素，随时面临着地区冲突或者战争，侨民的生命财产安全也会受到威胁。当海外侨民因为地区局势生命安全受到威胁的时候，中国政府果断采取安全、高效的撤侨举措，帮助了众多华侨华人。同时中国及时安全高效撤侨，保障海外侨民人身安全，避免不必要的经济财产损失等，凸显了国家的整体实力、国际影响力的提高。毫无疑问，中国的撤侨工作是卓有成效的，体现了中国对侨民负责的精神，体现了中国把国民生命放在首位的理念。这些都是由强大的国家作为背后支撑，并且是由以人为本进行理论指导。同时也应该看到，海外撤侨涉及众多国家和地区，如果没有相关地区或者政府的大力配合，中国政府在短期内很难顺利完成海外撤侨。因此，撤侨工作还要感谢对中国撤侨大力支持的相关国家。如何细化对海外中国公民的服务，也是外交部认真考虑的问题。为此外交部设立了外交部全球领事保护与服务应急呼叫中心，正在帮助华人解决在海外遇到的各种突发情况，赢得了一片称赞。许多国际社会看到了中国撤侨的努力，并且盛赞中国的行动。中国的海外力量越来越壮大，中国也越来越重视海外民众的安危。

思考讨论

1. 中国为海外撤侨做了哪些努力？
2. 从国家社会盛赞中国政府的利比亚撤侨行动，你读到了哪些信息？

案例 2　维和

材料 1　中国的维和理念

2016 年 4 月，中国成功担任联合国安理会轮值主席国。短短一个月内，中国以客观公正、务实高效、成熟稳健的工作作风，领导安理会积极履行维护国际和平与安全的职责，共举行 44 场公开会和闭门磋商，通过 7 项决议和 3 项主席声明，发表 7 份主席新闻谈话。中国为推动解决当前热点问题积极作为，向国际社会交出一份经得起检验的答卷。

去年 9 月，习近平主席首次登上联合国讲坛，强调要充分发挥联合国及其安理会在止战维和方面的核心作用，通过和平解决争端和强制性行动双轨并举，化干戈为玉帛。

倡议召开反恐问题公开会，提出一系列反恐新举措和新建议，为国际社会加强反恐协调与合作提供了助力；与塞内加尔、安哥拉共同倡议召开几内亚湾海盗问题公开辩论会，并推动安理会发表主席声明，为化解非洲国家和平与安全挑战提供重要平台；在安理会中东问题公开会上，积极引导各方努力缓解巴以紧张局势，为妥善解决巴以问题寻找出路；安排全面审议叙利亚、也门、南苏丹、科特迪瓦等热点问题，积极推动相关问题政治进程取得进展……作为安理会轮值主席国，中国努力推动安理会履行好《联合国宪章》赋予的重要职责，充分体现了负责任大国应有的担当。

有专家试图借助一对“最多”与“最少”的比较来评价中国在安理会中所扮演的角色：中国是安理会常任理事国中维和派兵最多的国家，也是当前常任理事国中对否决权的使用次数最少的国家。中国不仅派出了 3 万余人次维和人员参加了 29 项联合国维和行动并在亚丁湾和索马里等海域开展护航，更在进一步参与联合国维和行动、建立维和待命机制、提高各国尤其是非洲维和能力建设等方面提出了多项务实举措。回顾中国迄今为止在安理会 11 次行使否决权的历史不难看出，在事关世界和平与安全的大是大非面前，中国始终坚持从事情本身的是非曲直出发，秉持公道、主持正义，以慎重的态度对世界和平负责。

作为安理会常任理事国和最大的发展中国家,中国在联合国舞台被赋予特殊期待。联合国秘书长潘基文多次表示,中国在国际事务中地位独特、作用重要。有学者将中国描述为联合国体系内连接南方和北方国家之间的桥梁。种种分析与解读,道出国际社会对中国在联合国平台发挥更大作用的期待。

——摘自《尽职尽责守护世界和平安全(钟声)》,《人民日报》2016 年 5 月 4 日。

材料 2　维和烈士

"缅怀我们的英雄",5 月 29 日联合国维持和平人员国际日的主题。1948 年以来,3400 多名维和人员在联合国旗帜下因公殉职。仅仅两天后,英雄名册上又增加了一位中国军人的名字——三级士官申亮亮。

"随着太阳北上,马里进入热季,白天最高气温已突破 40 摄氏度,地表直逼 60 摄氏度。更恶劣的是,地雷设伏、火箭炮袭击等恐怖事件多样频发,已造成其他国家维和部队多人死伤,最近的一颗火箭炮就在我眼前 200 米处轰然炸响。"这是两年多前中国首批赴马里维和部队一员的描述。酷暑和死神阻挡不住中国军人的步伐,申亮亮随第四批中国维和部队来到马里,继续为当地的安全与稳定撑起保护伞。

从硝烟弥漫的马里,到疾病肆虐的刚果(金);从酷暑难耐的南苏丹,到冲突不断的黎巴嫩……在贫穷、战乱、动荡的角落里,中国维和官兵履行监督停火、扫雷排爆、筑路架桥、物资运输、医疗救护、警戒护卫等各项使命,被誉为"战区部队的典范"。据中国国防部统计,中国维和官兵新建、修复道路 1.1 万余公里和 300 多座桥梁,发现、排除地雷及各类未爆炸物 9400 余枚;运送各类物资器材 110 万吨,运输总里程 1200 万公里;接诊病人近 15 万人次……他们用钢铁之躯和顽强坚守守护和平的蓝天。

中国维和人员以自己的努力与付出彰显了威武之师、文明之师、和平之师的良好形象,为中国赢得尊重与荣耀。为感谢中国维和官兵穿越 120 公里荒漠为当地装上了大型储供水系统,苏丹东达尔富尔州最大的部落改名"中国村";在埃博拉疫情肆虐的利比里亚,当地居民激动地说:"在最困难的时候,中国带来了希望!""我对中国维和人员所做的工作感到非常自豪,正是他们让我们这个世界变得和平、安全和自由。"这是联合国秘书长潘基文发出的由衷赞叹。

自 1990 年 4 月中国首次向联合国停战监督组织派出 5 名军事观察员以来,中国累计派出维和官兵 3 万余人。如今,中国已成为联合国安理会常任理事国中派出兵力最多的国家。现有 2400 多名中国维和人员正在马里、刚果(金)、利比里亚等 7 个非洲任务区执行联合国维和任务。去年的联合国维和峰会上,习近平主席郑重宣布,中国将加入新的联合国维和能力待命机制,为此率先组建常备成建制维和警队,并建设 8000 人规模的维和待命部队。中国将积极考虑应联合国要求,派更多工程、运输、医疗人员参与维和行动。

——摘自《"缅怀我们的英雄"(钟声)》,《人民日报》2016 年 6 月 3 日。

材料 3　索马里护航

2015 年 12 月 6 日上午,海军第二十二批护航编队从青岛某军港解缆起航,奔赴亚丁湾、索马里海域接替第二十一批护航编队执行护航任务。

到码头送行的海军副司令员王海说,到今年 12 月底,海军遂行亚丁湾护航任务将满 7 年。7 年来,海军连续不间断地派出了 21 批编队远赴亚丁湾、索马里海域执行护航任务,有效履行了肩负的神圣使命,圆满完成了 896 批 6089 艘中外船舶护航任务,成功解救、接护和救助了 60 余艘遇险的中外船舶;圆满完成了利比亚撤侨护航、地中海叙利亚化武海运护航、马尔代夫紧急供水、也门撤离中外人员等紧急任务,全面提升了海军有效应对多种安全威胁、完成多样化军事任务的能力;稳妥组织与世界各国海军开展务实交流、合作,先后与外军举行 11 次联合演习,访问五大洲 58 个国家,积极宣扬了我军护航行动成果,充分展示了我国是负责任大国的良好形象和人民海军过硬的军政素质。

——摘自刘成友:《海军第二十二批护航编队青岛起航　亚丁湾护航将满 7 年》,《人民日报》2015 年 12 月 7 日。

案例分析

中国通过积极履行联合国的权利与义务,尤其是近些年来向海外派遣维和人员,对维护地区稳定、缓和国际冲突做出了突出贡献。中国的领导人在众多场合表达了止战维和的愿望,与冲突地区或者国家组织进行各种形式的合作,并不带有任何称霸的意图;海外派遣的维和人员,冒着生命危险忠诚履行职责,保障了地区的安全和民众的安全,赢得了国际社会的赞誉,成为展现中国作为负责任大国的明信片。索马里护航成为中国政府派遣军事力量维护航运安全的典范,既成功维护了过往船只的安全,又树立了良好的国际形象,因而赢得国际社会的赞誉。当然中国的维和人员为了维护世界和平做出了很多贡献。爆发冲突的地方往往是贫穷和落后的地方,维和人员克服了一系列困难,为缓和地区冲突做出了贡献。但是死亡也威胁着维和人员,主要来自于当地非法武装的威胁,甚至有很多人献出了自己的年轻的生命。在和平年代,他们铸剑为犁牺牲了自己的青春,他们都是我们时代的英雄。

思考讨论

中国的维和理念是怎样的?

如何看待中国维和人员牺牲的事情?

案例3 国际救援

材料1 2005年中国部分海外援助

在1997年亚洲金融危机期间,中国承受着巨大的牺牲坚持人民币不贬值,为遏制危机的蔓延做出了重大贡献。在2003年“非典”肆虐中华大地期间,中国政府公开承认初期防治工作的失误,撤换有关官员,积极与相关的国际组织和国家合作,表现出一个负责任大国应有的风度和气度。2004年年底,印度洋沿岸国家遭受特大海啸袭击,中国政府在最快的时间里向受灾地区派出了两支国际救援队、四支卫生医疗队和一个DNA鉴定专家组,并且尽自己最大的努力,向受灾国家和人民提供援助。截至2005年3月1日,中国政府的援助共约6.86亿元人民币,民间捐助达到5.76亿元人民币。所有这些都赢得了国际社会的普遍赞誉。

——摘自叶启绩、吴育林:《全球化背景下中国特色社会主义价值研究》,中山大学出版社2005版,第88页。

材料2 埃博拉疫情援助

近年来,面对世界上出现的自然灾害和公共卫生疫情等人道主义灾难,中国积极响应国际社会呼吁,及时提供紧急救灾物资或现汇援助,并根据需要派遣救援队和医疗队参与救援,展现了一方有难、八方支援的人道主义精神。2014年西非部分国家爆发埃博拉疫情以来,我国政府迅速驰援,向疫区国家提供了四批总计7.5亿元人民币的紧急人道主义援助,为防止疫情扩散成为全球性卫生灾难发挥了关键作用。我们还先后帮助有关国家应对印度洋海啸、巴基斯坦地震、尼泊尔地震等重大灾害,展现了我国坚持睦邻友好、与周边国家同舟共济的深情厚谊,促进了我国同有关国家的友好关系。中国的无私援助也得到国际社会的真诚回报,许多自身并不富裕的发展中国家在我国发生汶川地震等重大自然灾害时施以宝贵援助。今后,我们将继续加大人道主义援助力度,在力所能及范围内帮助有关国家提高救灾防灾能力,共同应对灾害影响。

——摘自杨洁篪:《积极承担国际责任和义务(学习贯彻党的十八届五中全会精神)》,《人民日报》2015 年 11 月 13 日。

案例分析

地球上发生的很多灾害有自然原因,也有社会原因。地球上发生的许多灾难是不受地域和国界限制的,并且往往有些灾害具有极大的破坏性。此时,灾害的救援工作往往需要国际社会之间的通力协作,借助各国的力量去重建家园。中国作为负责任的大国,积极参与到国际性的救灾事务中去,以自身的力量去帮助经济困难的国家,进而实现世界的共同繁荣。中国作为负责任的大国,主动向受到灾害的地区和国家捐款捐物、派遣医疗救助队等,帮助受灾地区人员和个人。中国参与各种国际救援,不仅帮助了处在危难的国家和地区,还使中国的国家影响力进一步扩大。中国的援助是不添加任何政治条件的,是一种无偿性的援助,因此赢得国际社会的赞誉,也充分展现了中国的负责任大国形象。中国也收获了很多回报,在汶川大地震的时候许多国家或地区向中国伸出了援手。

思考讨论

1. 举几个中国国际救援的例子。

2. 有人说,国内问题那么多,为什么还要拿那么钱援助其他国家。请就此观点说说您的想法。

案例 4　解决其他全球性问题

材料 1　全球气候变暖

中国在构建全球应对气候变化的国际新秩序方面,可谓功不可没。中国在国际气候谈判舞台上,成为多边气候规则的积极倡导者和制定者,并在国内通过立法和政策积极行动以落实承诺,彰显了负责任大国的软实力和大气度。

首先,作为《公约》首批缔约方和政府间气候变化委员会(IPCC)发起国之一,中国政府一直积极参与和推动着气候变化的国际谈判和《公约》进程。在每一次缔约方大会上,中国一直坚持《公约》所倡导的“共同但有区别原则”,强调发达国家在工业化进程中积累的历史排放和发展中国家面临的经济发展的客观需求。在巴黎气候大会上,中国既坚守了原则,又灵活斡旋。在中国的外交努力下,《巴黎协定》最终坚持和重申了“共同但有区别”原则，有力维护了发展中国家的利益。同时，中国本着务实的精神，力主采取根据各自国情做出减排承诺的“国家自主决定贡献”模式，避免了京都机制下强制减排义务分配带来的尖锐矛盾。最终促成了各方都能接受的减排方案，为《巴黎协定》的顺利通过和签署奠定了基础。

在双边气候外交中，中国在各个气候利益集团之间穿针走线、游刃有余。一方面主动积极地与澳大利亚、英国、美国、法国等国家进行对话谈判，并发布双边联合声明，争取最大限度的谋求共识、减少分歧。其中，自 2014 年至 2016 年中美两国三次发布气候变化联合声明，并承诺同时签署《巴黎协定》，在各国面前起到了良好的表率作用。另一方面，启动中国气候变化南南合作基金，通过南南合作，帮助和协同其他发展中国家一道共同解决应对气候变化的资金问题。

其次，早在 2007 年中国政府即制定了《应对气候变化国家方案》，自 2008 年起每年公布《中国应对气候变化的政策与行动》，公开透明地向世人展示中国的每一步努力。此后，陆续颁布一系列应对气候变化的国家政策，并于 2015 年向政府间气候变化委员会提交了中国国家自主决定贡献文件。此外，在其他的国家政策文件中也纳入了应对气候变化的内容，如国家“十三五”规划纲要中提出了“单位 GDP 能源消耗年均累计下降 15%，单位 GDP 二氧化碳排放年均累计下降 18%”的目标。中国积极建立应对气候变化的排放权交易市场机制，目前已经在全国范围内设立了七个排放权交易试点，力争建立全国性排放权交易市场。通过市场机制，引导私营部门和社会资本共同应对气候变化。

中国把生态文明建设作为国家发展的重要战略，并一直把应对气候变化作为环境权保护的重要指标，在中国政府发布的两期《国家人权行动计划》中都规定了环境权利保护的内容，并在首期《国家人权行动计划(2009—2010)》中明确提及，“落实《应对气候变化国家方案》，减缓温室气体排放”。这表明中国政府不仅仅基于国家利益的考量，而且把应对气候变化作为人权保护的立足点和归宿。

——摘自唐颖侠：《气候变化 <巴黎协定> 签署的意义及中国贡献》，《人民日报》2016 年 4 月 28 日。

材料 2　落实千年发展目标

中国是全球发展合作的重要参与者和贡献者，积极落实联合国千年发展目标，在减贫、卫生、教育等多个领域取得了显著成就，并为 120 多个发展中国家实现联合国千年发展目标提供了积极支持和帮助。中方本着建设性态度全面深入参与 2030 年可持续发展议程谈判，为制定一个公平、包容、可持续的 2030 年可持续发展议程做出了重要贡献。我们主张，建立更加平等均衡的全球发展伙伴关系;发达国家应及时、足额地履行官方发展援助承诺,加大对发展中国家的支持;发展中国家应进一步加强南南合作,提升自身发展能力;充分发挥联合国的统筹协调作用,推进国际发展合作。习近平主席在联合国发展峰会上宣布中国将设立"南南合作援助基金"、国际发展知识中心等一些重大举措,为促进国际发展合作注入新动力。中国将坚持从本国国情出发,将落实 2030 年可持续发展议程与本国发展战略有机结合,在实现有质量、有效益、可持续发展的同时,为广大发展中国家落实 2030 年可持续发展议程提供力所能及的支持和帮助,促进共同发展。

——摘自杨洁篪:《积极承担国际责任和义务(学习贯彻党的十八届五中全会精神)》,《人民日报》2015 年 11 月 23 日。

材料 3　社会治理

在贫困治理方面,中国最突出的成就莫过于改革开放 30 多年来让数以亿计的贫困人口富裕起来,实现了从一个落后的农业国向一个富强的现代化国家的转变。在经济全球化浪潮中,中国抓住了新一轮产业转移的历史机遇,加入 WTO,融入全球体系,并利用丰富的人力资源和成本优势,形成了强大的制造能力,解决大批农村人口向城镇转移的就业和致富问题。中国国内贫困治理的成功经验为全球减贫治理提供了多样化的解决方案。中国减贫治理强调主权国家在贫困治理中的主导性作用,国内各种社会力量的整合运用,通过发展解决贫困问题,立足国情、有效利用国际援助及对外援助的去意识形态化。中国开始将这些来自国内实践的有效经验合理整合到全球减贫议程中,促进相关治理机制改革及内容调整,进而为其他发展中国家的国内贫困治理提供极具参考价值的理念和方法。

在教育治理方面,中国实现了"基本普及九年义务教育、基本扫除费,同时为家庭经济困难学生提供寄宿生生活补助,使全国 1.6 亿中小学学生受益。同时,高等教育实现了从精英教育到大众教育的转变,高等教育规模达到世界第一位。

在公共卫生治理领域,根据世界卫生组织发布的《2013 世界卫生统计报告》,中国在 2011 年人均寿命达到了 76 岁,高于同等发展水平国家,甚至高于一些欧洲国家。这主要得益于在过去几十年里中国经济的持续增长带来的生活和医疗等方面条件的改善,使中国人的预期寿命得到很大提高。全球卫生治理的概念自 20 世纪 90 年代被提出以来,受到了世界卫生组织及其成员国的高度关注和普遍重视。进入 21 世纪之后,全球卫生治理历经了艾滋病、SARS、禽流感、猪流感、甲型流感等国际卫生危机的考验,中国在历次危机中都克服了困难,积累了宝贵的治理经验,并取得了一定成效。在艾滋病的全球治理之中,非政府组织发挥了重大作用,也取得了可喜的成绩。在 2003 年的 SARS 危机中,在世界卫生组织等国际力量的帮助下,成立全球卫生领域的跨国合作所。

——摘自张小劲、于晓虹:《推进国家治理体系和治理能力现代化六讲》,人民出版社2014版,第175—176页。

案例分析

人类面临着诸多的挑战,如气候变暖、环境污染、贫困人口等。全球性问题的解决需要每个国家的共同合作与参与。中国虽然是发展中国家,但是并没有忘记责任。中国作为负责任的发展中国家,正在国际事务上扮演者重要的角色。在处理涉及全球性的问题时,本着大是大非的态度,制定公平公正公开的行为准则,并且积极履行自身要承担的义务。中国肩负着促进世界和平、繁荣、稳定的重任,在积极寻求自身发展的同时,推动各国分享发展机遇、共享发展成果,有利于开创人类更加美好的未来。国内的各种社会问题只有较好地解决,才能为国际社会其他问题做出应有的贡献。作为地球村的重要成员,中国积极参与众多全球性的事务,共同维护人类社会的稳定繁荣。中国已经在实现负责任的大国梦上,迈出了坚实的步伐。

思考讨论

1. 中国在国际舞台上如何展现自己的负责任精神?
2. 当代青年应该如何帮助祖国实现负责任的大国梦?

专题十二

十八大吹响中国梦的号角

本专题概述

2012 年底,"梦"字当选为这一年的年度汉字。简单的一个方块字,承载的是 13 亿中国人对美好生活的憧憬,蕴含中国实现梦想的信心与能力。中国人自古就曾有美好的梦想,人们从未放弃对梦想的追求,古代社会就曾对社会构思出小康梦。不同时代的梦想,折射出不同时代下人民对生活、精神的追求,展现了人们心中的良好愿景和不懈追求。梦想没有大小高低之分,古人对社会的期盼也应该被继承下来。梦想的理论在十八大以后有了新的发展。根据人民大众的诉求,中共中央凝练出适合所有中国人的梦想——中国梦。中国梦成为中国人民的梦想,是关系到人民幸福、国家富强、民族振兴的伟大梦想。中国梦归根到底是中华人民的梦。"中国梦"是中国特色社会主义共同理想。革命理想高于天。"中国梦"指明了中国特色社会主义的光明前景,既是道路,也是旗帜;既是目标,也是蓝图。

案例 1　不同时代的梦想

材料 1　大同梦

大道之行也,与三代之英,丘未之逮也,而有志焉。大道之行也,天下为公,选贤与能,讲信修睦。故人不独亲其亲,不独子其子,使老有所终,壮有所用,幼有所长,矜、寡、孤、独、废疾者皆有所养,男有分,女有归。货恶其弃于地也,不必藏于己;力恶其不出于身也,不必为己。是故谋闭而不兴,盗窃乱贼而不作,故外户而不闭,是谓大同。

今大道既隐,天下为家。各亲其亲,各子其子,货力为己。大人世及以为礼,城郭沟池以为固。礼义以为纪,以正君臣,以笃父子,以睦兄弟,以和夫妇,以设制度,以立田里,以贤勇知,以功为己。故谋用是作,而兵由此起。禹、汤、文、武、成王、周公,由此其选也。此六君子者,未有不谨于礼者也。以著其义,以考其信,著有过,刑仁讲让,示民有常。如有不由此者,在埶者去,众以为殃。足谓小康。

——摘自《中国梦是什么》,广东人民出版社2013版,第57—58页。

材料2 1933年中国人的梦想

1933年,近代中国最早和最有影响的综合性杂志《东方杂志》发起了一场全国大"征梦"活动,旨在征求两个问题的答案:其一,梦想中的未来中国是怎样?其二,个人生活中有什么梦想?主编胡愈之在征稿信中说:"在这漫长的冬夜里,我们至少可以做一二个甜蜜舒适的梦。梦是我们所有的神圣权利啊!"虽然最后征得的"梦想"答案只有160多份,而且"梦想者"大多是社会精英,大多是中老年人,但"梦想"的内容不乏"伟大"。"大同世界"在收到的答案中所占最多,由此也可以看到"中国梦"的文化传承。这时期的"中国梦"被时任暨南大学教授的周谷城形象地概括为:"人人能有机会坐在抽水马桶上大便。"

——摘自石国亮:《解读中国梦》,人民日报出版社2013版,第9页。

材料3 2009年中国人的梦想

2009年,旅游卫视举办了一场声势浩大的"2009我的梦想"的"征梦"海选活动。在海量的参选"梦想"中,旅游卫视最终收集了2009个"凡人梦想",组成了中国人的"中国梦"图谱。与1933年那次"征梦"不同的是,这一次"征梦",不仅参与人数众多,而且老中青少都有,尤以年轻人为多;同时精英、草根都来"筑梦",尤以草根积极踊跃,这说明我们今天的社会和时代,"中国梦"的生机和活力在蓬勃成长。"梦想者"的"梦想"更是多姿多彩、五色斑斓,既真实具体,又充满想象。北京大学教授张顾武解读后称,这些"中国梦"虽然"不算太绚烂",但"未必不高远"。

——摘自石国亮:《解读中国梦》,人民日报出版社2013版,第9—10页。

案例分析

梦想的具体内涵随着时代的变化。中国人自古就曾有美好的梦想,人们从未放弃对梦想的追求,古代社会就曾对社会构思出小康梦。西汉戴圣编著的《礼记·礼运篇》就曾描绘了"天下大同的小康梦",成为历朝历代仁人志士所追求的梦想;1933年普通大众通过报纸传达了各自的梦想,印着东西方文化碰撞下的梦想;2009年某报纸进行了一次面向大众征集梦想的活动,大众的梦想"未必不高远"。

不同时代的梦想,折射出不同时代下人民对生活、精神的追求,展现了人们心中的良好愿景和不懈追求。梦想没有大小高低之分,古人对社会的祝愿也应该被继承下来。但是细细观察就会发现在新中国成立以前,很多关于社会的梦想是难以付诸实践。因为社会制度只代表极少数的利益,普通群众的梦想是难以实现的,所以即使提出再美好的梦想,到最后也就会成为空想。只有到了新中国成立以后,中共开始真正关注普通大众的疾苦,并且致力于让大多数人实现自己的梦想。很多普通群众敢于提出梦想,并且能够顺利实现大多数梦想,这是我们时代给予我们最好的礼物。

思考讨论

1. 古代的小康梦和 2009 年中国人的梦想有哪些不同?
2. 要想实现 1933 年普通人的梦想,还需要哪些条件?

案例 2　中国梦的提出

材料 1　十八大吹响了中国梦的号角

党的十八大对“中国梦”已经做出描绘:“全面建成小康社会”、“两个翻一番”、“两个 100 年”、“五位一体”总布局、“建设美丽中国”、“努力让人民过上更好生活”、“完成祖国统一大业”、“建设持久和平、共同繁荣的和谐世界”,等等。这一系列战略性部署构成了“中国梦”实实在在的发展阶段和建设内容,关乎党的命脉,关乎国家前途、民族命运、人民幸福,关乎世界未来。总之,“中国梦”是中国人民的伟大理想,是人民幸福之梦、国家强盛之梦、民族复兴之梦。

——摘自郄军席:《中国梦党员干部读本》,红旗出版社 2013 版,第 209 页。

材料 2　十八大以后关于中国梦的论述

2012 年 11 月 29 日,习近平总书记等来到国家博物馆,参观《复兴之路》基本陈列。《复兴之路》基本陈列共分中国沦为半殖民地半封建社会、探求救亡图存的道路、中国共产党肩负起民族独立和人民解放历史重任、建设社会主义新中国、走中国特色社会主义道路 5 个部分,通过 1200 多件(套)珍贵文物、870 多张历史照片,回顾了 1840 年鸦片战争以来中国人民在屈辱苦难中奋起抗争,为实现民族复兴进行的种种探索,特别是中国共产党领导全国各族人民争取民族独立、人民解放和国家富强、人民幸福的光辉历程。习近平等来到国家博物馆,走进一个个展厅,仔细观看展览,认真听取工作人员讲解。在 19 世纪末列强割占领土、设立租借地、划定势力范围示意图前，在鸦片战争期间虎门的大炮前，在反映辛亥革命的文物和照片前，在《共产党宣言》第一个中文全译本前，在《中国共产党的第一个纲领》等反映中国共产党成立的文物和照片前，在李大钊狱中亲笔自述前，在中华人民共和国第一面五星红旗前，在党的十一届三中全会照片前，习近平总书记等不时停下脚步，认真观看，详细询问和了解有关情况。

“每个人都有理想和追求，都有自己的梦想。现在，大家都在讨论中国梦，我以为，实现中华民族伟大复兴，就是中华民族近代以来最伟大的梦想。这个梦想，凝聚了几代中国人的夙愿，体现了中华民族和中国人民的整体利益，是每个中华儿女的共同期盼。……到中国共产党成立一百年时全面建成小康社会的目标一定能实现，到新中国成立一百年时建成富强民主文明和谐的社会主义现代化国家的目标一定能实现，中华民族伟大复兴的梦想一定能实现。”至此，近代中华儿女的梦想追求和奋斗目标，以一种最形象、最易被群众接受的表述、用一个最大的公约数——中国梦表达出来了。

早在2012年11月15日，在十八届中央政治局常委同中外记者见面时，习近平总书记就深刻指出：“我们的民族是伟大的民族。在五千多年的文明发展历程中，中华民族为人类文明进步做出了不可磨灭的贡献。近代以来，我们的民族历经磨难，中华民族到了最危险的时候。自那时以来，为了实现中华民族伟大复兴，无数仁人志士奋起抗争，但一次又一次地失败了。中国共产党成立后，团结带领人民前仆后继、顽强奋斗，把贫穷落后的旧中国变成日益走向繁荣富强的新中国，中华民族伟大复兴展现出前所未有的光明前景。我们的责任，就是要团结带领全党全国各族人民，接过历史的接力棒，继续为实现中华民族伟大复兴而努力奋斗，使中华民族更加坚强有力地自立于世界民族之林，为人类做出新的更大的贡献。”在这里，中国梦的思想呼之欲出。

2012年12月8日、9日，在广州战区考察工作时，习近平总书记指出：“实现中华民族伟大复兴，是中华民族近代以来最伟大的梦想。可以说，这个梦想是强国梦，对军队来说，也是强军梦。我们要实现中华民族伟大复兴，必须坚持富国和强军相统一，努力建设巩固国防和强大军队。”

2013年3月17日，十二届全国人大一次会议的闭幕会上，刚刚当选为国家主席的习近平发表重要讲话，全面、深刻、系统地论述中国梦。他指出：“实现全面建成小康社会、建成富强民主文明和谐的社会主义现代化国家的奋斗目标，实现中华民族伟大复兴的中国梦。就是要实现国家富强、民族振兴、人民幸福，既深深体现了今天中国人的理想，也深深反映了我们先人们不懈追求进步的光荣传统。”他强调，实现中国梦必须走中国道路，这就是中国特色社会主义道路；实现中国梦必须弘扬中国精神,这就是以爱国主义为核心的民族精神和以改革创新为核心的时代精神;实现中国梦必须凝聚中国力量,这就是中国各族人民大团结的力量。

2013 年 3 月 19 日,在接受金砖国家媒体联合采访时,习近平总书记指出:实现中华民族伟大复兴的中国梦,是近代以来中华民族的夙愿。1840 年鸦片战争以后,中华民族蒙受了百年的外族入侵和内部战争,中国人民遭遇了极大的灾难和痛苦,真正是苦难深重、命运多舛。中国人民发自内心地拥护实现中国梦,因为中国梦首先是 13 亿中国人民的共同梦想。

2013 年 3 月 23 日,在莫斯科国际关系学院的演讲中,习近平总书记强调:实现中华民族伟大复兴,是近代以来中国人民最伟大的梦想,我们称之为"中国梦",基本内涵是实现国家富强、民族振兴、人民幸福。

2013 年 5 月 4 日,在同各界优秀青年代表座谈时,习近平总书记强调:党的十八大描绘了全面建成小康社会、加快推进社会主义现代化的宏伟蓝图,发出了向实现"两个 100 年"奋斗目标进军的时代号召。根据党的十八大精神,我们明确提出要实现中华民族伟大复兴的中国梦。现在,大家都在谈论中国梦,都在思考中国梦与自己的关系、自己为实现中国梦应尽的责任。中国梦是历史的、现实的,也是未来的。中国梦凝结着无数仁人志士的不懈努力,承载着全体中华儿女的共同向往,昭示着国家富强、民族振兴、人民幸福的美好前景。

2013 年 5 月,习近平总书记在接受拉美三国媒体联合采访时的答问指出,中华民族历经磨难,自强不息,从未放弃对美好梦想的向往和追求。实现中华民族伟大复兴的中国梦是近代以来中华民族的夙愿。在新的历史时期,中国梦的本质是国家富强、民族振兴、人民幸福。我们的奋斗目标是,到 2020 年国内生产总值和城乡居民人均收入在 2010 年基础上翻一番,全面建成小康社会。到 21 世纪中叶,建成富强民主文明和谐的社会主义现代化国家,实现中华民族伟大复兴的中国梦。

2013 年 6 月 5 日,在致 2013 年成都《财富》全球论坛的贺信中,习近平总书记指出,实现中华民族伟大复兴的中国梦,是中国各族人民的共同愿景。为此,我们将坚持把发展作为第一要务,坚持以人为本,坚持改革开放,全面推进经济建设、政治建设、文化建设、社会建设、生态文明建设,促进现代化建设各个方面、各个环节相协调。

2013 年 6 月 20 日,习近平总书记在同团中央新一届领导班子集体谈话时的讲话中指出,当前,全党全国各族人民正在为实现党的十八大提出的奋斗目标而奋发努力,正在朝着实现中华民族伟大复兴的中国梦而奋勇迈进。这是党和国家工作大局,也是中国青年运动的时代主题。

2013 年 6 月 24 日，习近平总书记同正在“天宫一号”执行任务的“神舟十号”航天员聂海胜、张晓光、王亚平的通话指出，航天梦是强国梦的重要组成部分。随着中国航天事业快速发展，中国人探索太空的脚步会迈得更大、更远。

2013 年 7 月 18 日，习近平总书记致生态文明贵阳国际论坛 2013 年年会的贺信指出，走向生态文明新时代，建设美丽中国，是实现中华民族伟大复兴的中国梦的重要内容。中国将按照尊重自然、顺应自然、保护自然的理念，贯彻节约资源和保护环境的基本国策，更加自觉地推动绿色发展、循环发展、低碳发展，把生态文明建设融入经济建设、政治建设、文化建设、社会建设各方面和全过程，形成节约资源、保护环境的空间格局、产业结构、生产方式、生活方式，为子孙后代留下天蓝、地绿、水清的生产生活环境。

2013 年 7 月 30 日，习近平总书记在十八届中央政治局第八次集体学习时的讲话指出，建设海洋强国是中国特色社会主义事业的重要组成部分。党的十八大做出了建设海洋强国的重大部署。实施这一重大部署，对推动经济持续健康发展，对维护国家主权、安全、发展利益，对实现全面建成小康社会目标、进而实现中华民族伟大复兴都具有重大而深远的意义。

2013 年 10 月 3 日，习近平总书记在印度尼西亚国会的演讲指出，新中国成立 60 多年来特别是改革开放 30 多年来，中国走出了一条成功的发展道路，取得了举世瞩目的发展成就。中国对未来发展做出了战略部署，明确了奋斗目标，即到 2020 年实现国内生产总值和城乡居民人均收入比 2010 年翻一番，全面建成小康社会；到 21 世纪中叶建成富强民主文明和谐的社会主义现代化国家，实现中华民族伟大复兴。这是中华民族和中国人民的百年夙愿，也是中国为人类做出更大贡献的必要条件。

2013 年 10 月 23 日，习近平总书记在同全国总工会新一届领导班子成员集体谈话时的讲话指出，实现中华民族伟大复兴是中华民族近代以来最伟大的梦想。从孙中山先生第一个喊出“振兴中华”的口号以来，中华民族和中国人民为实现这个目标进行了不屈不挠的斗争，付出了巨大努力，做出了巨大牺牲。60 多年前我们党领导人民经过长期艰苦卓绝的斗争建立了新中国，30 多年前我们党领导人民开始了改革开放，这两件大事大大加快了实现中华民族伟大复兴的历史进程。中国梦是一种形象的表达，是一个最大公约数，是一种为群众易于接受的表述，核心内涵是中华民族伟大复兴，可以适当拓展，但不能脱离中华民族伟大复兴这个主题，要紧紧扭住这个主题激活和传递正能量。

——摘自许海清：《习近平总书记中国梦思想学习读本》，中共中央党校出版社 2014 版,第 1—6 页。

案例分析

每个人都有自己的梦想,不同时代的人又有不同的梦想。中共总结前人的梦想,根据客观变化的实际适时提出关于关于所有中国人的梦想。关于中国梦的论述在十八大以后有了新的发展。根据人民大众的诉求,中共中央凝练出适合所有中国人的梦想——中国梦。中国梦成为中国人民的梦想,是关系到人民幸福、国家富强、民族振兴的伟大梦想。根据新的时代要求和人民的普遍愿景,中共中央在十八大以后适时提出中国梦。十八大提出的一系列战略部署事实上已经为中国梦做出了描述,吹响了中国梦的号角。随后,习近平等多次论述中国梦的具体内涵,从而形成一整套关于中国梦的理论体系,进而凝聚社会共识,统一干劲。理论最终要照进现实,中国梦的理论必将为十三亿中国人指明前进的方向。

思考讨论

1. 十八大为中国梦的提出做了哪些贡献?
2. 为什么习近平在参观复兴之路的时候提出中国梦?

案例 3 中国梦的内涵

中国梦视野宽广、内涵丰富、意蕴深远。习近平总书记指出:“中国梦的本质是国家富强、民族振兴、人民幸福。”这个梦想,把国家的追求、民族的向往、人民的期盼融为一体,体现了中华民族和中国人民的整体利益,表达了每一个中华儿女的共同愿景。正因为如此,中国梦具有广泛的包容性,成为回荡在 13 亿人心中的高昂旋律,是中华民族团结奋斗的最大公约数。

中国梦是国家情怀、民族情怀、人民情怀相统一的梦。“家是最小国,国是千万家。”国泰而民安,民富而国强。中国梦的最大特点,就是把国家、民族和个人作为一个命运共同体,把国家利益、民族利益和每个人的具体利益紧紧联系在一起,体现了中华民族的“家国天下”情怀。实现中国梦,意味着中国经济实力和综合国力、国际地位和国际影响力大大提升,意味着中华民族以更加昂扬向上、文明开放的姿态屹立于世界民族之林,意味着中国人民过上更加幸福安康的生活。

中国梦归根到底是人民的梦。人民是中国梦的主体,是中国梦的创造者和享有者。中国梦不是镜中花、水中月,不是空洞的口号,其最深沉的根基在中国人民心中,必须紧紧依靠人民来实现,必须不断为人民造福。我们的人民是伟大的人民，中国人民素来有着深沉厚重的精神追求，即使近代以来饱尝屈辱和磨难，也没有自弃沉沦，而是始终怀揣梦想，向往光明的未来。实现中华民族伟大复兴，不是哪一个人、哪一部分人的梦想，而是全体中国人民共同的追求；中国梦的实现，不是成就哪一个人、哪一部分人，而是造福全体人民。因此，中国梦的深厚源泉在于人民，中国梦的根本归宿也在于人民。

中国梦是国家的梦、民族的梦，也是每一个中国人的梦。“得其大者可以兼其小。”“宏大叙事”的国家梦，也是“具体而微”的个人梦。历史告诉我们，每个人的前途命运都与国家和民族的前途命运紧密相连。国家好，民族好，大家才会好。中国这么大一个国家，就像是在大海中航行的一艘超级巨轮。在这艘巨轮上，我们每个人都是“梦之队”的一员，都是中国梦的参与者、书写者，都应当同舟共济、齐心协力、奋勇前行。当今时代是放飞梦想的时代，每个人都有自己的美好梦想。中国梦的广阔舞台，为个人梦想提供了蓬勃生长的空间；每个人向着梦想的不断努力，又都是实现伟大中国梦的一分力量。只要每个人都把人生理想融入国家和民族的伟大梦想之中，敢于有梦、勇于追梦、勤于圆梦，就会汇聚成实现中国梦的强大力量。

——摘自习近平：《习近平总书记系列重要讲话读本》，学习出版社 2014 年版，第 28—29 页。

案例分析

从本质上来说，中国梦归根到底是中华人民的梦。“中国梦”是中国特色社会主义共同理想。革命理想高于天。“中国梦”指明了中国特色社会主义的光明前景，既是道路，也是旗帜；既是目标，也是蓝图。“中国梦”源自中国特色社会主义的道路自信、理论自信、制度自信。中国梦具有无可比拟的时代优越性，能够统一所有人的梦想，使全国各族人民团结统一到建成全面小康社会的事业中去。梦想是很美好的，但是要想实现就必须要踏实肯干。实现中华民族伟大复兴是一项光荣而艰巨的事业，需要一代又一代中华儿女共同为之努力。我们站在时代的前列，清醒地认识到了国家给予的希望，因此必须要为了梦想勤勤恳恳。在实现中国梦的同时，实现自己的梦想；毕竟中国梦与个人的梦是密不可分的，只有实现了中国梦，我们才能实现个人的梦想。

思考讨论

1. 中国梦的基本内涵是什么？

2. 怎么样正确看待中国梦与个人梦的关系?

案例 3　走中国道路、弘扬中国精神、凝聚中国力量

实现中国梦必须走中国道路,这就是中国特色社会主义道路。没有正确的道路,再美好的愿景、再伟大的梦想,都不能实现。中国特色社会主义这条道路来之不易,它是在改革开放 30 多年的伟大实践中走出来的,是在中华人民共和国成立 60 多年的持续探索中走出来的,是在对近代以来 170 多年中华民族发展历程的深刻总结中走出来的,是在对中华民族 5000 多年悠久文明的传承中走出来的,也是科学社会主义理论逻辑和中国社会发展历史逻辑的辩证统一,具有深厚的历史渊源和广泛的现实基础。历史和现实充分证明,无论是封闭僵化的老路,还是改旗易帜的邪路,都是绝路、死路。只有中国特色社会主义道路才能发展中国、稳定中国,这是一条通往复兴梦想的康庄大道、人间正道。中华民族是具有非凡创造力的民族,我们创造了伟大的中华文明,我们也能够继续拓展和走好适合中国国情的发展道路。要增强对中国特色社会主义的道路自信、理论自信、制度自信,坚定不移沿着正确的中国道路奋勇前进。

实现中国梦必须弘扬中国精神,这就是以爱国主义为核心的民族精神和以改革创新为核心的时代精神。伟大的梦想,需要伟大的精神作支撑。没有振奋的精神、没有高尚的品格、没有坚定的志向,一个民族不可能自立于世界民族之林。实现中国梦,要求我们不仅在物质上强大起来,而且在精神上强大起来。中华文明生生不息,中国精神薪火相传。以爱国主义为核心的民族精神和以改革创新为核心的时代精神,是凝心聚力的兴国之魂、强国之魂。爱国主义是中华民族的精神基因,维系着华夏大地上各个民族的团结统一,激励着一代又一代中华儿女为祖国发展繁荣而不懈奋斗;改革创新体现了中华民族最深沉的民族禀赋,反映了当代中国发展进步的要求,始终是鞭策我们在改革开放中与时俱进的精神力量。要弘扬伟大的民族精神和时代精神,不断振奋全民族的精气神,不断增强团结一心的精神纽带、自强不息的精神动力,永远朝气蓬勃迈向未来。

实现中国梦必须凝聚中国力量,这就是全国各族人民大团结的力量。我国 56 个民族都是中华民族大家庭的平等一员,共同构成了你中有我、我中有你、谁也离不开谁的中华民族命运共同体。实现中华民族伟大复兴的中国梦是各民族共同的梦,也是各民族自己的梦。中华民族一家亲,同心共筑中国梦。各族人民大团结的力量,是克服各种困难、战胜风险挑战的决定性因素。只要我们紧密团结,万众一心,为实现共同梦想而奋斗,实现梦想的力量就无比强大,我们每个人为实现

自己梦想的努力就拥有广阔的空间。生活在我们伟大祖国和伟大时代的中国人民,共同享有人生出彩的机会,共同享有梦想成真的机会,共同享有同祖国和时代一起成长与进步的机会。全国各族人民一定要牢记使命,心往一处想,劲往一处使,用13亿人的智慧和力量汇集起不可战胜的磅礴力量。

——摘自习近平:《习近平总书记系列重要讲话读本(2016年版)》,人民日报,2013年4月20日。

案例分析

前人很难实现的梦想,在当下变得都有可能实现。这一切都归功于社会主义制度的建立。为了更好地凝聚社会共识,使中国梦更好地落地,中共提出实现路径。习近平总书记指出:"实现中国梦必须走中国道路、弘扬中国精神、凝聚中国力量。"这为我们党团结带领人民继续把中国特色社会主义事业推向前进,为实现中华民族伟大复兴的中国梦而努力奋斗指明了方向。在前进道路上,我们还面临许多困难和挑战。少走弯路的办法就是要按照可行的方法去实现中国梦。切实可操作的办法就是走中国道路、弘扬中国精神、凝聚中国力量,进而实现中国梦。只要掌握科学可行的世界观和方法论,沿着中国特色社会主义道路继续前进下去,就一定会取得成功。继续"圆梦",需要我们高举中国特色社会主义伟大旗帜,团结实干、开拓创新,为最终实现中国梦铺好道路。当然中国梦会随着时代的发展内涵也会发生改变,我们追求梦想的脚步也会永无止境。中国梦必将会成为推动社会进步的一面旗帜。

思考讨论

1. 如何实现中国梦?
2. 您认为中国梦的具体内涵会一成不变?请说明理由。

专题十三

“一带一路”建设梦

本专题概述

“一带一路”建设梦是以习近平为代表的中共中央在新常态所提出的战略梦想。其基本构思来源于中华文明的古丝绸之路,延续着古人的智慧和文明。古丝绸之路历史久远,为了人类文明做出了巨大贡献。新常态下“一带一路”被赋予了新的时代内涵。其涉及的国家和地区众多,主要是欧亚非的众多国家和地区,将惠及至更多地区的人口和国家。互联互通成为“一带一路”建设梦的战略支持,丝路精神成为“一带一路”建设梦的精神来源。在“一带一路”战略构想提出以后,中国进行一系列的理论上、实践上的探索。习近平等国家领导人多次在不同场合阐释“一带一路”思想,并且努力与各个国家和地区通力合作,将“一带一路”建设梦付诸实践。站在新世纪的起点上,“一带一路”得到了众多国家的支持,赢得了国际社会的广泛赞誉。其将会惠及欧亚大陆众多人口和国家,加强不同区域之间的文化交流。在国内人民大力支持下,“一带一路”终将成为新世纪中华民族伟大复兴的重要战略。

案例 1　古丝绸之路

古代丝绸之路是一条横贯亚欧大陆、持续两千多年的人类贸易互通和文化交流的国际大通道,其对亚欧各国,特别是对中国古代的社会经济发展和文化交流做出大贡献。“丝绸之路”一词,最早由 19 世纪 70 年代德国地理学家、地质学家费迪南·冯·李希霍芬(Fendinand von Richthofen)在其《中国——亲身旅行和据此所作研究的成果》中提出,并经瑞典探险家斯文·赫定(Sven Hedin)1936 年出版的《丝绸之路》一书而广为流传。

自西汉张骞、东汉班超出使两域之后,沟通亚、欧、非三大洲唯一的陆上国际大通道才被真正打通,并逐渐与三大洲唯一的陆上国际大通道才被真正打通,并逐渐与贵霜、安息、罗马等建立了人员与贸易联系。当时从长安(今西安)出发,经过今新疆的中西陆路交通有南北两条道路:南道经敦煌,出阳关至鄯善(今新疆若羌)、沿昆仑山北麓西行至于阗(今新疆和田)、莎车,越葱岭可达大月氏、波斯,再西可达条支、大秦;北道经敦煌,出玉门关至车师前王庭(今新疆吐鲁番),沿天山南麓西行至龟兹、疏勒等地,越葱岭可达大月氏、康居、越葱岭达大月氏、康居、奄蔡。因通过这两条道路向西方输出的丝织品在国际上享有盛誉,故这两条道路被后人称为丝绸之路。

"海上丝绸之路"(海上丝路)是古代中国与外围交通贸易和文化交往的海上通道,该路主要以南海为中心,所以又称南海丝绸之路。海上丝路起于秦汉,兴于隋唐,盛于宋元,明初达到顶峰,明中叶因海禁而衰落。海上丝路的重要起点有泉州、番禺(今广州)、明州(今宁波)、扬州、登州(今蓬莱)、刘家港等。同一时代的海上丝路起点可能有两处乃至更多。规模最大的港口是广州和泉州。广州从秦汉直到唐宋一直是中国最大的商港,明清实行海禁,广州义成为中国唯一对外开放的港口。泉州发端于唐,宋元时成为东方第一大港。历代海上丝路,可分为两大航线,即东海航线和南海航线。

——摘自秦玉才、周谷平、罗卫东:《"一带一路"读本》,浙江大学出版社2015版,第2—3页。

案例分析

一带一路的构想与古丝绸之路有着密切的历史渊源。古丝绸之路,作为农耕社会文明的重要组成部分,横跨亚欧非,联系了众多国家和地区。古丝绸之路历史久远,是联系欧亚非的国际大道,为人类文明的交流做出了巨大贡献。其一开始仅仅作为陆上或海上的贸易通道,但是其所带来的影响远远超过了经济范畴。在古代交通不发达的环境下,其成为不同区域民族相互交流的重要渠道,为各民族的思想文化、科学技术等交流提供了有利的条件。对后世影响最深的不是当时商业贸易往来,而是其附加的思想文化交流。毫无疑问,古丝绸之路留下了巨大的遗产,需要去深入挖掘。挖掘古代文化遗产,最好的保护就是充分利用。只有在充分利用历史资源的过程中,人们才会加深对历史文化的理解,进而使全民族形成保护文化遗产的意识。

思考讨论

1. 请你简述你对古丝绸之路的认识。

2. 如何保护传统文化遗产?

案例2　“一带一路”大战略的内涵

自此,这个简称“一带一路”的宏伟构想,成为历史坐标上一个新亮点。随后,它被写入十八届三中全会《决定》。

这是世界上跨度最长的经济大走廊——

从地图上看,“一带一路”发端于中国,贯通中亚、东南亚、南亚、西亚乃至欧洲部分区域,东牵亚太经济圈,西系欧洲经济圈,覆盖约 44 亿人口,经济总量约 21 万亿美元,分别占全球的 63% 和 29% 。

这也是世界上最具发展潜力的经济合作带——

“一带一路”沿线大多是新兴经济体和发展中国家,普遍处于上升期。我国现为不少沿线国家的最大贸易伙伴、最大出口市场和主要投资来源地。近 10 年来,我与这些国家贸易额年均增长 19% ,对其直接投资年均增长 46% ,均明显高于同期全国总量的年均增速。如此瑰丽的画卷,空前宏大的手笔,牵动着国际社会的目光,激发起不同肤色的共鸣。

该怎样从历史、世界、现实的维度考量和定位“一带一路”?

它是对历史血脉的有力接续。

当古丝绸之路“使者相望,商旅不绝”时,正值古代中国的黄金盛世。及至近代,风雨飘摇,山河凋敝,古丝路也陷入荒凉与沉寂。近百年来,人们一直渴望重新“凿通”丝路,孙中山先生也曾在《建国方略》中提议修建北疆铁路,联结欧亚,但以彼时的国运,类似想法只能流于纸面。如今,中国跃居世界第二大经济体,综合国力大幅提升,我们比过去任何时期都更接近中国梦。伴随中华民族的复兴征程,“一带一路”传承薪火,丝路精神更显珍贵,显示着强大的生命力和感召力。

它是对世界发展的果敢担当。

100 多年前,英国地缘政治专家麦金德预言,中亚位于欧亚大陆“心脏”,是影响世界格局的枢纽地区。而今,这片曾拥有丝绸古道的土地回荡着种种声音:日本推出“丝绸之路外交”,美国实施“新丝绸之路计划”……中国的“一带一路”战略构想,秉承开放包容的丝路精神,不限国别范围,不是一个实体,不再另起炉灶,不搞封闭排外机制,不以控制他国经济命脉、改变他国政治制度为目的,有意愿的国家和经济体均可参与。亚欧板块之大，容得下其中每个成员的发展。“一带一路”着力打造利益共同体和命运共同体，展现了一个负责任大国的视野、气度与胸襟。

它是对现实机遇的主动把握。

当前，世界多极化不可逆转，经济全球化深入发展，区域经济一体化加速推进，亚欧国家处于转型升级的关键期，需要进一步催生域内发展活力、合作潜力和抗风险能力。一方面“一带一路”契合沿线国家的共同需求，为其互补互利互惠开启了新的机遇之窗。另一方面，我国对外开放总体上“东快西慢、海强陆弱”，与“一带一路”沿线国家扩大经贸、科技、文化等合作，有利于形成海陆统筹、东西互济、面向全球的开放新格局，让周边国家得益于我国改革开放红利，让我国在与周边国家携手发展中赢得更多机遇。

——摘自龚雯等:《连接亚欧贸易　融汇东西文明“一带一路”跨越时空的宏伟构想》,《人民日报》,2014 年 6 月 30 日。

案例分析

“一带一路”战略使古丝绸之路有了新的时代内涵，同时也是中国梦的重要组成部分。2013 年 9 月和 10 月，中国国家主席习近平在出访中亚和东南亚国家期间，先后提出共建“丝绸之路经济带”和“21 世纪海上丝绸之路”（以下简称“一带一路”）的重大倡议，得到国际社会高度关注。认清其中的利害关系，才能更好地推动“一带一路”的建设。中国作为“一带一路”的发起者和参与者，提出了很好的构思。但是要想其真正落地，还需要各个国家和地区的合作。只有多设身处地地为各个国家考虑，多从他们的实际情况出发，赢得对“一带一路”切实支持，才能使好的构思惠及更多区域。加快“一带一路”建设，有利于促进沿线各国经济繁荣与区域经济合作，加强不同文明交流互鉴，促进世界和平发展，是一项造福世界各国人民的伟大事业。

思考讨论

1. “一带一路”的发展前景是怎样的？
2. “一带一路”对参与的国家有何积极意义？

案例 3　关于一带一路的历次讲话

2013 年 9 月 7 日　哈萨克斯坦·阿斯塔纳·纳扎尔巴耶夫大学演讲

2100 多年前,中国汉代的张骞肩负和平友好使命,两次出使中亚,开启了中国同中亚各国友好交往的大门,开辟出一条横贯东西、连接欧亚的丝绸之路。

两千多年的交往历史证明,只要坚持团结互信、平等互利、包容互鉴、合作共赢,不同种族、不同信仰、不同文化背景的国家完全可以共享和平,共同发展。这是古丝绸之路留给我们的宝贵启示。为了使我们欧亚各国经济联系更加紧密、相互合作更加深入、发展空间更加广阔,我们可以用创新的合作模式,共同建设"丝绸之路经济带"。这是一项造福沿途各国人民的大事业。我们可以点带面,从线到片,逐步形成区域大合作。

2013 年 9 月 13 日　吉尔吉斯斯坦·比什凯克·上海合作组织成员国元首理事会第十三次会议

务实合作是上海合作组织发展的物质基础和原动力。上海合作组织 6 个成员国和 5 个观察员国都位于古丝绸之路沿线。作为上海合作组织成员国和观察员国,我们有责任把丝绸之路精神传承下去,发扬光大。

一是开辟交通和物流大通道。二是商谈贸易和投资便利化协定。三是加强金融领域合作。四是成立能源俱乐部。五是建立粮食安全合作机制。

2013 年 10 月 3 日　印度尼西亚·雅加达·印度尼西亚国会演讲

中国和东盟国家山水相连、血脉相亲。中国致力于加强同东盟国家的互联互通建设。中国倡议筹建亚洲基础设施投资银行,愿支持本地区发展中国家包括东盟国家开展基础设施互联互通建设。中方愿同印尼和其他东盟国家共同努力,使双方成为兴衰相伴、安危与共、同舟共济的好邻居、好朋友、好伙伴,携手建设更为紧密的中国—东盟命运共同体,为双方和本地区人民带来更多福祉。

东南亚地区自古以来就是"海上丝绸之路"的重要枢纽,中国愿同东盟国家加强海上合作,共同建设 21 世纪海上丝绸之路。中国愿通过扩大同东盟国家各领域务实合作,互通有无、优势互补,同东盟国家共享机遇、共迎挑战,实现共同发展、共同繁荣。

2014 年 4 月 1 日　比利时·布鲁日·欧洲学院演讲

当前,中欧都处于发展的关键时期,都面临着前所未有的机遇和挑战。我们希望同欧洲朋友一道,在亚欧大陆架起一座友谊和合作之桥。我们要共同努力建造和平、增长、改革、文明四座桥梁,建设更具全球影响力的中欧全面战略伙伴关系。

我们要积极探讨把中欧合作和丝绸之路经济带建设结合起来,以构建亚欧大市场为目标,让亚欧两大洲人员、企业、资金、技术活起来、火起来,使中国和欧盟成为世界经济增长的双引擎。

2014年5月15日　中国·北京·中国国际友好大会暨中国人民对外友好协会成立60周年纪念活动

海纳百川,有容乃大。中国将继续全面对外开放,推进同世界各国的互利合作,推动建设丝绸之路经济带和21世纪海上丝绸之路,实现各国在发展机遇上的共创共享。中国将以更加开放的胸襟、更加包容的心态、更加宽广的视角,大力开展中外文化交流,在学习互鉴中,为推动人类文明进步做出应有贡献。

2014年5月21日　中国·上海·亚洲相互协作与信任措施会议第四次峰会

"亲望亲好,邻望邻好。"中国坚持与邻为善、以邻为伴,坚持睦邻、安邻、富邻,践行亲、诚、惠、容理念,努力使自身发展更好惠及亚洲国家。

中国将同各国一道,加快推进丝绸之路经济带和21世纪海上丝绸之路建设,尽早启动亚洲基础设施投资银行,更加深入参与区域合作进程,推动亚洲发展和安全相互促进、相得益彰。

2014年6月5日　中国·北京·中阿合作论坛第六届部长级会议开幕式

回顾中阿人民交往历史,我们就会想起陆上丝绸之路和海上香料之路。千百年来,丝绸之路承载的和平合作、开放包容、互学互鉴、互利共赢精神薪火相传。实现民族振兴的共同使命和挑战,需要我们弘扬丝绸之路精神,为发展增动力,为合作添活力,不断深化全面合作、共同发展的中阿战略合作关系。

"一带一路"是互利共赢之路,将带动各国经济更加紧密结合起来,推动各国基础设施建设和体制机制创新,创造新的经济和就业增长点,增强各国经济内生动力和抗风险能力。中国同阿拉伯国家因为丝绸之路相知相交,我们是共建"一带一路"的天然合作伙伴。

中阿共建"一带一路",应该坚持共商、共建、共享原则;中阿共建"一带一路",既要登高望远、也要脚踏实地;中阿共建"一带一路",应该依托并增进中阿传统友谊。

——摘自蔡华伟、宋嵩:《习主席的"丝路新语"和平合作·开放包容·互学互鉴·互利共赢》,《人民日报》2014年7月2日。

案例分析

习近平多次在外交场合阐释“一带一路”的战略构想,从不同角度说明其具有巨大的发展前景,因此赢得众多国家的支持。“一带一路”超越了政治意识形态的差别,超越了种族和民族之间的区别。它是建立在各国自愿和平等的基础之上,完全遵循各国人民的意愿,并没有强加任何称霸的政治意图。当然中国真正建设好“一带一路”,那还需要相当长的时间。毕竟,“一带一路”覆盖的区域存在着诸多不确定性的因素,如战乱、冲突与饥饿,都将会使它的发展过程带有不确定性。而且它是十分复杂的工程,涵盖到了整个区域内社会的方方面面。习近平等人的讲话就可以看出其覆盖国家之广、涵盖范围之多,可见其复杂性和要求很高。开弓没有回头箭,毕竟它将会使更多的国家和人民受益,也将会为中国带来不可估量的社会受益。我们应该积极投身于“一带一路”的建设宏图中去,“一带一路”涵盖了中国许多贫困落后的地区,将有效配合地区的发展。“一带一路”建设梦最终在一点一点奋进中实现的。

思考讨论

1. 习近平的讲话中包含了“一带一路”哪些基本原则?
2. “一带一路”建设梦的可行性有哪些?

案例4　各国政府的声音

捷克各界非常关注习近平主席提出的“一带一路”倡议,认为捷克应积极参与建设。捷克议会众议院副主席菲利普说,“一带一路”倡议涉及沿线国家40多亿人的利益,就其规模而言,堪称人类历史上最大的经济项目。他建议将捷克的多瑙河—奥得河—易北河水上走廊项目与“一带一路”倡议对接。他对中国外交部部长王毅的话非常赞赏:“‘一带一路’不是中方一家的‘独奏曲’,而是各方共同参与的‘交响乐’。”菲利普说:“很明显,这样的投资对于公司和单个国家新技术的发展具有巨大的潜力。”

捷克布拉格“一带一路”研究所所长、总统顾问、前外交部部长科胡特认为,“一带一路”建设以及中国—中东欧国家合作(“16+1合作”)的政策框架,体现了中国最新的外交政策,更体现了中国共赢、包容、对话、平等、互利的原则。他认为,随着“一带一路”建设项目的逐步落实,沿线各国的合作空间将不断扩大。“这一系列项目并不限于基础设施建设,还覆盖通信、信息、航空等领域,合作将会非常广泛。”

捷克查理大学安全战略研究中心主任巴拉班认为,习近平主席2013年秋天提出的“一带一路”倡议,有助于全球经济发展。这项倡议覆盖了占全球经济总量约30%的国家和地区,沿线有近63%的世界人口,拥有75%已知的能源资源。巴拉班表示:“作为一名安全分析师,我看到‘一带一路’倡议的实施甚至有助于提高一些地区的安全程度,目前那些地区的安全局势并不稳定。”

清华大学新闻与传播学院副院长史安斌在发言中指出,“一带一路”倡议体现了习近平主席倡导的构建人类命运共同体的理念。据清华大学对外传播研究中心的统计,截至2016年1月,习近平主席上任以来在各类讲话中74次提及构建命运共同体的理念,“一带一路”、亚投行等倡议的提出和实施,正是向全世界宣示中国与包括捷克在内的世界各国坚持合作共赢、谋求共同发展的信心和决心。

正如捷克驻华大使利博尔·塞奇卡此前在接受采访时所说,捷克已做好积极参与“一带一路”建设的准备,并希望在能源、科技、健康、铁路运输和环保技术领域与沿线各国深入合作。

比利时安特卫普港是欧洲最早根据“一带一路”倡议制定详细合作规划的港口之一,2014年,在国际贸易整体低迷的大背景下,经过安特卫普港往来中国的货物贸易总量达1000万吨,年增速达16.5%,而且仍在“快速增长”。“加强同中国的经贸关系应该是安特卫普港乃至欧洲其他港口今后发展的重中之重。”安特卫普港务局“一带一路”工作组主席弗兰克·格肯斯对本报记者表示,“我们港口有很多部门,如商业部门、国际合作部门等,都同‘一带一路’建设有直接的联系,因此我们也认为应该成立一个独立的部门,制定一个同‘一带一路’建设对接的战略。”

英国“北部经济引擎”计划又称为“北方经济发展动力”计划,该计划意在整合英格兰北部一系列城市的经济力量,强化相互间的经济联动,为英国北方经济发展注入强大动力。“作为举足轻重的地区经济发展战略,英国‘北部经济引擎’计划可以从‘一带一路’倡议中受益,英中两国发展战略的对接将显示出越来越大的生机和活力。”专门负责“北部经济引擎”计划的英国地方政府部国务大臣詹姆斯·华顿此前在接受本报记者采访时肯定地说。

英国标准人寿保险公司董事长秦智涛是英国前首相撒切尔内阁中的重要官员,曾见证中国发展和中英关系的多个关键性历史时刻,并曾3次随英国政府首脑出访中国。他也对本报记者表示,“一带一路”建设能够给英国带来就业、旧工业基地改造和使传统经济重新焕发生机等方面的机遇,英国的“北部经济引擎”计划可以从“一带一路”建设中获益。

欧盟是中国的全面战略伙伴。2015 年中欧建交 40 周年之际,双方决定推进“一带一路”倡议同欧洲投资计划等发展战略对接,组建中欧共同投资基金、互联互通平台等,进一步确立了中欧务实合作的新框架。

——摘自张贺:《中国梦有利于全世界——捷克政要热议 < 习近平谈治国理政 >》,《人民日报》2013 年 1 月 10 日;莽九晨等:《“一带一路”开辟中欧合作更广阔空间》,《人民日报》2016 年 3 月 30 日。

案例分析

以习近平为总书记的中共中央多次在不同场合对“一带一路”进行论述,为我们描绘了新时期的丝绸之路。因为它确实会带来实惠,国际社会出现了很多支持的声音。习近平主席曾形象地表示:“欢迎大家搭乘中国发展的列车,搭快车也好,搭便车也好,我们都欢迎。”面向未来,可预期的数字正展示着“中国列车”带给世界的机遇——预计未来 5 年,中国将进口超过 10 万亿美元商品,对外投资规模将超过 5000 亿美元,将有超过 5 亿人次出境访问旅游,渝新欧、汉新欧、郑新欧、义新欧、哈欧等连通中欧的国际班列越来越密集地在欧亚大陆上飞驰……而参与“一带一路”建设的前景,更是一幅繁荣生动的画面。从东到西,欧洲国家对此普遍看好,纷纷行动起来。正是因为存在着巨大的市场利益,所以很多国家愿意积极响应“一带一路”建设。中国也在进一步详细规划“一带一路”,并且与各个有意向的国家展开全方位的合作,积极推进建设梦落地生根。

思考讨论

1. 为什么很多国家支持“一带一路”?
2. “一带一路”的国际影响是什么?

专题十四

比历史上任何时期都更接近中华民族伟大复兴的目标

本专题概述

实现中华民族伟大复兴的中国梦,是我们新常态下的追求。2012 年 11 月 30 日,习近平参观《复兴之路》时,说:“经过鸦片战争以来 170 多年的持续奋斗,中华民族伟大复兴展现出光明的前景。现在,我们比历史上任何时期都更接近中华民族伟大复兴的目标,比历史上任何时期都更有信心、有能力实现这个目标。”要想实现中国梦,就必须对时代有深刻的认识。任何时代都有着深远的历史。自鸦片战争以后,中华儿女进行了艰苦卓绝的奋斗,但是均以失败而告终;中华民族从来没有放弃救亡图存的行动,自从中国有了中国共产党以后,中国半殖民地半封建社会的历史命运才得以改变;新中国成立以后,中共领导全国人民进行社会主义建设,取得了一系列成就;十八大以来,以习近平为总书记的中共中央不断提出实现中国梦的布局,指引着我们实现中华民族伟大复兴。因此我们处在“比历史上任何时期都更接近中华民族伟大复兴的目标”的时代,因此必须走中国道路、弘扬中国精神、凝聚中国力量。

案例 1 近代中华儿女的艰苦奋斗

1840 年,资本主义强国英国借口通商,使用鸦片和大炮把一场侵略战争强加于中国头上。清朝的中国,度过了康雍乾时期后,封建王朝体制走上了下坡路,闭关锁国、自居天下、武备不兴,对欧洲史无前例的工业革命和资本主义生产方式大发展毫无察觉,也完全没有准备与外国打仗。在这场不期而遇的鸦片战争中,清王朝被逼签下城下之盟。此后,欧美列强一再前来试剑,清王朝一再被逼签订不平等条约,中国逐步从封建社会变成了半殖民地半封建社会。中国的沉沦到八国联军侵略前后到了谷底。

中国在甲午战争中失败,是一个惨痛的历史教训。此前,中国是败于欧美列强,甲午战争则是败于后起的资本主义国家东邻日本。从中国自身来总结,我们只能得出这样一个结论:中国当时无论在生产力发展上还是在政治制度上,确实落后了。落后就国力不强,不可能搞好国防建设、扎好国家篱笆、做好战争准备。面对外来侵略,中国只能左遮右挡、穷于应付,最后不得不以割地赔款来息事宁人,甚至面对列强瓜分、面对列强在紫禁城大门口驻军,也无可奈何。

甲午战争失败给中国世纪性的打击,也促使中国世纪性的觉醒。1894 年 11 月,正是平壤战败和黄海海战战败后,中国革命的先行者孙中山在美国夏威夷成立兴中会,提出推翻清朝的主张,在中国近代史上第一次发出了"振兴中华"的号召。康有为领导的戊戌维新也从反对签订《马关条约》开始。严复在天津的报纸上发表《救亡决论》文章,第一次发出"救亡"呐喊。从此,"救亡"成为所有爱国者的口号。革命和维新两股力量成为甲午战争以后推动中国变革的主要力量。这可以说是中国旧民主主义革命的真正开端,也是中华民族复兴愿望的最早呐喊。

中华民族的世纪性觉醒还表现在开始有意识地向西方学习。甲午战争以前,中国人对东邻日本是瞧不起的。但由于甲午战败的刺激,1896 年,第一批 13 名留学生去了日本。1905 年日本战胜俄国,中国知识分子深感意外,这一年涌到日本的中国留学生一下子达到 8000 至 10000 人。这些年轻的留学生放下身段,要去看看日本是怎样自强的,日本是怎样学习西方的,中国可以从中学到些什么。马克思主义理论最初也是留日学生带回中国的。在学习中,中国的先进分子开始形成复兴中华民族的强烈愿望。在这种强烈愿望推动下,辛亥革命爆发了,清王朝的统治被推翻了,"中华民国"建立了。

1914 年第一次世界大战爆发的时候,中国正处于北洋军阀统治的民国初期。日本乘甲午战胜和八国联军之役,再次掀起侵略中国的高潮。1915 年 1 月,日本向中国提出全面控制中国的"二十一条",迫使袁世凯政府签订所谓《民四条约》。同时,又借口对德宣战,出兵山东,占领济南和胶济铁路、青岛。中国也是对德宣战国,试图收回德国在山东的势力范围和以青岛为中心的胶州湾租借地。但是,弱国无外交。一战结束后,在巴黎和会上中国要求收回青岛的呼声不被采纳,帝国主义列强却支持日本占领青岛。这是引起 1919 年五四运动的主要原因。中国人发出了"强权战胜公理"的愤懑之声,"外争国权,内惩国贼""收回青岛"成为当年中国人反抗强权的主要口号。正是在这种强大的反帝声势下,中国外交代表顾维钧拒绝在巴黎和约上签字。这是中国人第一次对帝国主义强盗逻辑在国际场合表达否定的意志。

1937 年 7 月 7 日,日本军国主义发动卢沟桥事变,开始全面侵略中国。日本人一开始就狂妄叫嚣“三个月内灭亡中国”,虽然未能得逞,但很快就占领中国首都南京,并在南京制造了惨绝人寰的大屠杀,30 万生灵惨遭杀戮。这是世界近代战争史上罕见的暴行！但是,中华民族没有被强敌吓倒,中国人民抗击强敌的意志空前坚定起来。这是日本帝国主义没有估计到的。在中国共产党推动下,国共两党和其他党派、政治势力组成抗日民族统一战线,发动并坚持了全民族的抗日战争。

1944 年,日本在中国发动所谓“一号作战”,又称豫湘桂战役,企图打通中国大陆交通线。这是日本在中国战场上发动的最后一次大规模攻势作战,由于战线过长,战略目的未能达到。豫湘桂战役虽然拖住了日本,耗尽了它的军力,但也暴露了国民党正面战场的软弱。国民党军队数十万人几个月内大溃败,丢掉 100 多座城市,20 多万平方公里国土沦陷。1944 年,德日法西斯失败的命运已经不可挽回,世界反法西斯联盟胜利的趋势已经非常明显。在这种形势下出现豫湘桂战役大溃败,给中国大后方人民造成了强大心理冲击,对国民政府的信任降到最低点,大后方知识分子、工商界人士的态度明显倾向中国共产党一边。这是中国共产党在抗战胜利后短短数年间取得全国胜利的重要民意基础。

在这场艰苦无比的抗日战争中,中国国民党领导的正面战场,中国共产党领导的敌后战场,在抗日的大目标下进行了有力的战略大配合,把中华民族神圣的抗战坚持到了最后,在世界反法西斯联盟的支持下,终于在 1945 年取得了最后胜利。抗日战争是近代以来中国反抗外敌入侵第一次取得完全胜利的民族解放战争。至此,经过百年的艰辛奋斗,在经历世所罕见的民族屈辱和苦难后,中华民族终于迎来了走向复兴的历史转折点。

——摘自张海鹏:《为中华民族走向复兴点赞——庆祝中华人民共和国成立 65 周年》,《人民日报》2014 年 9 月 29 日。

案例分析

回首 1840 年以来的中国近代历史,中华儿女为实现中华民族伟大复兴的中国梦而进行了艰苦卓绝的奋斗。清王朝社会制度腐朽,加之有帝国主义列强的殖民统治,威胁着中华民族。中国虽然历经挫折与磨难,但是从来没有放弃对国家独立与人民解放、民族富强与人民富裕的追求。在未出现中国共产党之前,社会上各种政治势力均代表自己的阶级利益,企图谋划出适合自己的政治蓝图。各种政治势力粉墨登场,没有代表中国社会的前进方向,只是为了部分或者少数的阶层谋取私利,注定了失败的命运。近代社会的救亡图存探索,为以后的进一步探索提供了借鉴。抗日战争成为历史的转折点成为中国近代史上第一次完全打败帝国主义列强。经过百年的艰辛奋斗，在经历世所罕见的民族屈辱和苦难后，中华民族终于迎来了走向复兴的历史转折点。

思考讨论

1. 为什么把抗日战争胜利作为中国民族走上复兴的转折点？

2. 1840年—1945年，制约中国实现中华民族伟大复兴的关键性因素有哪些？

案例2　中国共产党领导中国实现中华民族伟大复兴

抗日战争胜利后，走什么道路的问题摆在了中国面前。是走国民党主张的资本主义道路，还是走共产党主张的社会主义道路？历史需要做出选择，历史也做出了选择。中国为什么要走社会主义道路而不走资本主义道路？答案很简单：这是近代中国历史发展的必然结果。

中国共产党1921年成立后，逐渐主导了中国革命的方向。以毛泽东同志为代表的中国共产党人对中国的前进方向作了明确阐述：中国反帝反封建的资产阶级民主主义革命必须由无产阶级领导，中国革命的前途是社会主义和共产主义。为了走向社会主义，第一步是实行新民主主义，第二步是实行社会主义。抗战胜利后，国民党政府悍然发动以消灭中国共产党为目的的内战，完全失去人心，落得彻底失败。这个结局使中国共产党成为推动中国社会前进的主导力量。这就决定了中华人民共和国的成立以及走上社会主义道路的历史必然性。对于这一重大历史事件，当时的绝大多数中国人是衷心拥护、欢欣鼓舞的。

65年来，中国在社会主义道路上没有停止前进的步伐。新中国成立初期，面对政权巩固严峻考验，面对国民经济恢复难题，面对抗美援朝复杂形势，我国还是实施了第一个五年计划，启动了156个大型建设项目，其投入超过旧中国自洋务运动以来的所有国家投入，不仅初步奠定了社会主义中国的工业化基础，也标志着大规模现代化建设的真正开端。

走社会主义道路要靠制度来保证。新中国成立初期，社会主义经济制度主要是借鉴苏联，实行计划经济和国有制。在借鉴过程中，毛泽东同志等领导人结合中国实际提出了自己的主张。毛泽东同志的《关于正确处理人民内部矛盾的问题》和《论十大关系》，是探索中国式社会主义道路的经验总结，反映了那个时期我们党在中国实践社会主义的理论思考。探索中也犯过错误，交过学费。正反两方面的经验，都加深了党和人民对中国走社会主义道路的认识，坚定了继续在社会主义道路上前进的信心。

社会主义政治制度是保证走社会主义道路的基础。1954 年,第一届全国人民代表大会通过的《中华人民共和国宪法》,从宏观层面确定了中国社会主义政治制度的大方向。人民代表大会制度本质上不同于西方的议会制度,体现了前所未有的人民民主。工人、农民出身的代表与国家领导人一起讨论国家大事,这在中外历史上不曾有过先例。在人民政治协商制度下,各党派和无党派人士等就国家事务进行政治协商。这两种政治制度设计,真正把民主贯彻到国家政治生活的各个方面。改革开放前,国家政治生活中也出现过一些失误,主要是阶级斗争扩大化,甚至出现了“文化大革命”那样的错误。这些经验与教训,使我们进一步深刻认识到社会主义时期政治体制改革的必要性。

改革开放后 30 多年,中国继续在社会主义道路上大踏步前进。这个时期我们党对什么是社会主义、怎样建设社会主义问题的认识有了实质性进步,进步的主要标志是提出了中国特色社会主义概念。这个概念是对中国现阶段实行的社会主义性质的准确判断,既坚持了科学社会主义的基本原则,又结合了中国的具体实际。提出中国特色社会主义这一概念的理论前提是,中国的社会主义尚处在社会主义初级阶段。这是中国在社会主义道路探索中十分关键的实践总结和理论升华,是对科学社会主义理论的重要贡献。在这样一个实践总结和理论升华指导下,才有了“一个中心、两个基本点”,才有了“发展是硬道理”,才有了公有制为主体、多种所有制经济共同发展,才有了社会主义市场经济的理论和实践,等等。在此基础上,我国经济建设取得了举世瞩目的成就。

改革开放后,政治体制改革与经济体制改革是同时进行的。在指导思想上以阶级斗争为纲结束,是政治体制改革得以启动的前提。政治体制改革是要巩固党的领导,而不是削弱党的领导;是要加强人民代表大会制度,而不是削弱这个制度;是要更好发挥人民政协的作用,而不是削弱这个作用。中国这么大,相当于整个欧洲,而且人口比欧洲多得多,政治体制改革必须既积极又稳妥,更好发挥全体人民坚持和发展中国特色社会主义的积极性、主动性、创造性。这些年,我国政治体制改革取得了积极成果。比如,人民政协的协商民主走上科学轨道,各民主党派、各人民团体、无党派人士等和中共共商国是,共同担起国家发展、社会进步的责任。在当代中国,执政党与参政党的关系,不是一党在台上、一党在台下的朝野关系,不是一党执政、一党痛骂的水火关系,而是共担责任的关系,是共同对历史负责的关系,是生死与共的关系。

在中华民族伟大复兴的康庄大道上,我国不但在经济建设、政治建设上取得了伟大成就,而且在其他各个领域都取得了伟大成就,这一点是毋庸置疑的。为了使中华民族在复兴的大道上走得更顺、更稳,党和国家高度重视发展中出现的各种问题。目前在党内提出坚决反对“四风”,就是为了解决党风问题,解决贪污腐败问题,解决是当官做老爷还是全心全意为人民服务问题;在全社会提出培育和弘扬社会主义核心价值观,就是为了解决理想信念问题,解决义利失衡问题,解决诚信缺失、道德滑坡问题。可以说,我们在民族复兴过程中需要解决的问题还有很多,我们不应避讳这些问题。65 年来,我们已经克服了前进道路上一个又一个困难,相信在党中央的坚强领导下,在实现中华民族伟大复兴最大愿景的激励下,前进中的难题一定会一个个地破解。

——摘自张海鹏:《为中华民族走向复兴点赞——庆祝中华人民共和国成立 65 周年》,《人民日报》2014 年 9 月 29 日。

案例分析

虽然各种政治势力都没有改变中国半殖民地半封建社会的性质,但是近代的中国人从未放弃救亡图存的探索。十月革命一声炮响,为中国带来了马克思主义,加速推动中国共产党的成立。中国共产党从始至终就根植于人民群众,登上中国的历史舞台。在革命时期,中共以远见卓识带领劳苦大众,使中国摆脱了半殖民地半封建社会;新中国成立以后,为了实现中华民族的伟大复兴这个中国梦,中国共产党不断地探索着社会主义建设道路;改革开放以来,中国共产党为解放生产力和发展生产力做出了卓越的社会贡献。“艰难困苦,玉汝于成。”回顾历史可以看出,我们党正是经过 90 多年的接续奋斗和接力探索,经过多次的失败和成功,经过正确和错误的反复比较,这才成功开创和发展了中国特色社会主义。

思考讨论

1. 中国共产党如何领导全国人民实现中华民族伟大复兴的?
2. 在新中国成立以前,中国共产党执政的优越性体现在哪里?

案例3 十八大以来的谋篇布局

党的十八大明确了“两个一百年”的奋斗目标,即在中国共产党成立一百年时全面建成小康社会,在新中国成立一百年时建成富强民主文明和谐的社会主义现代化国家。

习近平总书记拓展、丰富和细化了奋斗目标。就拓展而言,习近平总书记提出了实现中华民族伟大复兴的中国梦。指出,实现中华民族伟大复兴是中华民族近代以来最伟大的梦想。现在我们比历史上任何时期都更接近中华民族伟大复兴的目标,比历史上任何时期都更有信心、有能力实现这个目标。我们要承前启后继往开来继续朝着中华民族伟大复兴目标奋勇前进。就丰富而言,习近平总书记阐述了全面建成小康社会的新内涵。全面建成小康社会,更重要、更难做到的是"全面"。全面小康覆盖的领域要全面,是五位一体全面进步的小康;覆盖的人口要全面,是惠及全体人民的小康;覆盖的区域要全面,是城乡区域共同发展的小康。就细化而言,党的十八届五中全会对全面建成小康社会进行了总体部署,"十三五"规划进一步将全面建成小康社会指标化、具体化。

习近平总书记围绕这个目标提出了一系列治国理政的新理念新思想新战略。全面建成小康社会是我们党确定的第一个百年奋斗目标,是当下最紧迫的任务,是实现中华民族伟大复兴的关键一步。习近平总书记指出,"到2020年实现这个目标,我们国家的发展水平就会迈上一个大台阶,我们所有奋斗都要聚焦于这个目标"。十八大以来党中央推出了一系列重大举措,包括:协调推进全面建成小康社会、全面深化改革、全面依法治国、全面从严治党的"四个全面"战略布局,牢固树立创新、协调、绿色、开放、共享的五大发展理念,加强国防和军队建设,推动构建以合作共赢为核心的新型国际关系,培育和践行社会主义核心价值观,适应、把握和引领经济发展新常态,实施供给侧结构性改革等。这些重大举措,全面、适时、有力,使广大干部群众的面貌为之一新,精神为之一振,信心为之大增。

实现伟大的目标必须以科学的理论为指导。用科学理论指导实践是马克思主义政党的传统和优势。在革命、建设和改革进程中,中国共产党不断推进马克思主义中国化,不断在实践基础上推进理论创新,不断用新的理论成果指导新的实践。

——摘自陶文昭:《实现新的奋斗目标的基本遵循》,《经济日报》2016年6月6日。

案例分析

总结近现代的历史,我们可以发现"我们比历史上任何时期都更接近中华民族伟大复兴的目标"。前辈已经为我们积累了宝贵的物质、精神财富。在前人积累的文明基础,奋勇拼搏才能实现社会主义建设的目标。十八大,明确了"两个一百年"的目标,并且拓展、丰富和细化了奋斗目标,成为新常态下中国梦的生动体现;习近平提出了一系列治国理政的新理念新思想新战略,涵盖了社会的方方面面。十八大以来的理论具有现实的前瞻性和优越性,能够指引我们实现中国梦。

这一切都说明我们确实有能力、有信心更接近中华民族伟大复兴的目标。尽管中华民族的伟大复兴受到诸多因素的影响,如复杂多变的国际环境,但是只要我们坚定理想信念,排除万难,就一定会实现中国梦。

思考讨论

1. 十八大以来,为实现中华民族伟大复兴,我们提出了哪些新的理念?
2. 建成全面小康的本质特点是什么?

案例 4　实现中华民族伟大复兴的必由之路

中国特色社会主义是实践、理论、制度紧密结合的,既把成功的实践上升为理论,又以正确的理论指导新的实践,还把实践中已见成效的方针政策及时上升为党和国家的制度,由此形成了中国特色社会主义道路、理论体系、制度。中国特色社会主义道路是实现途径,中国特色社会主义理论体系是行动指南,中国特色社会主义制度是根本保障,三者统一于中国特色社会主义伟大实践。这是中国特色社会主义的最鲜明特色。习近平总书记指出:"中国特色社会主义特就特在其道路、理论体系、制度上,特就特在其实现途径、行动指南、根本保障的内在联系上,特就特在这三者统一于中国特色社会主义伟大实践上。"在当代中国,坚持和发展中国特色社会主义,就是真正坚持社会主义。

中国特色社会主义道路,是实现我国社会主义现代化的必由之路,是创造人民美好生活的必由之路。中国特色社会主义道路,既坚持以经济建设为中心,又全面推进经济建设、政治建设、文化建设、社会建设、生态文明建设以及其他各方面建设;既坚持四项基本原则,又坚持改革开放;既不断解放和发展社会生产力,又逐步实现全体人民共同富裕、促进人的全面发展。这条道路既不是"传统的",也不是"外来的",更不是"西化的",而是我们"独创的",是一条人间正道。只有这条道路而没有别的道路,能够引领中国进步、实现人民福祉。

中国特色社会主义理论体系,包括邓小平理论、"三个代表"重要思想、科学发展观。这一理论体系写出了科学社会主义的"新版本",是深深扎根于中国大地、符合中国实际的当代中国马克思主义。它同马克思列宁主义、毛泽东思想是坚持、发展和继承、创新的关系。马克思列宁主义、毛泽东思想一定不能丢,丢了就丧失根本。同时,一定要以我国改革开放和现代化建设的实际问题、以我们正在做的事情为中心,着眼于马克思主义理论的运用,着眼于对实际问题的理论思考,着眼于新的实践和新的发展。在当代中国,坚持中国特色社会主义理论体系,就是真正坚持马克思主义。

中国特色社会主义制度,坚持把根本政治制度、基本政治制度同基本经济制度以及各方面体制机制等具体制度有机结合起来,坚持把国家层面民主制度同基层民主制度有机结合起来,坚持把党的领导、人民当家做主、依法治国有机结合起来,符合我国国情,既坚持了社会主义的根本性质,又借鉴了古今中外制度建设的有益成果,集中体现了中国特色社会主义的特点和优势,是中国发展进步的根本制度保障。

中国特色社会主义制度不会一成不变,而是要在改革实践中不断发展完善。2014 年 2 月,习近平总书记在省部级主要领导干部学习贯彻党的十八届三中全会精神全面深化改革专题研讨班上指出:"邓小平同志在南方谈话中说:'恐怕再有三十年的时间,我们才会在各方面形成一整套更加成熟、更加定型的制度。在这个制度下的方针、政策,也将更加定型化。'"要坚持以实践基础上的理论创新推动制度创新,坚持和完善现有制度,从实际出发,及时制定一些新的制度,构建系统完备、科学规范、运行有效的制度体系,使各方面制度更加成熟、更加定型,为夺取中国特色社会主义新胜利提供更加有效的制度保障。

——摘自习近平:《习近平总书记系列重要讲话读本(2016 年版)》,人民日报 2016 月 04 日 21。

案例分析

实现中华民族伟大复兴的必由之路,就是坚持和发展中国特色社会主义。我们党和人民在长期实践探索中,坚持独立自主走自己的路,取得革命、建设、改革各个时期的伟大胜利,开创和发展了中国特色社会主义,从根本上改变了中国人民和中华民族的前途命运。中国特色社会主义,是中国共产党和中国人民团结的旗帜、奋进的旗帜、胜利的旗帜,是当代中国发展进步的根本方向。总之,我们比历史上任何时期都更接近中华民族伟大复兴的目标。我们应该认识到近代以来中华儿女为实现中华民族伟大复兴所进行的努力,珍惜今天来之不易的幸福生活;应该在新常态下坚持和发展中国特色社会主义,充分调动时代的一切积极资源,全面实现"两个一百年目标"。

思考讨论

1. 为什么说"我们比历史上任何时期都更接近中华民族伟大复兴的目标"?
2. 您认为要实现中华民族伟大复兴,青年需要做什么?

后　记

《中国梦专题教育教学案例》是进一步加强高校思想政治理论课专题教育教学案例丛书之一。本书主编赵朝峰提出了全书的指导思想、基本思路,并拟出了写作提纲,经过集体讨论和分头撰写,最后修改定稿。具体分工是:第一编专题一至八由周璐璐撰写,第一编专题九至十、第二编一至五由王腾撰写,第二编六至十二由王宇凤撰写,第三编一至七由邹媛婷撰写,第三编八至十四由解小明撰写。

本书在编写过程中,参考和借鉴了学术界的相关研究成果,在此一并表示感谢!由于各撰稿人写作风格和研究能力的差异,书中的疏漏和错误之处在所难免,敬请学界同仁批评指正。

编者

2016 年 10 月